高等职业教育"十二五"规划教材

高职生就业指导实训教程

彭继玲　编著

北京理工大学出版社
BEIJING INSTITUTE OF TECHNOLOGY PRESS

版权专有　侵权必究

图书在版编目（CIP）数据

高职生就业指导实训教程／彭继玲编著．—北京：北京理工大学出版社，2012.10（2019.8重印）

ISBN 978-7-5640-6827-1

Ⅰ.①高… Ⅱ.①彭… Ⅲ.①职业选择–高等职业教育–教材 Ⅳ.①G717.38

中国版本图书馆 CIP 数据核字（2012）第 227235 号

出版发行／	北京理工大学出版社
社　　址／	北京市海淀区中关村南大街5号
邮　　编／	100081
电　　话／	(010) 68914775（办公室）　68944990（批销中心）　68911084（读者服务部）
网　　址／	http://www.bitpress.com.cn
经　　销／	全国各地新华书店
印　　刷／	三河市华骏印务包装有限公司
开　　本／	710 毫米×1000 毫米　1/16
印　　张／	19.5
字　　数／	364 千字
版　　次／	2012 年 10 月第 1 版　2019 年 8 月第 6 次印刷
定　　价／	39.00 元

责任编辑／施胜娟
申玉琴
责任校对／杨　露
责任印制／王美丽

图书出现印装质量问题，本社负责调换

前　言

近几年来，高校扩招、国际经济变化、国内产业结构调整、人事制度改革、大学生就业制度变化等诸多因素，使得高校毕业生就业形势日趋严峻，就业压力加大，大学生就业问题已经成为社会普遍关注的热点问题。严峻的就业形势和大学生的成长迫切需要正确的就业指导，对于高职院校而言，虽然就业指导已引起院校并已得到学生的足够重视，但就业指导的实际效果不尽如人意。有些高职院校认为，在当前严峻的就业形势下，学生只要找到一份工作，就业率高，学校的使命就完成了；而至于是否人职匹配，这份工作能做多久，这份工作是否符合学生的个性和特长，是否充分发挥了学生的能力，则无人问津。

现在社会上都说大学生就业难，但是从另外一方面看，用人单位还找不着合适的人。这不光是信息沟通不够的问题，除了人才培养目标的问题，还是学生职业发展理念缺失和迷茫的问题。实际上用人单位想要招的是对职业忠诚，能稳定下来踏实工作的人，频繁跳槽对双方来说都不是好事，并不符合双方的意愿。因此，就业指导作为指导学生获得一种就业能力和面向社会的生存能力，不能仅局限于为毕业生的现实就业提供必要的帮助，更要为学生提供可持续发展的终身就业能力，要以人为本，引导学生正确认识评价自我、树立正确的职业观、就业观，促使大学生自觉地将未来的就业压力转化为在校期间的学习动力，明确职业目标，选择能实现自己的人生价值和社会价值的职业。

进入21世纪，我国高职教育规模已占高等教育的半壁江山。相对于普通高等教育培养学术型人才而言，高等职业教育的定位是在完全中等教育的基础上培养出一批既有大学知识，又有一定专业技术和技能的人才，其知识的讲授是以能用为度，实用为本。目前，绝大部分高校都开设了就业指导课，但大多数已出版的就业指导教材主要面向综合性本科院校，少有针对高职生的教材，对于高职生而言，这些教材普遍存在理论性较强，针对性不够的问题，特别是实践性、可操作性比较欠缺。

本书分为两大块内容：一是职业生涯规划设计；二是就业指导和自主创业。

本书力图提高就业指导实际效果，具有以下两大特色：

一、重实践、重操作

本书剔除了大量的就业指导理论陈述，案例丰富，运用实例，贴近生活，实用性强，可读性强，具有可操作性的知识，相当于一本实务手册、操作指南。

二、针对高职、针对行业

本书针对高职生的实际和需求，主要针对高职生职业发展与就业进行实际指导，部分章节和所举案例体现了专业的行业性特点。

因此，本书主要适用于高职院校，也可作为普通高校、中等职业学校的就业指导教材，并可作为理论性较强的就业指导教材的实践指导用书，配套使用。

从一定意义上而言，选择职业即选择人生，就业指导就是指导人生，引导学生充分合理就业，走上正确的可持续发展的职业之路，是高职院校在新形势下搞好就业工作的关键，也是推动高职教育发展的重要因素。

本书在编写过程中，参考和引用了国内外大量文献资料，在参考文献里未能列举完全，在此一并感谢。因时间仓促和水平有限，本书存在许多不足之处，敬请专家和广大师生批评指正。

编著者

目 录

上篇 大学生职业生涯规划设计实训

第一章 自我评估实训 …………………………………………………… 3
1.1 自我评估实训目的和意义 ……………………………………… 3
1.2 自我评估主要方法 ……………………………………………… 4
1.3 自我评估——职业测评法 ……………………………………… 8
 1.3.1 职业兴趣测试 ……………………………………………… 9
 1.3.2 职业性格测试 ……………………………………………… 15
 1.3.3 职业能力测试 ……………………………………………… 18
 1.3.4 职业价值观测试 …………………………………………… 22

第二章 职业认知实训 …………………………………………………… 27
2.1 专业与职业 ……………………………………………………… 27
2.2 职业岗位（群） ………………………………………………… 38
2.3 职业资格证 ……………………………………………………… 43

第三章 职业选择实训 …………………………………………………… 49
3.1 职业选择 ………………………………………………………… 49
3.2 如何进行职业选择 ……………………………………………… 51
 3.2.1 职业选择代表性理论 ……………………………………… 51
 3.2.2 职业价值观与职业选择 …………………………………… 53
 3.2.3 专业与职业选择 …………………………………………… 54
 3.2.4 行业与职业选择 …………………………………………… 58
 3.2.5 企业与职业选择 …………………………………………… 60
 3.2.6 地域与职业选择 …………………………………………… 63
 3.2.7 选择就业方向 ……………………………………………… 64
3.3 职业适应 ………………………………………………………… 66
3.4 职业生涯人物访谈 ……………………………………………… 71

第四章 职业生涯规划常用方法 ………………………………………… 79
4.1 自我规划法 ……………………………………………………… 79
4.2 SWOT 分析法 …………………………………………………… 81

4.3 生涯愿景模型法 ………………………………………………… 82
第五章 职业生涯规划案例与模板 …………………………………… 85
5.1 职业生涯规划案例 ……………………………………………… 85
5.2 职业生涯规划模板 ……………………………………………… 92
5.3 职业生涯规划大赛 ……………………………………………… 98

下篇 大学生就业指导与自主创业实训

第六章 就业形势分析 ………………………………………………… 135
6.1 近年来高校毕业生就业形势 ……………………………………… 135
 6.1.1 2011年高校毕业生就业形势分析 ………………………… 136
 6.1.2 毕业生就业的制约因素 …………………………………… 137
 6.1.3 高校毕业生就业的渠道 …………………………………… 139
6.2 基层就业分析 …………………………………………………… 141
 6.2.1 基层发展的战略地位 ……………………………………… 142
 6.2.2 基层渴求应用型人才 ……………………………………… 145
 6.2.3 基层就业成就未来 ………………………………………… 147
6.3 水利类专业就业形势 …………………………………………… 152
6.4 电力类专业就业形势 …………………………………………… 155

第七章 自荐材料及技巧 ……………………………………………… 157
7.1 自荐的一般常识 ………………………………………………… 158
 7.1.1 自荐的概念 ………………………………………………… 158
 7.1.2 自荐的种类 ………………………………………………… 158
7.2 自荐材料 ………………………………………………………… 159
 7.2.1 自荐信及范文 ……………………………………………… 159
 7.2.2 个人简历 …………………………………………………… 162
 7.2.3 推荐信 ……………………………………………………… 164
 7.2.4 学校推荐表 ………………………………………………… 165
 7.2.5 附件 ………………………………………………………… 165
 7.2.6 自荐材料模板 ……………………………………………… 166
7.3 自荐技巧 ………………………………………………………… 173

第八章 面试技巧 ……………………………………………………… 179
8.1 面试的认知 ……………………………………………………… 179
8.2 面试的准备 ……………………………………………………… 183
8.3 面试的礼仪 ……………………………………………………… 187
8.4 面试的技巧 ……………………………………………………… 192

8.5 经典面试问题回答思路 ………………………………… 197

第九章 笔试技巧 ……………………………………… 204
9.1 笔试的常识 …………………………………………… 204
9.2 笔试的准备 …………………………………………… 207
9.3 笔试的技巧 …………………………………………… 209

第十章 网络求职技巧 ………………………………… 216
10.1 就业信息网站一览 ………………………………… 217
10.2 网络求职准备 ……………………………………… 219
10.3 网络求职技巧 ……………………………………… 222

第十一章 就业须知 …………………………………… 229
11.1 就业协议书与劳动合同 …………………………… 229
11.2 劳动争议的内涵及处理机构 ……………………… 234
11.3 劳动争议的处理原则和基本程序 ………………… 235
11.4 报到证 ……………………………………………… 243
11.5 毕业生档案托管 …………………………………… 247

第十二章 自主创业 …………………………………… 249
12.1 创业意识和创业能力培养 ………………………… 249
12.2 自主创业必备条件 ………………………………… 257
12.3 自主创业基本步骤 ………………………………… 262
12.4 创业规划大赛 ……………………………………… 271
12.5 创业优惠政策 ……………………………………… 286
12.6 职业院校学生创业遇到的主要问题 ……………… 290
12.7 自主创业证申领条件和程序 ……………………… 296

参考文献 ………………………………………………… 302

上 篇

大学生职业生涯规划设计实训

第一章　自我评估实训

1.1　自我评估实训目的和意义

自我评估即自我认知，是职业生涯规划的基础，也是职业生涯规划成功的前提。

运用职业测评工具，检测自己的个性、兴趣、能力、价值观等，对自己进行全面分析，认识和了解自己的特点，进行准确定位，从而对自己所适合的职业和职业生涯目标作出合理的抉择。

案例一

一个毕业生的烦恼：我是不是迷失了自己？

2008年经过黑色的高考我毕业了。当时没怎么考虑就上了一所高职学院学习了环境艺术专业，学了三年。开始学的时候，说要好好学的，不然会觉得拿父母钱开玩笑。也许就三分钟热度，或许是学习环境，使得我不能坚持，很快就堕落了。三年就这样混了过来，专业技术不过硬。2011年8月，我毕业了，迷茫开始了，我该找工作了。我当时想，学了三年，还是找与专业相关的工作吧，于是在网上投了简历。面试了几家公司，最后选择了一家感觉还可以的公司。面试官给我的感觉很亲近，本来是面试实习设计师的，可面试官叫我从家装顾问（俗称业务员）做起，发掘客户，目的是锻炼一下自己。我很努力，同事说我很勤奋，但没注意方法。我想可能是自己性格内向，不太适合。经过了两个月，一路艰辛，业绩不是很好，每个月也就那么几百元工资。迫于现实压力，我顺从家人，去了工厂里面做普通工人。当时是想在工厂里做几个月，攒点钱。可之后在工厂里做了差不多两个月，就有些厌烦机械的生活，于是辞职不干了。无奈，我又回去做原来的与专业相关的工作了，即家装顾问。但是我不够自信，了解了点行情后，害怕自己做不好，感到很纠结。现在不知道自己喜欢干什么，整天为工作的事而烦恼，闷闷不乐。最近我想，还是平几地过吧。可是做普通的工人也有很多要求。我是不是迷失自己了，我该怎么办？我想找回最初的快乐！

案例二

我究竟适合做什么工作？

Belly，24岁，某知名高职院校计算机专业毕业生。他毕业后的第一份工作是在广州一家广告公司从事计算机绘图设计工作，但只工作了一年，他就炒了老板的鱿鱼。理由很简单：多年来他每天对着计算机绘图，日复一日，已经到了麻木的程度，在计算机前已经没有了灵感与激情。

但命运与他开了一个小小的玩笑，三个月后，Belly又不得不进入了一家IT企业，工作仍然是绘图设计，所不同的只是公司的办公环境发生了改变，从原来软件园的一家小公司换到了位于中信广场的一家颇具规模的公司。

原来，Belly辞职后，应聘过其他行业的不少职位，也参加了一些企业的面试，但用人单位无一例外地建议他最好还是从事与专业相关的计算机动漫设计工作。再加上父母的劝说，Belly只好又重操旧业。

2011年11月，由于企业内部人才流动的原因，Belly被公司提升为项目经理，但他自己非常清楚，对本职工作已经越来越厌倦，甚至有时为了逃避而借故请假。2012年春节，Belly再一次主动放弃了已拥有的工作。然而，Belly这一次并没有再急于找工作，他开始思考：我究竟适合做什么工作？

正处在朝气蓬勃、风华正茂时期的大学生，有的是青春、理想、奋斗、拼搏！所以，我们大学生应该思考的是：有限的青春，如何激发出自己最大的能量？短暂的生命，如何活出自己最绚的精彩？

古语有云："知己知彼，百战不殆。"客观地认识自己，是指导行动的前提；深刻地剖析自我，是引领前进的灯塔；准确地定位自己，是将理想转变为现实的必要条件。试想，一个棋手，在对手还在云山雾海的时候，自己已经在心里勾画出几步甚至几十步，那将是怎样一种稳操胜券的自信？试想，一个旅行者，在起程之前，早就在心里为自己描绘出旅行的蓝图，甚至已经勾勒出沿途将要经过的风景，那将是怎样一种充实的坦然？所以，我们每个大学生都应该站在现实的位置上，去认识自己，去展望未来，去回首过往。

1.2 自我评估主要方法

常见的自我评估方法有以下三种：

1. 橱窗分析法

认识自我，了解自我是非常不易之事，所以有做事难、做人难、了解自己就更难的说法。心理学家们就曾把对个人的了解比作橱窗，可大可小。为便于理解，我们把橱窗放在直角坐标中加以分析。坐标的横轴正向表示别人不知道，坐标横轴负向表示别人不知道；纵轴正向表示自己知道，负向表示自己不知道。坐标橱窗如下图所示。

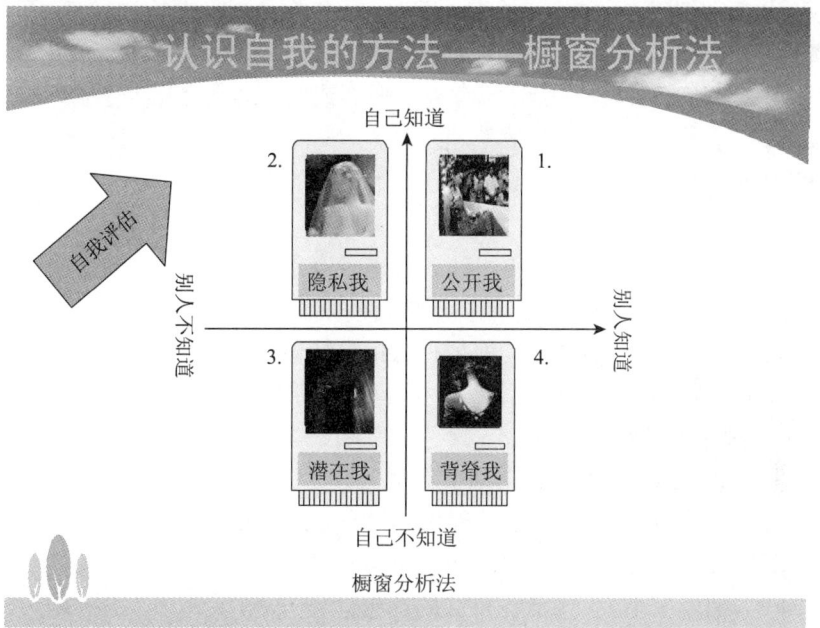

橱窗分析法

橱窗1为自己知道，别人也知道的部分，称为"公开我"；属于个人展现在外，无所隐藏的部分。

橱窗2为自己知道，别人不知道的部分，称为"隐私我"，属于个人内在的私有秘密部分。

橱窗3为自己不知道，别人也不知道的部分，称为"潜在我"，是有待开发的部分。

橱窗4为自己不知道，别人知道的部分，称为"背脊我"，犹如一个人的背部，自己看不到，别人却看得很清楚。

对橱窗4的"背脊我"要加强了解。如果自己真心实意地征询他人的意见和看法，就不难了解"背脊我"。要做到这一点，需要开阔的胸怀，确实能够正确对待，有则改之，无则加勉。否则，别人是不会说实话的。可以利用这一方法对自己的性格特征、知识与能力等方面进行分析。

2. 量表测试法

（1）人格（性格）方面的分析。MBTI 全名 Myers Briggs Type Indicator，是人类性格的外在状态模式。MBTI 是一种自我评核的性格问卷，已广泛地被人们所采用，能帮助你了解自己属于哪种性格类别。它分别为4大类：感觉（S）和直觉（N），思考（T）和情感（F），外向（E）和内向，判断（J）

和知觉（P）。由这四大类再演变及配搭出 16 种外在状态模式，这 16 种模式包括了人类的所有行为，具体包括：

①SP 艺术创造者。

ESTP（挑战者型）：不间断地尝试新的挑战

ISTP（冒险家型）：平静地思考着，但间或的行为往往出人意料

ESFP（表演者型）：有我在就有笑声

ISFP（艺术家型）：用有形的作品展示丰富的内心世界

②SJ 护卫者。

ESTJ（管家型）：掌控当下，让各种事务有条不紊地进行

ISTJ（检查员型）：细致、谨慎地执行好现有规则

ESFJ（主人型）：热情主动地帮别人把事情做好

ISFJ（照顾者型）：照顾者型——值得信赖和依靠

③NF 理想主义者。

ENFJ（教导型）：循循善诱地引导他人

INFJ（博爱型）：基于博爱的理想，设身处地关怀他人

ENFP（公关型）：天下没有不可能的事

INFP（哲学家型）：生活在自己的理想世界

④NT 理性者。

ENTJ（统帅型）：一切尽在掌握

INTJ（专家型）：追求能力与独立

ENTP（智多星型）：总有一些新点子

INTP（学者型）：聪颖机智地解决问题

上述每一种人格类型，报告都列出了其"基本描述、可能的盲点"。

（2）动力方面的分析。测评选用与工作相关性最大的动力因素作为分类指标，包括影响愿望、成功愿望、挫折承受、人际交往等四种。根据这 4 种指标，追求成就类型可分为：

主宰型：自我实现的意愿高，希望在人群中出人头地，并且发挥重要作用。既关注个人成就，也希望通过影响和带动他人达到组织目标。

满足型：希望找到适合自己的领域并发挥自身价值，注重顺应环境而不是改变环境，难以适应压力过大的工作。

自强型：对自己有高的要求，将设立并达到高目标视为人生的意义，愿意为此不断奋斗，在与别人合作的过程中，愿意自己付出更多的努力，而不是影响和带动他人。

寄托型：希望影响和推动组织的发展，并得到他人的认可，将之视为实现自我价值的基础，个人成就更多地建立在影响和带动他人上，而不愿单打

独斗。

开拓型：乐于接受挑战、承担风险，在困难和挫折面前不轻易后退，意志顽强。

安定型：尽量避免做没有把握的事情、避免造成无法控制的局面，寻求安全感，在遇到障碍时退而求其次。

坚守型：做事谨慎，不轻易作出决断，但是对正在进行中的事情很有责任心，努力克服困难达成目标。

尝试型：面临新问题、新环境时敢于尝试和冒险，敢于尝试新的方法，但遇到阻力时韧性不足，容易转换目标。

（3）自我询问法。用一段休闲的时间，找一个安静的处所，认真地深刻地思考以下六个问题，想清楚，想透彻，然后写下来：

（一）我究竟有什么才干和天赋？什么东西我能做得最出色？与我所认识的人相比，我的长处、高人一筹的是什么？

方方面面的优势都要想到，然后请写下来：

_____

_____

（二）我的激情在哪一方面？有什么东西特别使我内心激动、向往，使我分外有冲劲去完成，而且干起来不仅不觉得累，反而感到其乐无穷？

一定有，请仔细想，然后写下来：

_____

_____

（三）我的经历，有什么与众不同之处？能给我什么特别的洞察力、经验和能力？动用它我能做出什么与众不同的事？

请写下来：

_____

_____

（四）我最明显的缺陷和劣势是什么？

请写下来：

_____

（五）我与什么杰出人物有往来？他们有哪些杰出的才干、天赋与激情？与之合作（或跟随他们），能找到什么样的机遇？

_____

（六）我有哪些具体的需求要得到满足？

_____

请注意：

（1）如果要获得职业生涯的成功，一定要面对这些问题、思考这些问题、回答这些问题。

（2）思考不成熟，一时不好回答的问题，可放一放，想好了再回答。

（3）这些问题肯定是有明确答案的，而且是与别人截然不同的答案。你的阅历、兴趣、理想不可能与其他人一模一样，因此，你的答案一定要与众不同——找出你的差别性来！有差别才能存在，有差别才能成功。

（4）这些问题的答案，相当于你成功的能源库，要定期或不定期地重新思考检讨所有的资源用够了吗，还有没有可开发的资源，是否原来的思考有遗漏。久而久之，你会发现，随着心态和社会关系的发展，你的能源库不断扩大，变成一座取之不尽、用之不竭的"金矿"。

1.3 自我评估——职业测评法

职业测评是心理测验的一个分支，在学术上被广泛认可的心理测验的定义是"行为样组的客观的标准的测量"。职业测评的目的是实现人适其职，职得其人；人尽其才，才尽其用。它在职业生涯规划中占据重要的地位，是不可或缺的工具。科学的职业测评是由一系列经过科学方法研制的测量工具以科学的方法使用而完成的。

捡了芝麻丢了西瓜

刘勇是计算机专业学生。开始他想做一个软件工程师，因为这和他的专业更贴近。但是他从报纸上看到，说软件工程师是一个青春职业，和年龄有很大关系，28岁以后软件工程师就面临着被淘汰的可能性，工作会不太稳定。于是他想去卖包子，他认为他家楼下卖包子的生意很稳定。从一个想做软件工程师到想卖包子，这给我们的震动也非常大。后来因为家里的反对，放弃了这个想法。于是决定去公司应聘。首先他想到的是去做销售，因为他看到很多公司高层领导都从销售开始做起的。但是求职销售没有成功，他又回到IT业，想做IT培训老师，但还是没有成功。整个过程下来以后，他找了很多工作，做了很多选择，但都没有成功。他变得非常失望、焦虑，觉得自己的能力不被社会所接受。人焦虑的时候会去排解这种情绪，于是他去上网、玩游戏，这样可以暂时降低焦虑的情绪。毕业的时候为了逃避就业的压力，他决定考公务员，成为高校中的考公务员一族。这也是高校中的一个普遍现象，每年考公务员的人数绝对比找工作的人数要多，这个数也是几年来积累下来的。

那么，他的问题出自哪里呢？

【点评】我们来分析一下，影响就业率的因素是什么？很简单，每个学生能顺利就业，就业率就会提高了。学生就业的影响因素在哪里呢？一个是他选择的方向正确，选择了适合自己的方向，求职的成功率就会极大提高。第二，他的行动要积极。能力再强的人，如果行动不积极，那也不会很快找到工作。从刚才我们分析的案例上也能看出，一方面他的求职方向变动很大，不太清楚自己适合的工作；另一方面，他的行动最后变得很消极，不是很积极。

那么，怎样才能有一个正确的决策，清楚适合自己的工作呢？这就需要进行职业测评和职业生涯规划。

在了解自我方面，职业测评可以起到很好的作用。在西方，每个学校都有心理学系，职业测评很完善。在中国心理学专业比较少一些，学生在大学期间很少有机会接受系统的心理学教育，很难系统科学地了解自我。这时候职业测评就可以起到重要的辅助作用，帮助学生系统地了解自我。

1.3.1 职业兴趣测试

（一）霍兰德职业兴趣测评理论

职业兴趣反映了职业（工作活动）特点和个体特点之间的匹配关系，是人们职业规划的重要依据和指南。职业兴趣测验正是用于了解这两方面特点之间的匹配关系，从而为实现"恰当的人从事恰当的工作"提供可靠的科学依据。

霍兰德的职业理论，其核心假设是人可以分为六大类，即现实型、研究型、社会型、传统型、企业型、艺术型，职业环境也可以分成相应的同样名称的六大类，人格与职业环境的匹配是形成职业满意度、成就感的基础。各个兴趣类型的特点及较为适宜的职业环境如下。

1. 现实型（R）
①愿意使用工具从事操作性工作。
②动手能力强，做事手脚灵活，动作协调。
③不善言辞，不善交际。
主要是指各类工程技术工作、农业工作。通常需要一定体力，需要运用工具或操作机器。
主要职业：工程师、技术员；机械操作、维修、安装工人；矿工、木工、电工、鞋匠等；司机；测绘员、描图员；农民、牧民、渔民等。

2. 研究型/调研型（I）
①抽象思维能力强，求知欲强，肯动脑，善思考，不愿动手。
②喜欢独立的和富有创造性的工作。

③知识渊博，有学识才能，不善于领导他人。

主要是指科学研究和科学实验工作。

主要职业：自然科学和社会科学方面的研究人员、专家；化学、冶金、电子、无线电、电视、飞机等方面的工程师、技术人员；飞机驾驶员、计算机操作员等。

3. 艺术型（A）

①喜欢以各种艺术形式的创作来表现自己的才能，实现自身的价值。

②具有特殊艺术才能和个性。

③乐于创造新颖的、与众不同的艺术成果，渴望表现自己的个性。

主要是指各类艺术创作工作。

主要职业：音乐、舞蹈、戏剧等方面的演员、艺术家编导、教师；文学、艺术方面的评论员；广播节目的主持人、编辑、作者；绘画、书法、摄影家；艺术、家具、珠宝、房屋装饰等行业的设计师；等等。

4. 社会型（S）

①喜欢从事为他人服务和教育他人的工作。

②喜欢参与解决人们共同关心的社会问题，渴望发挥自己的社会作用。

③比较看重社会义务和社会道德。

主要是指各种直接为他人服务的工作，如医疗服务、教育服务、生活服务等。

主要职业：教师、保育员、行政人员；医护人员；衣食住行服务行业的经理、管理人员和服务人员；福利人员；等等。

5. 企业型/事业型（E）

①精力充沛、自信、善交际，具有领导才能。

②喜欢竞争，敢冒风险。

③喜爱权力、地位和物质财富。

主要是指那些组织与影响他人共同完成组织目标的工作。

主要职业：经理企业家、政府官员、商人、行业部门和单位的领导者、管理者等。

6. 传统型（C）

①喜欢按计划办事，习惯接受他人指挥和领导，自己不谋求领导职务。

②不喜欢冒险和竞争。

③工作踏实，忠诚可靠，遵守纪律。

主要职业：会计、出纳、统计人员；打字员；办公室人员；秘书和文书；图书管理员；旅游、外贸职员、保管员、邮递员、审计人员、人事职员等。

霍兰德所划分的六大类型，并非是并列的、有着明晰的边界的。他以六边形标示出六大类型关系类型的关系，如图 1-3-1 所示。

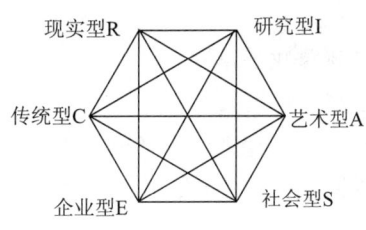

图 1-3-1

从图 1-3-1 中可以看出：每一种类型与其他类型之间存在不同程度的关系，大体可描述为 3 类。

（1）相邻关系，如 RI、IR、IA、AI、AS、SA、SE、ES、EC、CE、RC 及 CR。属于这种关系的两种类型的个体之间共同点较多，现实型 R、研究型 I 的人都不太偏好人际交往，这两种职业环境中也都较少有机会与人接触。

（2）相隔关系，如 RA、RE、IC、IS、AR、AE、SI、SC、EA、ER、CI 及 CS，属于这种关系的两种类型个体之间共同点较相邻关系少。

（3）相对关系，在六边形上处于对角位置的类型之间即相对关系，如 RS、IE、AC、SR、EI 及 CA 就是，相对关系的人格类型共同点少，因此，一个人同时对处于相对关系的两种职业环境都兴趣很浓的情况较为少见。

人们通常倾向选择与自我兴趣类型匹配的职业环境，如具有现实型兴趣的人希望在现实型的职业环境中工作，可以最好地发挥个人的潜能。但职业选择中，个体并非一定要选择与自己兴趣完全对应的职业环境。一则因为个体本身常是多种兴趣类型的综合体，单一类型显著突出的情况不多，因此评价个体的兴趣类型时也时常以其在六大类型中得分居前三位的类型组合而成，组合时根据分数的高低依次排列字母，构成其兴趣组型，如 RCA、AIS 等；二则因为影响职业选择的因素是多方面的，不完全依据兴趣类型，还要参照社会的职业需求及获得职业的现实可能性。因此，职业选择时会不断妥协，寻求与相邻职业环境，甚至相隔职业环境，在这种环境中，个体需要逐渐适应工作环境。但如果个体寻找的是相对的职业环境，意味着所进入的是与自我兴趣完全不同的职业环境，则我们工作起来可能难以适应，或者难以做到工作时觉得很快乐，相反，甚至可能会每天工作得很痛苦。

（二）职业兴趣测试 90 题

根据霍兰德的理论，人格类型可以分为六种，分别是现实型、社会型、常规型、艺术型、企业型和研究型，通过回答下列问题，你就能够发现自己属于哪个类型。

本问卷共 90 道题目，每道题目是一个陈述，请你根据自己的真实情况对这些陈述进行评价，如果符合实际情况就在相应的题目前打"√"，否则打"×"，不要漏答。

(1) 强壮而敏捷的身体对我很重要。
(2) 我必须彻底地了解事情的真相。
(3) 我的心情受音乐、色彩和美丽事物的影响极大。
(4) 和他人的关系丰富了我的生命并使它有意义。
(5) 我相信会成功。
(6) 我做事必须有清楚的指引。
(7) 我擅长自己制作、修理东西。
(8) 我可以花很长的时间去想通事情的道理。
(9) 我重视美丽的环境。
(10) 我愿意花时间帮别人解决个人危机。
(11) 我喜欢竞争。
(12) 我在开始一个计划前会花很多时间去计划。
(13) 我喜欢使用双手做事。
(14) 探索新构思使我满意。
(15) 我靠寻求新方法来发挥我的创造力。
(16) 我认为能把自己的焦虑和别人分担是很重要的。
(17) 成为群体中的关键任务执行者，对我很重要。
(18) 我对于自己能重视工作中的所有细节感到骄傲。
(19) 我不在乎工作把手弄脏。
(20) 我认为教育是个发展及磨炼脑力的终身学习过程。
(21) 我喜欢非正式的穿着，尝试新颜色和款式。
(22) 我常能体会到某人想要和他人沟通的需要。
(23) 我喜欢帮助别人不断改进。
(24) 我在决策时，通常不愿冒险。
(25) 我喜欢购买小零件，做成成品。
(26) 有时我长时间阅读，玩拼图游戏，冥想生命本质。
(27) 我有很强的想象力。
(28) 我喜欢帮助别人发挥天赋和才能。
(29) 我喜欢监督事情直至完工。
(30) 如果我面对一个新情景，会在事前做充分的准备。
(31) 我喜欢独立完成一项任务。
(32) 我渴望阅读或思考任何可以引发我好奇心的东西。
(33) 我喜欢尝试创新的概念。

(34) 如果我和别人发生摩擦，我会不断尝试化干戈为玉帛。
(35) 要成功就必须定高目标。
(36) 我喜欢为重大决策负责。
(37) 我喜欢直言不讳，不喜欢转弯抹角。
(38) 我在解决问题前，必须把问题进行彻底分析。
(39) 我喜欢重新布置我的环境，使它与众不同。
(40) 我经常借着和别人交谈来解决自己的问题。
(41) 我常想起草一个计划，而由别人完成细节。
(42) 准时对我来说非常重要。
(43) 从事户外活动令我神清气爽。
(44) 我不断地问：为什么？
(45) 我喜欢自己的工作能够抒发我的情绪和感觉。
(46) 我喜欢帮助别人寻找可以和他人相互关注的办法。
(47) 能够参与重大决策是件令人兴奋的事情。
(48) 我经常保持清洁，喜欢有条不紊。
(49) 我喜欢周边环境简单而实际。
(50) 我会不断地思索一个问题，直到找出答案为止。
(51) 大自然的美深深地触动我的灵魂。
(52) 亲密的人际关系对我很重要。
(53) 升迁和进步对我极重要。
(54) 当我把每日工作计划好时，我会较有安全感。
(55) 我不害怕过重工作负荷，且知道工作的重点。
(56) 我喜欢能使我思考、给我新观念的书。
(57) 我希望能看到艺术表演、戏剧及好的电影。
(58) 我对别人的情绪低潮相当的敏感。
(59) 能影响别人使我感到兴奋。
(60) 当我答应一件事时，我会竭尽监督所有细节。
(61) 我希望粗重的肢体工作不会伤害任何人。
(62) 我希望能学习所有使我感兴趣的科目。
(63) 我希望能做些与众不同的事。
(64) 我对别人的困难乐于伸出援手。
(65) 我愿意冒一点险以求进步。
(66) 当我遵循成规时，我感到安全。
(67) 我选车时，最先注意的是好的引擎。
(68) 我喜欢能刺激我思考的话。

(69) 当我从事创造性的事时,我会忘掉一切旧经验。
(70) 我对社会上有许多人需要帮助感到关注。
(71) 说服别人依计划行事是件有趣的事情。
(72) 我擅长于检查细节。
(73) 我通常知道如何应付紧急事件。
(74) 阅读新发现的书是件令人兴奋的事情。
(75) 喜欢美丽、不平凡的东西。
(76) 我经常关心孤独、不友善的人。
(77) 我喜欢讨价还价。
(78) 我花钱时小心翼翼。
(79) 我用运动来保持强壮的身体。
(80) 我经常对大自然的奥秘感到好奇。
(81) 尝试不平凡的新事物是件相当有趣的事情。
(82) 当别人向我诉说他的困难时,我是个好听众。
(83) 做事失败了,我会再接再厉。
(84) 我需要确切地知道别人对我的要求是什么。
(85) 我喜欢把东西拆开,看看能否修理它们。
(86) 我喜欢研读所有的事实,再有逻辑地作出决定。
(87) 没有美丽事物的生活,对我而言是不可思议的。
(88) 人们经常告诉我他们的问题。
(89) 我常能借着资讯网络和别人取得联系。
(90) 小心谨慎地完成一件事是件有成就感的事情。

评分办法:下表中的数字代表上列兴趣测验中的题号。

现实型	1	7	13	19	25	31	37	43	49	55	61	67	73	79	85
研究型	2	8	14	20	26	32	38	44	50	56	62	68	74	80	86
艺术型	3	9	15	21	27	33	39	45	51	57	63	69	75	81	87
社会型	4	10	16	22	28	34	40	46	52	58	64	70	76	82	88
企业型	5	11	17	23	29	35	41	47	53	59	65	71	77	83	89
常规型	6	12	18	24	30	36	42	48	54	60	66	72	78	84	90

(1) 请算出每种类型打"√"的数目,并填在下面:
现实型_____ 研究型_____ 艺术型_____ 社会型_____ 企业型_____ 常规型_____

(2) 将上述分数从高到低依次排好,并填在下面:

第一位_____第二位_____第三位_____第四位_____第五位_____第六位_____

1.3.2 职业性格测试

在职业心理中，性格影响着一个人对职业的适应性，一定的性格适于从事一定的职业；同时，不同的职业对人有不同的性格要求。因此，在考虑或选择时，不仅要考虑自己的职业兴趣，还要考虑自己的职业性格特点。下面的测验根据人的职业性格特点和职业对人的性格要求两方面来划分类型，每一种职业都与其中的几种性格类型相关。

职业性格测验表

根据自己的实际情况，对下面的问题作出"是"或"否"的回答。

第一组

（1）喜欢内容经常变化的活动或工作情景。
（2）喜欢参加新颖的活动。
（3）喜欢提出新的活动并付诸行动。
（4）不喜欢预先对活动或工作作出明确而细致的计划。
（5）讨厌需要耐心、细致的工作。
（6）能够很适应新环境。

第一组总计次数（　　）。

第二组

（1）当注意力集中于一件事时，别的事很难使我分心。
（2）在做事情时，不喜欢受到出乎意料的干扰。
（3）生活有规律，很少违反作息制度。
（4）按照一个设好的工作模式来做事情。
（5）能够长时间做枯燥、单调的工作。

第二组总计次数（　　）。

第三组

（1）喜欢按照别人的批示办事，需要负责任。
（2）在按别人指示做事时，自己不考虑为什么要做这些事，只是完成任务就算。
（3）喜欢让别人来检查工作。
（4）在工作上听从指挥，不喜欢自己作出决定。
（5）工作时喜欢别人把任务的要求讲得明确而细致。
（6）喜欢一丝不苟按计划做事，直到得到一个圆满的结果。

第三组总计次数（　　）。

第四组

（1）喜欢对自己的工作独立作出计划。

（2）能处理和安排突然发生的事情。

（3）能对将要发生的事情负起责任。

（4）喜欢在紧急情况下果断作出决定。

（5）善于动脑筋、出主意、想办法。

（6）通常情况下对学习、活动有信心。

第四组总计次数（　　）。

第五组

（1）喜欢与新朋友相识和一起工作。

（2）喜欢在几乎没有个人秘密的场所工作。

（3）试图忠实于别人且与别人友好。

（4）喜欢与人互通信息，交流思想。

（5）喜欢参加集体活动，努力完成所分给的任务。

第五组总计次数（　　）。

第六组

（1）理解问题总比别人快。

（2）试图使别人相信你的观点

（3）善于通过谈话或写作来说服别人。

（4）善于使别人按你的想法来做事情。

（5）试图让一些自信心差的同学振作起来。

（6）试图在一场争论中获胜。

第六组总计次数（　　）。

第七组

（1）你能做到临危不惧吗？

（2）你能做到临场不慌吗？

（3）你能做到知难而退吗？

（4）你能冷静处理好突然发生的事故吗？

（5）遇到偶然事故可能伤及他人时，你能果断采取措施吗？

（6）你是一个机智灵活、反应敏捷的人吗？

第七组总计次数（　　）。

第八组

（1）喜欢表达自己的观点和感情。

（2）做一件事情时，很少考虑它的利弊得失。

（3）喜欢讨论对一部电影或一本书的感情。

（4）在陌生场合不感到拘谨和紧张。
（5）相信自己的判断，不喜欢模仿别人。
（6）很喜欢参加学校的各种活动。
第八组总计次数（　　）。
第九组
（1）工作细致而努力，试图将事情完成得尽善尽美。
（2）对学习和工作抱认真严谨、始终一贯的态度。
（3）喜欢花很长时间集中于一件事情的细小问题。
（4）善于观察事物的细节。
（5）无论填什么表格，态度都非常认真。
（6）做事情力求稳妥，不做无把握的事情。
第九组总计次数（　　）。
□ 统计和确定你的职业性格类型

根据每组回答"是"的总次数，填入下表：

组	回答"是"的次数	相应的职业性格
第一组	（　　）	变化型
第二组	（　　）	重复型
第三组	（　　）	服从型
第四组	（　　）	独立型
第五组	（　　）	协作型
第六组	（　　）	劝服型
第七组	（　　）	机智型
第八组	（　　）	好表现型
第九组	（　　）	严谨型

选择"是"次数越多，则相应的职业性格类型越接近你的性格特点；选择"不"的次数越多，则相应性格类型越不符合你的性格特点。

各类职业的性格特点如下。

1. [变化型]

这些人在新的和意外的活动情景中感到愉快，喜欢经常变化职业的工作。他们追求多样化的生活，以及那些能将其注意力从一件事转到另一件事上的工作情景。

2. [重复型]

这些人喜欢连续不断地从事同样的工作，他们喜欢按照一个机械的和别人安排好的计划或进度办事，喜欢重复的、有规则的、有标准的职务。

3. ［服从型］

这些人喜欢按别人的指示办事。他们不愿自己独立作出决策，而喜欢对分配给自己的工作负起责任。

4. ［独立型］

这些人喜欢计划自己的活动和指导别人的活动，他们在独立和负有职责的工作中感到愉快，喜欢对将要发生的事情作出决定。

5. ［协作型］

这些人在与人协同工作时感到愉快，他们想要得到同事们的喜欢。

6. ［劝服型］

这些人喜欢设法使别人同意他们的观点，这一般通过谈话或写作来达到。他们对于别人的反应有较强的判断力，且善于影响他人的态度、观点和判断。

7. ［机智型］

这些人在紧张和危险的情景下能很好地执行任务，他们在危险的状态下总能自我控制和镇定自如。他们在意外的情境下工作得很出色，当事情出了差错时，他们不易慌乱。

8. ［好表现型］

这些人喜欢能表现自己的爱好和个性的工作情景。

9. ［严谨型］

这些人喜欢注意细节精确，他们按一套规则和步骤将工作做得完美。他们倾向于严格、努力地工作，以便看到自己出色地完成工作的效果。

1.3.3 职业能力测试

除了性格、兴趣以外，技能是自我认知中的另一个重要组成部分。技能，在职场上可以看做是我们的资产、本钱，它决定着我们是否能胜任工作，是否能获得雇主的青睐。技能资产越多，我们职业生涯发展的潜力就越大，升值的空间也越大。

（一）了解技能与职业的关系

任何一种职业都要求从业者必须具备相应的技能，而且技能的强弱决定了人们工作绩效的高低。例如，教师要很好地完成教学活动，就需要一些基本技能做保障：流畅的口头表达能力、逻辑思维能力和教学组织能力。

1. 能力、技能与能力倾向

在日常生活、学习和阅读中，我们常听到或看到"能力""技能"这两个词汇的交替使用，还有"能力倾向"，到底它们是不是一回事儿？有没有区别？我们先来了解一下这几个概念。

（1）能力：心理学认为，能力是种个性心理特性，是顺利完成活动的一种必备的心理条件，包括知识与躯体行为。能力通常被称为智力，是先天就具有或通过学习而获得的。因此，能力的影响因素主要包括遗传、环境和教育。

（2）技能。技能强调的是经过学习和练习发展起来的能力，是在你从事活动时有效地运用你的天资和知识的力量。影响技能的因素更多地在于实践。

（3）能力倾向。能力倾向区别于你已发展起来的技能，是你天生的但可能尚未开发的、可用于学习和发展技能的能力。能力倾向指的是你具备的某些方向的潜能。

我们可以看到，从严格意义上讲，"技能"和"能力"是有不同的定义的。但从编写的目的出发，为便于你更好地拓展自己的知识、素质与行为，我们在本书中不再严格区分"能力"和"技能"这两个概念，即它们意味着同样的东西。

2. 技能与职业相吻合的原则

技能是职业适应性的首要和基本的制约因素，人的技能水平及其发展方向是存在差异的，因此，无论是组织在招聘时，还是个人在择业时，都应考虑到技能与职业的吻合问题，并遵循以下原则：

（1）技能水平要与职业层次基本一致。不同层次的职业或职业类型，由于所承担的责任不同，对人的技能有不同的要求。因此，你应根据自己所达到或可能达到的能力水平确定相吻合的职业层次。

（2）充分发挥优势技能的作用。每个人都拥有一个由多种技能组成的技能系统。在这个系统中，各方面技能的发展是不平衡的。职业选择，应主要考虑其最佳技能，选择最能运用其优势技能的职业。

请根据实际情况，填写表1-3-1的测评。

表1-3-1　职业能力测评表

每一道题目分"强""较强""一般""较弱""弱"五等级，请您在选定的栏目打√。					
（一）一般学习能力倾向（G）	强1	较强2	一般3	较弱4	弱5
1. 快而容易地学习新内容					
2. 快而正确地解数学题					
3. 你的学习成绩					
4. 对课文的字、词、段落篇章的理解、分析和综合能力					
5. 对学习过的知识的记忆能力					

续表

每一道题目分"强""较强""一般""较弱""弱"五等级,请您在选定的栏目打√。					
(二)语言能力倾向(V)	强1	较强2	一般3	较弱4	弱5
1. 善于表达自己的观点					
2. 阅读速度和理解能力					
3. 掌握词汇量的程度					
4. 你的语文成绩					
5. 你的文学创作能力					
(三)算术能力倾向(N)	强1	较强2	一般3	较弱4	弱5
1. 做出精确的测量					
2. 笔算能力					
3. 口算能力					
4. 打算能力					
5. 你的数学成绩					
(四)空间判断能力倾向(S)	强1	较强2	一般3	较弱4	弱5
1. 解决立体几何方面的习题					
2. 画二维度的立体图形					
3. 看几何图形的立体感					
4. 想象盒子展开后的平面图					
5. 想象三维度的物体					
(五)形态和知觉能力倾向(P)	强1	较强2	一般3	较弱4	弱5
1. 发现相同图形中的细微差别					
2. 识别物体的形状差异					
3. 注意物体的细节部分					
4. 观察物体的图案是否正确					
5. 对物体的细微描述					
(六)书写知觉能力倾向(Q)	强1	较强2	一般3	较弱4	弱5
1. 快而准地抄写资料(如姓名、日期、电话号码等)					
2. 发现错别字					

续表

每一道题目分"强""较强""一般""较弱""弱"五等级，请您在选定的栏目打√。					
（六）书写知觉能力倾向（Q）	强1	较强2	一般3	较弱4	弱5
3. 发现计算错误					
4. 能很快查找编码卡片					
5. 自我控制能力（如较长时间抄写资料）					
（七）眼手运动协调能力倾向（K）	强1	较强2	一般3	较弱4	弱5
1. 玩电子游戏					
2. 打篮球、排球、足球一类活动					
3. 打乒乓球、羽毛球运动					
4. 打算盘能力					
5. 打字能力					
（八）手指灵巧度（F）	强1	较强2	一般3	较弱4	弱5
1. 灵巧地使用很小的工具					
2. 穿针眼、编织等使用手指的活动					
3. 用手指做一件小艺术品					
4. 用计算器的灵巧度					
5. 弹琴					
（九）手腕灵巧度（M）	强1	较强2	一般3	较弱4	弱5
1. 用手把东西分类					
2. 在推拉东西时手的灵活度					
3. 很快地削苹果					
4. 灵活地使用手工工具					
5. 在绘画、雕刻等手工活动中的灵活性					

（二）统计分数的方法

（1）对每一类能力倾向计算总分数。每组五道题完成后，分别统计各等级选择的次数总和，用下面公式计算出该类的总计次数（把"强"定为第一项，依次类推，"弱"定为第五项；第一项之和就是选"强"的次数和）。

总计次数：（第一项之和×1）＋（第二项之和×2）＋（第三项之和×3）＋（第四项之和×4）＋（第五项之和×5）。

（2）计算每一类能力倾向的自评等级。自评等级：总计次数/5。

表1-3-2为自评等级表,请将自评结果填写在表中。

表1-3-2　自评等级表

职业能力倾向	自评等级	职业能力倾向	自评等级
G		Q	
V		K	
N		F	
S		M	
P			

1.3.4　职业价值观测试

俗话说人各有志,在一个人选择自己的职业的时候,这个志向其实就是他的职业价值观。职业价值观是指当一个人面临职业选择的时候,他无论如何都不会放弃的职业中至关重要的东西。它表明了一个人通过工作所要追求的理想是什么,是为了钱,还是为了权力,还是为了一种情感关系?职业价值观在职业生涯过程中非常重要,这是因为它以人们实际的生活、工作经历和他人的反馈为基础形成的。即使面临非常困难的状况,职业价值观在职业选择过程中也往往不会被放弃。所以,通过职业价值观的测试,可以帮我们更好地选择最适合自己的工作环境和工作领域,并且更好地规划自己的职业发展方向。比如,通过测试,你的职业价值观为"技术/职能型",那么意味着你在实际工作中,应尽量在"技术/职能"领域发展,而不一定朝着管理者的方向努力;如果你的职业价值观是"安全/稳定型",那么一些民企、外企等竞争很激烈,变化很大的工作环境,可能不是很适合你;但如果你的职业价值观是"挑战型",那么恰恰相反,一些民企、外企等竞争激烈的环境,可能反倒最适合你的发展,而一些比较简单、平淡、重复的工作,可能非常不利于你的潜能的发挥。本测试就是帮你了解你在几种最常见的职业价值观上的表现,以及在你的身上占主导地位的职业价值观。

职业价值观测试量表

指导语:下面有52道题目,每个题目都有5个备选答案,请根据自己的实际情况或想法,在题目后面圈出相应字母,每题只能选择一个答案。通过测验,你可以大致了解自己的职业价值观念倾向。

A——非常重要

B——比较重要

C——一般

第一章 自我评估实训

D——较不重要

E——很不重要

（1）你的工作必须经常解决新的问题。A B C D E

（2）你的工作能为社会福利带来看得见的效果。A B C D E

（3）你的工作奖金很高。A B C D E

（4）你的工作内容经常变换。A B C D E

（5）你能在你的工作范围内自由发挥。A B C D E

（6）工作能使你的同学、朋友非常羡慕你。A B C D E

（7）工作带有艺术性。A B C D E

（8）你的工作能使人感觉到你是团体中的一分子。A B C D E

（9）不论你怎么干，你总能和大多数人一样晋级和涨工资。A B C D E

（10）你的工作使你有可能经常变换工作地点、场所或方式。A B C D E

（11）在工作中你能接触到各种不同的人。A B C D E

（12）你的工作上下班时间比较随便、自由。A B C D E

（13）你的工作使你不断获得成功的感觉。A B C D E

（14）你的工作赋予你高于别人的权力。A B C D E

（15）在工作中，你能试行一些自己的新想法。A B C D E

（16）在工作中你不会因为身体或能力等因素，被人瞧不起。A B C D E

（17）你能从工作的成果中，知道自己做得不错。A B C D E

（18）你的工作经常要外出、参加各种集会和活动。A B C D E

（19）只要你干上这份工作，就不再被调到其他意想不到的单位和工种上去。A B C D E

（20）你的工作能使世界更美丽。A B C D E

（21）在你的工作中，不会有人常来打扰你。A B C D E

（22）只要努力，你的工资会高于其他同年龄的人，升级或涨工资的可能性比干其他工作大得多。A B C D E

（23）你的工作是一项对智力的挑战。A B C D E

（24）你的工作要求你把一些事务管理得井井有条。A B C D E

（25）你的工作单位有舒适的休息室、更衣室、浴室及其他设备。A B C D E

（26）你的工作有可能结识各行各业的知名人物。A B C D E

（27）在你的工作中，能和同事建立良好的关系。A B C D E

（28）在别人眼中，你的工作是很重要的。A B C D E

（29）在工作中你经常接触到新鲜的事物。A B C D E

（30）你的工作使你能常常帮助别人。A B C D E

(31) 你在工作单位中，有可能经常变换工作。A B C D E

(32) 你的作风使你被别人尊重。A B C D E

(33) 同事和领导人品较好，相处比较随便。A B C D E

(34) 你的工作会使许多人认识你。A B C D E

(35) 你的工作场所很好，比如有适度的灯光、安静、清洁的工作环境，甚至恒温、恒湿等优越的室内条件。A B C D E

(36) 在工作中，你为他人服务，使他人感到很满意，你自己也很高兴。A B C D E

(37) 你的工作需要计划和组织别人的工作。A B C D E

(38) 你的工作需要敏锐的思考。A B C D E

(39) 你的工作可以使你获得较多的额外收入，比如常发实物，常购买打折扣的商品，常发商品的提货券，有机会购买进口货等。A B C D E

(40) 在工作中你是不受别人差遣的。A B C D E

(41) 你的工作结果应该是一种艺术而不是一般的产品。A B C D E

(42) 在工作中不必担心会因为所做的事情领导不满意，而受到训斥或经济惩罚。A B C D E

(43) 在你的工作中能和领导有融洽的关系。A B C D E

(44) 你可以看见你努力工作的成果。A B C D E

(45) 在工作中常常要你提出许多新的想法。A B C D E

(46) 由于你的工作，经常有许多人来感谢你。A B C D E

(47) 你的工作成果常常能得到上级、同事或社会的肯定。A B C D E

(48) 在工作中，你可能做一个负责人，虽然可能只领导很少几个人，但你信奉"宁做兵头，不做将尾"的俗语。A B C D E

(49) 你从事的那种工作，经常在报刊、电视中被提到，因而在人们的心目中很有地位。A B C D E

(50) 你的工作有数量可观的夜班费、加班费、保健费或营养费。A B C D E

(51) 你的工作比较轻松，精神上也不紧张。A B C D E

(52) 你的工作需要和影视、戏剧、音乐、美术、文学等艺术打交道。A B C D E

评分与评价

上面的52道题分别代表十三项工作价值观。每圈一个A得5分、B得4分、C得3分、D得2分、E得1分。请你根据下面评价表中每一项前面的题号，计算一下每一项的得分总数，并把它填在每一项的得分栏上。然后在表格下面依次列出得分最高和最低的三项。

第一章 自我评估实训

评价表

得分	题号	价值观	说明
	2、30 36、46	利他主义	工作的目的和价值，在于直接为大众的幸福和利益尽一份力
	7、20 41、52	美感	工作的目的和价值，在于能不断地追求美的东西，得到美感的享受
	1、23 38、45	智力刺激	工作的目的和价值，在于不断进行智力的操作，动脑思考学习以及探索新事物，解决新问题
	13、17 44、47	成就感	工作的目的和价值，在于不断创新，不断取得成就，不断得到领导与同事的赞扬，或不断实现自己想要做的事
	5、15 21、40	独立性	工作的目的和价值，在于能充分发挥自己的独立性和主动性，按自己的方式、步调或想法去做，不受他人的干扰
	6、28 32、49	社会地位	工作的目的和价值，在于所从事的工作在人们的心目中有较高的社会地位，从而使自己得到了人的重视与尊敬
	14、24 37、48	管理	工作的目的和价值，在于获得对他人或某事物的管理支配权，能指挥和调遣一定范围内的人或事物
	3、22 39、50	经济报酬	工作的目的和价值，在于获得优厚的报酬，使自己有足够的财力去获得自己想要的东西，使生活过得较为富足
	11、18 26、34	社会交际	工作的目的和价值，在于能和各种人交往，建立比较广泛的社会联系和关系，甚至能和知名人物结识
	9、16 19、42	安全感	不管自己能力怎样，希望在工作中有一个安稳局面，不会因为奖金、长工资、调动工作或领导训斥等经常提心吊胆、心烦意乱
	12、25 35、51	舒适	希望能将工作作为一种消遣、休息或享受的形式，追求比较舒适、轻松、自由、优越的工作条件和环境
	8、27 33、43	人际关系	希望一起工作的大多数同事和领导人品较好，相处在一起感到愉快、自然，认为这就是很有价值的事，是一种极大的满足
	4、10 29、31	变异性	希望工作的内容应该经常变换，使工作和生活显得丰富多彩，不单调枯燥

25

得分最高的三项是：(1)_____；(2)_____；(3)_____。

得分最低的三项是：(1)_____；(2)_____；(3)_____。

从得分最高和最低的三项中，可以大致看出你的价值倾向，在选择职业时就可以加以考虑。

第二章 职业认知实训

一个成功的职业生涯规划要进行职业评估,必须理解职业、认知职业、认知行业,了解该职业的具体内容、任职的资格、工作的条件以及该职业的发展前景。

2.1 专业与职业

我们在做职业规划时,职业与专业之间的关系是必须面对又要解决好的重大问题。高考填志愿时,学什么(即专业的选择)是第一等重要的战略问题,这就像企业在开办之前首先要考虑生产经营什么一样,生产什么,取决于经营者在分析市场及自身资源优势之后对销售什么的判断,同样,学什么专业,也是取决于求学者对毕业后人才市场态势及现有自身资源及优势的判断。

案例

徐先生毕业于上海某高校热能与动力工程专业,他说:"当时填专业时对它具体是做什么的并不知道,到大学后才发现没兴趣。我现在做的是电脑网络工程方面的工作,很可惜,当初要是选对了专业多好啊。"

来自智联招聘网的一份调查:在当初填写高考志愿时,42%被调查者是根据自己的主导意愿选择专业的,有26%的人听从父母决定,其余32%则是根据老师意见或是服从调剂分配;当问及"如果有机会从头再来,你会如何选择"时,有52%的人说他们会另择专业。超出半数以上的人投了反悔票。

在作出人生第一次重要抉择的时候,你对自己将要学习的专业到底了解多少?

专业与职业的关系究竟是怎样的呢?

在教育领域中,专业的含义是指学生今后的工作领域和当前的学习范围。我国的高等教育分为普通高等教育和高等职业教育两大块。普通高等教育的专业设置是按知识分类,即按学科分类,其专业是"学科专业"。高等职业教育的专业是按服务对象或技术领域分类,其专业是"技术专业"。技术专业知识是由与职业岗位技术工作相关联的知识和职业世界的有关知识构成,它不像学科专业那样强调知识的完整性和系统性,而强调职业岗位技术工作的针对性、适应性和应用性。高职院校设置专业一般是以社会需求为导向,以职业岗位为依据,与职业资格相衔接,针对职业岗位群设置专业。

职业是随着社会经济的发展,社会分工的日益细化而形成的具体工作。如果说,职业理想和就业目标是目的地,那么专业选择就是路线的主要内容。我们知道不同的职业需要不同的知识、技能及德、体条件,而不同的知识和技能则是专业的主要内容。专业在很大程度上决定了大学生的知识结构和就业方向,因而也就决定了学生的劳动技能和未来职业发展方向。专业是直接为职业服务的,是职业的基础和准备;职业可以促进专业不断进行自我完善。

表2-1-1列举了部分专业的主干课程和职业面向。

表2-1-1 部分专业主干课程及职业面向简表

专业名称	主干课程	主要职业面向
水利工程	工程制图、工程测量、工程力学、建筑材料、工程地质与土力学、水力学、建筑结构、工程水文及水利计算、农田水利学、水工建筑物、水利工程概预算、施工技术与组织管理、治河与防洪、水利工程监理、制图综合实训、水工建筑物课程设计、施工技术组织管理课程设计、农田水利课程设计、工程测量实训、水利工程概预算实训、水工认识实习、施工实训、土力学综合实验、毕业综合实训	基层水利部门,能从事中小型水利工程规划、设计、施工和管理一线工作,从事先进的水利技术的应用与推广
水利水电建筑工程	工程制图、建筑材料、地形测量学、控制测量学、地籍测量与土地管理、水工建筑物、水利工程施工、建筑施工技术、概预算、监理概论、数字化测量与GPS测量技术、建设项目管理、制图综合实训、建筑材料综合实训、水工建筑物课程设计、施工技术组织管理课程设计、工程测量实训、地形测量与数字化成图实训、控制测量实训、水利工程概预算实训、水工认识实习、施工实训、毕业综合实训	水利水电工程单位,能从事水利水电工程勘测、水利水电工程施工组织管理工作、水利水电工程技术管理等工作

续表

专业名称	主干课程	主要职业面向
水利工程施工技术	工程制图、水力学、工程测量、建筑材料、工程水文、建筑结构、土力学、水工建筑物、水利水电工程施工、施工组织与管理、工程造价与招投标、项目管理、工程建设监理、工程制图、水力学、工程测量、建筑材料、工程水文、建筑结构、土力学、水工建筑物、水利水电工程施工、施工组织与管理、工程造价与招投标、项目管理、工程建设监理	水利及其他土木类行业，从事水利水电工程施工及其他土木工程施工技术、水利工程监理、水利工程项目管理与水利工程检测等工作
城市水利	水利工程测量、工程制图与工程CAD、城市水文与城市防洪、水利工程施工技术、水利工程概预算、水利工程项目管理、城市规划原理、城市生态与城市环境、水泵与泵站、水污染与水质监测、工程招标与合同管理	水利、城市建设和管理、环境保护等行业（单位）从事城市水利、给排水工程、景观工程的勘测施工与监理、设计、招投标等工作；城市防洪、水质监测评价与水污染控制、管理等工作
工程造价	建筑材料、工程造价原理、会计学原理、水工建筑物、工程力学与结构、建筑识图与构造、建筑工程测量、工程CAD、水利施工组织与管理、工程施工技术、建筑工程清单预算、工程招投标与合同管理、安装工程定额与预算、工程经济、水利工程概预算、建设工程监埋概论、工程造价计价与控制、工程咨询实务、建筑工程施工资料整编	建筑、水利、交通、能源工程的定额管理、造价控制、概预算及招投标书的编制、施工管理等工作部门
工程监理	建筑材料、工程力学与结构、建筑识图与构造、工程测量技术、工程CAD、水工建筑物、水利工程施工技术、水利工程施工组织与管理、工程招投标与合同管理、建设工程进度控制、水利工程概预算、建设工程监理概论、建设工程投资控制、建设工程项目管理、建设工程质量控制、建筑工程施工资料整编	水利水电工程施工单位、交通道路、铁道、工民建施工单位、房地产公司、监理公司等

29

续表

专业名称	主干课程	主要职业面向
建筑工程管理	建筑构造与识图、建筑工程测量、建筑材料、建筑结构、工程经济、工程CAD、建筑设计基础、建设工程项目管理、建筑工程施工技术、建设工程监理概论、施工组织与管理、建筑财务管理、建筑工程概预算	建筑、水电、金融、房地产公司从事建筑工程施工组织与现场管理、工程造价预算、工程项目招投标以及一般工业与民用建筑设计等工作
给排水工程技术	工程制图、建筑工程测量、分析化学、水处理微生物学、工程CAD、建筑材料、环境水力学、给排水工程结构、给水工程、排水工程、建筑给排水工程、水泵与水泵站、安装工程概预算、给水排水工程施工	自来水厂、污水处理厂、各类泵站（含排灌站）、水环境保护、给水排水工程管理等工作部门
道路桥梁工程技术	道路工程制图与CAD、工程力学、道路工程测量、钢筋混凝土与砌体结构、道路建筑材料、工程地质与土力学、水力水文学、道路勘测设计、桥梁工程、隧道工程、基础工程、公路工程施工组织与管理、路基路面工程、公路招投标与合同管理、公路工程概预算、公路工程施工技术、道路检测技术、交通工程、公路工程监理、工程资料整理	面向公路交通部门，从事公路、城市道路、桥梁及隧道工程的勘探设计、试验检测、养护维修的技术与管理工作
电力系统自动化技术	制图与CAD、电工技术应用、电子电路分析与制作、电气一次系统安装检修与设计、电力系统继电保护应用与设计、电气二次系统安装与调试、电气原理图识读、电力系统自动装置应用与维护	发电厂变电所电气值班员、变配电工程的安装与检修、发电厂变电所继电保护调试、电站电气设备的高电压试验、变电所（水电站）电气部分的初步设计
小型水电站及电力网	电工技术应用、制图与CAD、电子电路分析与制作、单片机控制系统分析与应用、可编程控制系统分析与应用、水轮发电机组及辅助系统安装检修与设计、水电站电气一次部分安装检修与设计、水电站继电保护应用与设计、水电站电气二次回路安装检修与设计、水电站综合自动化系统安装与维护、水电站机电运行、水电站建设监理实施、电气原理图识读	小型水电站和地区级电网的运行值班；小型水电站和地区级电网机电设备的安装检修；小型水电站和地区级电网机电部分的初步设计；小型水电站和地区级电网建设的施工监理

续表

专业名称	主干课程	主要职业面向
供用电技术	电工与电子技术基础、电气识图、高电压技术、用电管理、供用电网络及设备、电气设备运行与维护、供用电网络继电保护、供配电技术实训	变电站、供电所运行,电气设备安装、调试与维护,设备管理与节能管理;工厂的供配电管理及配电设备维护,电气设备安装、调试与维护,设备管理与节能管理;建设施工单位现场施工管理,监理部门的施工监理;其他行业供配电及其生产设备电气管理及维护
机电设备维修与管理	机械制图与CAD、电工与电子技术基础、机械设计基础、机械制造基础、电机拖动与变频技术、电气控制与可编程控制系统分析与应用、液压与气动技术、数控原理与应用、机电设备安装与维修、水利水电工程施工机械设备	水利水电施工企业工程机械设备维护与管理;水电站、水泵站、机电设备制造和安装企业机电设备的选型、配套、安装、调试、运行和维护;工业企业设备管理、生产管理、技术管理;工程机械、机电设备的专业营销和物资采购;数控机床及其他计算机控制设备的操作、维护及检修工作
机电一体化技术	机械制图与AutoCAD、电工与电子技术基础、机械设计基础、机械制造基础、液压与气动技术、传感器与测试技术、单片机控制系统分析与应用、可编程控制系统分析与应用、数控机床故障诊断与维修、自动化生产线的安装与调试	机电一体化生产企业从事机电产品的设计与开发、装配与调试、生产技术管理,面向机电一体化产品应用企业从事自动化机器与自动化生产线等机电设备现场操作、安装、调试、维护、车间生产组织与管理工作

续表

专业名称	主干课程	主要职业面向
发电厂及电力系统（风电方向）	电工技术应用、CAD软件应用、电子电路分析与制作、单片机控制系统分析与应用、可编程控制系统分析与应用、风力发电机组及辅助系统安装检修与设计、风电场电气一次部分安装检修与设计、风电场继电保护应用与设计、风电场电气二次回路安装检修与设计、风电场综合自动化系统维护、风电场机电运行、风电场建设监理实施、电气原理图识读	风电场和地区级电网的运行值班；风电场和地区级电网机电设备的安装检修；风电场和地区级电网机电部分的初步设计；风电场和地区级电网建设的施工监理
资产评估与管理	基础会计、会计电算化、税法、资产评估学、财务管理、财务报表分析、Excel编程、国有资产管理、建筑工程概预算、房地产评估、房地产经营与管理、无形资产评估、机电设备评估、建筑工程评估	资产评估咨询公司、会计师事务所、房地产交易部门、国有资产监督管理机关等资产评估机构，从事建筑物、土地、机电设备、无形资产等价值评估工作；面向司法机关、投资银行、海关、珠宝与文物鉴定、行政事业单位资产管理部门，从事财务会计、资产管理和审计工作
会计	基础会计、财政与金融、统计学、EX-CEL编程、会计电算化、企业会计、税法、财务管理与分析、成本会计、收银实务、财务成本管理、审计实务、财务报告分析、税务筹划和税务会计、管理会计、现代企业管理	主要面向水利行业、中小企业、会计师事务所、税务师事务所、金融机构、投资公司等单位从事会计、审计、财务管理、税务处理和筹划、经济咨询、投资分析等工作

问卷调查：

下面列举出了个人对自身专业学习的一些态度，每一道题都有5个选项，1表示完全不符合，5表示完全符合，1~5表示符合程度渐增。请根据你自身的实际情况作答，并在相应的数字上打"√"。

(1) 我在专业学习上投入了很多的时间和精力。

○ 1 完全不符合

○ 2

○ 3

○ 4
○ 5 完全符合

（2）我的个性特征很适合本专业的学习与发展。
○ 1 完全不符合
○ 2
○ 3
○ 4
○ 5 完全符合

（3）我愿意在所学专业上发展我未来的事业。
○ 1 完全不符合
○ 2
○ 3
○ 4
○ 5 完全符合

（4）我愿意向别人介绍所学专业的知识和相关信息等。
○ 1 完全不符合
○ 2
○ 3
○ 4
○ 5 完全符合

（5）我对自己在本专业的发展有明确的职业目标和规划。
○ 1 完全不符合
○ 2
○ 3
○ 4
○ 5 完全符合

（6）我具备本专业所需的专业思维和专业素养。
○ 1 完全不符合
○ 2
○ 3
○ 4
○ 5 完全符合

（7）我了解我所学专业的发展渊源。
○ 1 完全不符合
○ 2

○ 3
○ 4
○ 5 完全符合

（8）所学专业有很大社会价值，对社会发展有重要作用。
○ 1 完全不符合
○ 2
○ 3
○ 4
○ 5 完全符合

（9）我对专业学习及专业相关实践活动具有很大的热情。
○ 1 完全不符合
○ 2
○ 3
○ 4
○ 5 完全符合

（10）我常有意识地将专业所学知识和技能运用于生活中。
○ 1 完全不符合
○ 2
○ 3
○ 4
○ 5 完全符合

（11）我很看好所学专业的发展前景。
○ 1 完全不符合
○ 2
○ 3
○ 4
○ 5 完全符合

（12）专业学习对我的发展很重要，有助于实现我的理想。
○ 1 完全不符合
○ 2
○ 3
○ 4
○ 5 完全符合

（13）如果继续深造或有其他选择机会，我希望调剂专业。
○ 1 完全不符合

○ 2
○ 3
○ 4
○ 5 完全符合

（14）如果转到其他专业，我可能会有更好的发展前途。
○ 1 完全不符合
○ 2
○ 3
○ 4
○ 5 完全符合

（15）我经常关注与所学专业相关的行业热点和前沿动态。
○ 1 完全不符合
○ 2
○ 3
○ 4
○ 5 完全符合

（16）我从来没有感觉到专业学习的乏味。
○ 1 完全不符合
○ 2
○ 3
○ 4
○ 5 完全符合

（17）即使没人监督，我也会积极主动地学习专业知识。
○ 1 完全不符合
○ 2
○ 3
○ 4
○ 5 完全符合

（18）所学专业能够充分发挥我的特长。
○ 1 完全不符合
○ 2
○ 3
○ 4
○ 5 完全符合

（19）虽然转专业很难，但我一直在考虑或尝试转专业。

○ 1 完全不符合
○ 2
○ 3
○ 4
○ 5 完全符合

（20）所学专业不是我自主选择的专业，也不是我想学的。
○ 1 完全不符合
○ 2
○ 3
○ 4
○ 5 完全符合

（21）我喜欢所学专业，并渴望学到尽可能多的东西。
○ 1 完全不符合
○ 2
○ 3
○ 4
○ 5 完全符合

（22）我从内心已经非常主动地接受了所学专业。
○ 1 完全不符合
○ 2
○ 3
○ 4
○ 5 完全符合

（23）在工作选择中，我愿意选择与所学专业对口的工作。
○ 1 完全不符合
○ 2
○ 3
○ 4
○ 5 完全符合

（24）我感到自己在专业上的发展充满了不确定性。
○ 1 完全不符合
○ 2
○ 3
○ 4
○ 5 完全符合

（25）我喜欢挑战专业学习中的困难以及克服后的成就感。
○ 1 完全不符合
○ 2
○ 3
○ 4
○ 5 完全符合

（26）我了解我所学专业的课程设置情况。
○ 1 完全不符合
○ 2
○ 3
○ 4
○ 5 完全符合

（27）我觉得自己比较适合学习本专业。
○ 1 完全不符合
○ 2
○ 3
○ 4
○ 5 完全符合

（28）本专业为我提供了足够的发展空间，能实现自我价值。
○ 1 完全不符合
○ 2
○ 3
○ 4
○ 5 完全符合

（29）我常以积极心态来应对专业学习中遇到的困难。
○ 1 完全不符合
○ 2
○ 3
○ 4
○ 5 完全符合

（30）所学专业与我的兴趣爱好相冲突，我对其不感兴趣。
○ 1 完全不符合
○ 2
○ 3
○ 4

○ 5 完全符合

（31）所学的专业没意思，让我感觉心情压抑。
○ 1 完全不符合
○ 2
○ 3
○ 4
○ 5 完全符合

（32）我乐于主动钻研与所学专业相关的知识难点。
○ 1 完全不符合
○ 2
○ 3
○ 4
○ 5 完全符合

（33）我经常阅读与所学专业有关的书籍或者专著。
○ 1 完全不符合
○ 2
○ 3
○ 4
○ 5 完全符合

（34）我觉得专业学习给我带来了很大的乐趣。
○ 1 完全不符合
○ 2
○ 3
○ 4
○ 5 完全符合

2.2　职业岗位（群）

　　从专业与职业的相关性来讲，它们并不都是一一对应的关系，而是呈现出一对一、一对多、多对多等非常复杂的相关关系。比如数控机床专业，它所对应的职业最适合的也只有企业中数控机床的操作与维护，最后发展成为高级技师。烹饪专业的学生在毕业后最合适的也只是成为一名厨师。同时又有些专业其职业方向比较宽泛，比如经济学专业毕业的学生可以从事企业管理、经济学研究、新闻记者、营销策划、经济分析、高校教师等多种职业，而对于某一职业比如新闻记者，它可以接收经济学、新闻、中文、哲学、历史等许多专业的毕业生。而职业岗位群体从字面上理解，是指职业岗位群体所包括的职业岗位互相联系的一个职业系统。

为直观理解专业的职业岗位群，下面以水利工程专业为例来了解职业岗位群（见表2-2-1）。

表2-2-1 水利工程专业就业岗位、工作任务与职业能力表

就业岗位	典型工作任务	职业能力
水利工程设计（设计员、造价员、水文勘测工、岩土工）	T1：水利工程勘测	●熟悉工程地质勘察的基本内容 ●掌握工程地质资料的识图和应用 ●掌握设计交底内容，编制测量方案 ●掌握测量相关规程、规范要求 ●掌握仪器性能、原理，会正确使用仪器 ●掌握测量记录方法 ●会对测量资料进行整理、归档
	T2：水文与水力计算	●能进行年径流的分析与计算 ●掌握小流域设计洪水推求 ●掌握一般径流调节计算 ●掌握水库兴利与防洪计算 ●掌握规则断面过水能力的计算 ●掌握水头损失的分析与计算 ●掌握各种水面曲线的计算 ●能进行小型水工建筑物的水力计算
	T3：水工结构计算	●会进行普通砼构件的初步设计 ●掌握砼肋形结构和刚架结构的设计 ●掌握预应力砼的设计 ●掌握一般砌体结构的设计 ●掌握钢结构连接、钢结构基本构件设计
	T4：水利工程建筑设计	●会进行水利枢纽的布置 ●能进行大坝、渠道、水闸、隧洞、渡槽等各类水利工程建筑的结构形式的确定 ●能拟定各种类型水利工程建筑的基本尺寸 ●能进行水利工程建筑的水力计算 ●能进行水利工程建筑的稳定、结构计算及分析 ●绘制水利工程设计图纸

续表

就业岗位	典型工作任务	职业能力
水利工程设计（设计员、造价员、水文勘测工、岩土工）	T5：农田水利规划设计	• 会进行农业水利工程规划布置 • 能进行灌区设计标准、设计代表年选择、灌溉用水量计算、灌区来用水平衡 • 能进行灌排渠沟流量计算 • 能进行灌水渠道、排水沟道水力计算和结构设计 • 能进行节水灌溉工程规划设计、水力计算、结构设计 • 能进行渠系建筑的选型、结构计算及分析 • 绘制水利工程设计图纸
	T6：水利工程概预算	• 会计算基础单价（人工、混凝土、砂浆、机械台时、风水电等单价） • 能根据设计图划分工程项目，计算工程量 • 根据设计内容，编制建筑和安装工程单价分析 • 会分识工程不同部位、不同地区、不同工作条件的工程量，进行单价选取和转换 • 掌握工程总概（预）算编制 • 能进行工料分析和资金计划的能力
	T7：水利工程经济评价	• 掌握对工程项目进行经济评价的方法 • 能对工程进行方案比选 • 能对工程进行经济评价分析
水利工程运行管理（工程维护工、检测员）	T8：水工建筑物安全检测	• 掌握现场巡视检测 • 掌握变形监测 • 掌握渗流监测 • 掌握应力监测 • 掌握水文、气象监测 • 掌握水力学监测

续表

就业岗位	典型工作任务	职业能力
水利工程运行管理 （工程维护工、检测员）	T9：水工建筑物养护与修理	•掌握土石坝的养护与修理 •掌握浆砌石坝与混凝土的养护与修理 •掌握溢洪道的养护与维修 •掌握取水和输水建筑物的养护与修理 •掌握水工建筑物养护和修理的新材料、新技术
	T10：水库调度	•能拟定水库调度方式 •能编制水库调度计划及确定各项控制运用指标 •能进行面临时段的实时调度
	T11：防汛抢险	•能制定防汛组织与工作制度 •险情巡视与检查 •堤防抢险与堵口 •河道整治工程险情抢护 •穿堤建筑物抢险 •掌握防汛抢险新技术的应用与研究
水利工程施工 （施工员、资料员）	T12：施工准备	•能识读、审核施工图纸 •熟悉基础、主体工程的现场总平面布置 •掌握施工工艺流程及工序 •完善施工方案，协助技术交底 •能分析施工所需要的材料和工具 •了解每个分项工程的工程量及相应劳动力数量 •掌握施工方案的要点、重点及难点 •具备组织协调管理能力 •熟悉各部门的工作内容及分工 •能编制施工预算书

续表

就业岗位	典型工作任务	职业能力
水利工程施工 （施工员、资料员）	T13：施工组织	•能选择合适的施工机械和计算施工机械数量 •能编制合理的施工方案 •能对施工场地进行施工平面总布置 •能编制指导实际施工的施工进度计划
	T14：施工技术	•掌握水利水电工程施工放样的技能 •掌握各种建筑的构造及要求 •了解建筑材料的基本性能和选用，并检验试验操作 •能学习新技术、新工艺、新材料、新设备并应用 •掌握各工种施工操作方法及质量要求 •能熟练应用相关的规范、标准 •能进行工程质量检验和评定 •掌握工程施工的安全管理 •会收集、整理和编写工程资料
水利工程建设管理 （监理员、施工管理员）	T15：施工造价管理	•掌握建筑安装工程费用项目的组成与计算 •会使用建设工程定额 •会施工成本管理与施工成本计划 •能进行施工成本控制与施工成本分析 •能编制工程费用的结算
	T16：施工质量管理	•会建立施工质量管理体系 •能进行施工质量控制与竣工验收 •懂得施工质量事故处理
	T17：施工安全管理	•会建立施工安全管理体系 •掌握施工安全管理策划 •掌握施工安全管理实施

续表

就业岗位	典型工作任务	职业能力
水利工程建设管理（监理员、施工管理员）	T18：施工合同管理	● 会拟定和签署施工合同 ● 掌握施工过程中的合同管理 ● 掌握建设工程合同的变更与索赔
	T19：施工信息管理	● 熟悉工程项目管理信息系统 ● 懂得收集和管理项目管理信息 ● 会编制施工技术资料

2.3 职业资格证

需要弄清楚几个问题：

(1) 什么是职业资格？

职业资格是对从事某一职业所必备的学识、技术和能力的基本要求。

职业资格包括从业资格和执业资格。从业资格是指从事某一专业（职业）所需学识、技术和能力的起点标准。执业资格是指政府对某些责任较大、社会通用性强、关系公共利益的专业（职业）实行准入控制，是依法独立开业或从事某一特定专业（职业）学识、技术和能力的必备标准。

(2) 什么是职业资格证书？它有哪些用途？

职业资格证书是表明持证者具有从事某一职业所必备的学识和技能的证明。它是持证者求职、任职、开业的资格凭证，是用人单位招聘、录用劳动者的主要依据，也是境外就业、对外劳务合作人员办理技能水平公证的有效证件。

(3) 什么是职业资格证书制度？

职业资格证书制度是劳动就业制度的一项重要内容，也是一种特殊形式的国家考试制度。主要内容是指按照国家制定的职业技能标准或任职资格条件，通过政府认定的考核鉴定机构，对持证者的技能水平或职业资格进行客观公正、科学规范的评价和鉴定，对合格者授予相应的国家职业资格证书的政策规定和实施办法。

(4) 什么是"双证书"制度？

"双证书"制度是我国目前高等职业教育的一种理想培养模式。"双证书"是指学历文凭和职业资格证书制度。中共中央《关于建立社会主义市场经济体制若干问题的决定》指出："要制订各种职业的资格标准和录用标准，实行学历文凭和职业资格证书制度。"国务院《关于〈中国教育改革和发展纲要〉的实施意见》进一步明确:"大力开发各种形式的职业培训。认真实行先培训后就业,先培训后上岗的制度;使城乡新增劳动力上岗前都能受到必需的职业训练,在全社会实行学历文凭和职业资格证书并重的制度。"

(5) 职业资格证书与学历证书有何不同?

职业资格是对从事某一职业所必备的学识、技术和能力的基本要求,反映了持证者为适应职业劳动需要而运用特定的知识、技术和技能的能力。与学历文凭不同,学历文凭主要反映学生学习的经历,是文化理论知识水平的证明。职业资格与职业劳动的具体要求密切结合,更直接、更准确地反映了特定职业的实际工作标准和操作规范,以及持证者从事该职业所达到的实际工作能力水平。

(6) 职业资格与职称有什么区别?

职业资格是表明从事某一职业的前提条件。例如,要从事律师职业,必须先取得律师资格;要从事教学工作,必须先取得教师的职业资格。而职称的意思,从字面上讲,仅是职务的名称。在职称改革前,职称这个词涵盖了专业技术资格与专业技术职务双重含义。由于世界上许多国家没有职称,因此,中国入世后,职称的改革将进一步加快,我国在深化职称改革时,将进一步淡化职称概念,扩大职业资格制度的实施范围。

(7) 国家推行职业资格证书制度有何意义?

开展职业技能鉴定,推行职业资格证书制度,是落实党中央、国务院提出的"科教兴国"战略的重要举措,也是我国人力资源开发的一项战略措施。它对于提高劳动者素质,促进劳动力市场的建设以及深化国有企业改革,促进经济发展都具有重要意义。

(8) 实施职业资格证书制度的法律依据是什么?

《中华人民共和国劳动法》第八章第六十九条规定:"国家确定职业分类,对规定的职业制定职业技能标准,实行职业资格证书制度,由经过政府批准的考核鉴定机构负责对劳动者实施职业技能考核鉴定。"《中华人民共和国职业教育法》第一章第八条明确指出:"实施职业教育应当根据实际需要,同国家制定的职业分类和职业等级标准相适应,实行学历文凭、培训证书和职业资格证书制度。"这些法律条款是国家推行职业资格证书制度和开展职业技能鉴定的法律依据。

随着社会主义市场经济的发展,社会人才市场对从业人员素质的要求越来越高,特别是对高级实用型人才的需求更讲究"适用"、"效率"和"效益",要求应职人员职业能力强,上岗快。这就要求高等职业院校的毕业生,在校期间就要完成上岗前的职业训练,具有独立从事某种职业岗位工作的职业能力。职业资格证书是高职毕业生职业能力的证明,谁持有的职业资格证书多,谁的从业选择性就大,就业机会就多。

表 2-3-1 列举部分专业面向职业的职业资格证。

表 2-3-1　部分专业面向职业所需职业资格证简表

专业	主要岗位	职业资格证书
水利工程	中小型水利工程规划设计	CAD 辅助设计绘图员(中、高级)、测量工(中、高级)、造价员、岩土工
	水利工程运行管理	运行维护工、水文勘测工
	水利工程施工	施工员、质检员、安全员、资料员、材料员、测量工(中、高级)
水利水电建筑工程	水利水电工程测绘技术人员	中级测量员
	水利水电工程施工技术人员	中级施工员
	其他土木工程测量与施工人员	中级测量员、中级施工员
	水利水电工程建设管理人员	造价员、安全员、质检员
水利工程施工技术	水利水电工程施工技术员	施工员、材料员、质检员、测量工、模板工、钢筋工、混凝土工
	水利水电工程施工组织与管理	安全员、资料员
	水利水电工程造价员	造价员
城市水利	城市水利工程施工	施工员、质检员、安全员、资料员、材料员
	城市中小型水利工程规划设计	CAD 辅助设计绘图员(中、高级)、测量工(中、高级)、造价员
	城市水利工程运行管理	运行维护工、监理员
工程造价	水利工程造价员、建筑工程造价员、安装工程造价员	造价员、CAD 辅助设计绘图员(中、高级)、会计证
工程监理	水利监理员	水利工程监理员证
建筑工程管理	施工管理	施工员
	质量控制	质量员
	安全控制	安全员
	预算工作	预算员
	监理工作	监理员

45

续表

专业	主要岗位	职业资格证书
给排水工程技术	施工企业技术员	施工员
	施工企业预算员	造价员
	工程监理	监理员岗位证书
	工程测量	测量工（中、高级）
	工程设计	CAD辅助设计绘图员（中、高级）造价员
	工程建设管理	监理员、造价员、施工员、质检员、安全员、资料员、材料员
道路桥梁工程技术	路桥施工员	施工员
	测量员	测量证
	试验员	试验员
	监理员	监理员
	造价员	造价员
	检测员	检测员
	资料员	资料员
电力系统自动化技术	电气值班员	电气值班员（中、高级）电工进网作业许可证
	继电保护工	继电保护工（中、高级）电工进网作业许可证
	变电一（二）次安装工	变电一（二）次安装工（中、高级）电工进网作业许可证
	变电检修工	变电检修工（中、高级）电工进网作业许可证
	电气试验工	电气试验工（中高级）
	电网调度自动化厂站端调试检修员	"电网调度自动化厂站端调试检修员"（中、高级）
	自动化设备售后服务人员	

续表

专业	主要岗位	职业资格证书
小型水电站及电力网	水电站运行值班员	电气值班员、水轮发电机组值班员
	小型水电站安装检修工	水轮机安装工、水轮机检修工；发电机安装工、发电机检修工；调速器检修工、继电保护调试工；电气设备安装工、电气设备检修工
	小型水电站施工监理员	水电建设施工监理员
	小型水电站机电设计员	CAD操作员证、电气一次设计员、电气二次设计员
供用电技术	变配室电气值班	电工上岗证、电气运行值班员（中、高级）
	变电设备安装、检修、维护	变电设备安装工、变电设备检修工
	供电管理	电测仪表工
	电气试验	电气试验工
	供用电网络电气设计	机电设计员、建筑电气设计员
机电设备维修与管理	机电设备生产现场操作工	车工、铣工、数控车工或数控铣工加工中（高）级操作工证书
	工业企业的机电设备维护管理工	机修或装配钳工、维修电工
	水利水电类企业的机电设备维护与管理	机修钳工、装配钳工、维修电工
	机电设备销售与售后服务员	机修钳工、装配钳工、维修电工
机电一体化技术	机电一体化产设备操作员	车工、铣工、数控车工或数控铣工加工中（高）级操作工证书
	机电一体化设备维护维修员	机修或装配钳工，维修电工中（高）级操作工证书，电工上岗证，可编程控制器程序设计师3、4级
	自动化生产线等机电设备的生产现场管理员、产品检验员、产品营销员	机修钳工，装配钳工，维修电工中（高）级操作工证书，可编程控制器程序设计师3、4级

续表

专业	主要岗位	职业资格证书
发电厂及电力系统（风电方向）	风电场运行值班员	电气值班员、风力发电运行检修员
	风电场安装检修工	风电机组装配工、风电机组维修保养工、风电机组调试工、继电保护调试工、电气设备安装工、电气设备检修工、风力发电运行检修员
	风电场施工监理员	风电建设施工监理员
	风电场机电设计员	CAD操作员证、电气一次设计员、电气二次设计员
资产评估与管理	资产评估市场调查员	会计资格从业证
	资产评估业务员	会计资格从业证
	资产评估员	房地产估价员
	资产评估主管	注册房地产估价师、注册土地估价师
	出纳员	会计资格从业证
	会计员	会计资格从业证
	会计主管	注册会计师
会计	出纳	会计从业资格证
	会计核算	会计从业资格证
	会计管理	OFFICE办公软件操作员职业资格
	财务管理	会计从业资格证 OFFICE办公软件操作员职业资格
	会计监督	审计专业技术初级资格 会计从业资格证

第三章 职业选择实训

3.1 职业选择

在这个世界上,通向成功的道路何止千万条,但你要记住:所有的道路,不是别人给的,而是你自己选择的结果。你有什么样的选择,也就有了什么样的人生。你有什么样的职业选择,你就拥有什么样的职业生涯。你今天的现状是你几年前选择的结果,你今天的选择决定你几年后的职业状况。成功者与失败者的区别在于,成功者选择了正确的方向,而失败者选择了错误,因此我们经常能够看到一些基础相差无几的人由于选择了不同的方向,职业生涯迥然不同。

案例

职业选择的慧眼
——一个公司高管的讲述

在担任公司高管的几年间,我面试过数以百计的各个层面的员工,其中最让我感到遗憾的一个现象就是很多人有着非常好的素质,甚至有的还是名校的毕业生,因为不懂得去规划自己的职业,在工作多年后,依然拿着微薄的薪水,为了一份好一点的工作而奔波。很多这样的人,他们只要稍微修正一下自己的职业方向,就能够在职业发展上走得更从容。

有一次,一个大连理工大学的研究生,好像是学电子的,来应聘我们的公关企划部部长。那小伙长得不错,将近一米八的身高,很阳光,个人素质也很好。他研究生毕业后去了一家稍微有点规模的IT企业,因为他对于软件的了解很不够,就没有做技术,而是从事管理,后来做到了总经理助理,主管行政和企划。工作5年后的薪水也就是5 000元左右,他在公司的发展也受到了一定的局限。我在面试的过程中了解到,他之所以应聘我们的公关企划部部长,只是因为我们这个职位给的薪水还可以,而不是因为他喜欢这样的工作。后来我帮助他分析,依照他的素质和职业兴趣,如果选择得当,几年后应该会有很好的发展。但是我们的公关企划部部长的职位并不适合他,如果我们聘用了他,不但耽误企业的发展,而且也会耽误他本人的发展。我帮助他分析以后他恍然大悟，对我十分感激。后来他经过认真的思考及时修正了自己的职业道路，目前取得了不错的发展。所以，有时候没有应聘上反而是面试的成功。在今天的市场环境中，类似的例子还有很多，这样的人大多都有一个共性，那就是最初的时候不知道自己应该在哪个领域开始自己的职业生涯，几年过去了，稀里糊涂地换了几家公司，回过头来才发现，只是积累了不同行业、不同职能方向不成功的丰富经验。而且据我观察，越是聪明的人越容易产生这样的问题。因为似乎什么工作都难不倒聪明人，他们就有机会尝试不同的工作，结果却都是"蜻蜓点水"。一段时间以后突然发现，多种多样的工作经验并没有给自己带来沉甸甸的收获，反而造成了自己缺乏专长、缺乏核心竞争力的局面。最最关键的就是，他们永远都难以结束低薪长跑，白白浪费了上天赋予他们的才智。

当然，与此相对应的是另外的例子。有的人起点并不高，既非名校毕业也不是什么好得不得了的专业，甚至这里边还有大专和中专毕业的人，但是因为他们正确的职业发展之路，几年之后他们在职场上的价值超过了很多当初起点比他们高的人。我们公司现在的财务总监就是专科毕业的。但在十多年的财务生涯中，从出纳、会计、主管会计到财务经理，他一步一个脚印走得很踏实。不少和他同龄的本科生、研究生也还没有取得这样的成绩。我也认识不少拿着高薪的人士，他们中不乏低学历的人才，只是因为在一个领域里辛勤耕耘而成为这个领域的专精之士，从而能够获得和他们的价值相匹配的薪酬。

各种有趣的职场现象还有很多。

有的人进了国有企业、政府机关，却没有得到太大发展，一直非常矛盾，想离开又不愿失去既得利益，转换成本越来越大，勉强得来一官半职，也很是没意思。始终处在矛盾当中，年轻人的激情在无聊的事务中慢慢消磨殆尽。

也有的人盲目地相信考证和考研，希望借助证书增加自己在职场的砝码；有人成功了，为数不少的人却越读越穷，所获得的薪酬远远达不到自己的期望。如果把考证和考研比作投资的话，至少是投资收益率不高。我就亲自面试过不少MBA，至少我觉得他们没有获得和他们的投资相匹配的回报。

我们身边总有这种从一工作就抱怨不断却委曲求全的人存在，他们或者从一开始就没有为自己的职业做过规划，要么只进行过短期的职业指导，等有了一份自己可以接受的工作之后就"适可而止"，任由无聊和无奈一天天侵蚀自己日渐衰老的心。

3.2 如何进行职业选择

正确的选择是如此重要，然而你会发现现实生活当中很多的人面临选择的时候竟然会非常草率。一个人花在影响自己未来命运的工作选择上的精力，竟比花在购买衣服上的心思要少得多，这是一件多么奇怪的事情，尤其是当他的未来幸福和富足全部依赖于这份工作时。几乎没有人认为自己是错误的，因为没有人会故意作出一个错误的不利于自己将来发展的职业选择，他们之所以作出了错误的选择，是因为没有能力得出正确的答案，就如同我们在考场上遇到自己不会做的选择题，只能根据自己的判断去选择；就如同我们的父母，他们就认为我们做某一份工作会对我们有利，全然不知道那会把我们推向职业的陷阱。他们之所以选错，往往是由于不懂得如何选择。很多人认为自己无法了解自己到底适合做什么工作，只好换来换去，希望能在过程中找到自己的兴趣所在，但许多年过去了，仍然很迷惑。所以我们要认真选择，否则你根本不知道这个世界上哪片土地适合你生长，什么样的环境适合你发展。个人发展和企业发展是一个道理，方向比速度更重要，在没有选择对明确的方向以前，单纯地谈速度是没有太大意义的，甚至有时等待优于行动。没有明确选择的行动就是我们平时所说的瞎折腾，瞎折腾的结果就是无序导致无效。

3.2.1 职业选择代表性理论

在职业选择时，坚持人职和谐的理念。所谓人职和谐，是主张人应该去发现并从事自己喜欢、擅长又有相对优势的职业，使自己生命能量的积聚和消耗最大限度地满足由低到高的各种需要，提高个人和社会的生存力量。人职和谐是在对自己、对职业、对社会发展正确、客观认识的基础之上建立起来的；不能清醒地认识自己，认识职业，就无法实现人职和谐。人职和谐的代表性理论是人格—职业类型匹配理论。

1959 年，美国咨询心理学家约翰·霍兰德以自己的职业咨询经验为基础提出了一种关于职业选择的人格类型理论。这是一种在特质因素理论基础上发展起来的人格与职业类型相匹配的理论。人格类型理论的实质在于择业者的人格特点与职业类型的适应。在适宜的职业环境中，个人可以充分施展自己的技能和能力，表达自己的态度和价值观，并且能够完成那些令人愉快的使命。

在人格和职业的关系方面，霍兰德提出了一系列假设。

（1）在现实的文化中，可以将人格分为六种类型：现实型、研究型、艺术型、社会型、企业型与传统型。每一特定类型人格的人，便会对相应职业类型中的工作或学习感兴趣。

（2）环境也可区分为上述六种类型。

（3）人们寻求能充分施展其能力与价值观的职业环境。

（4）个人的行为取决于个体的人格和所处的环境特征之间的相互作用。

在上述假设的基础上，霍兰德提出了人格类型与职业类型的模式。或许霍兰德的建议为我们进行职业选择提供了具有更大灵活性的自由空间。具体如表3-2-1所示。

表3-2-1 六种人格类型的特征和适宜职业

类型	人格特征	适宜的职业
现实型	喜欢有规则的具体劳动和需要基本操作技能的工作，缺乏社交能力，不适应社会性质的职业	工程师，技术员，机械操作、维修、安装工人，矿工，木工，电工，鞋匠，司机，测绘员，描图员，农民，牧民，渔民等
研究型	具有聪明、理性、好奇、精确、批评等人格特征，喜欢独立的和富有创造性的工作	自然科学和社会科学方面的研究人员，专家，化学、冶金、电子、无线电、电视、飞机等方面的工程师，技术人员，飞机驾驶员，计算机操作员等
艺术型	具有想象、冲动、直觉、无秩序、情绪化、理想化、有创意、不重实际等人格特征。不喜欢受常规约束，创造性强，不拘小节，自由放任，具有特殊的才能和个性，渴望表现自己的个性，具有语言、美术、音乐、戏剧、写作等方面的技能	音乐、舞蹈、戏剧等方面的演员，艺术家编导，教师，文学、艺术方面的评论员，广播节目的主持人，编辑，作者，画家，书法家，摄影家，艺术、家具、珠宝、房屋装饰等行业的设计师等
社会型	具有合作、友善、助人、负责、圆滑、善社交、善言谈、洞察力强等人格特征。喜欢参加咨询、培训、教学和各种理解、帮助他人与教育他人的活动	教师，保育员，行政人员，医护人员，衣食住行服务行业的经理，管理人员和服务人员，福利人员等

续表

类型	人格特征	适宜的职业
企业型	具有冒险、野心人格特征。善交际，喜爱权力、地位和物质财富，喜欢领导和左右他人，具有领导能力、说服能力；雄心勃勃，友好大方，精力充沛，信心十足，喜欢竞争，敢冒风险。爱好商业与管理人有关的职业	企业家、政府官员、行业部门和单位的领导者、管理者等
传统型	具有顺从、谨慎、保守、实际、稳重、有效率等人格特征，喜欢按计划办事，忠实可靠；爱好记录、整理文件、打字、复印及操作计算机等职业	会计、出纳、统计人员，打字员，办公室人员，秘书和文书，图书管理员，旅游、外贸职员，保管员，邮递员，审计人员，人事职员等

3.2.2 职业价值观与职业选择

每当举行招聘会，学生都会纷纷找就业指导老师打听情况，而他们问得最多的一句话就是："老师，这个单位好不好啊？"老师有时反问他们："你想要找什么样的单位呢？"或者"你认为什么样的单位才是好单位呢？"他们往往又说不清楚，有的表示只要工资高就可以了。还会有这样的情况，有同学说某单位好，大家就趋之若鹜；而如果有同学说某单位不好，大家又一哄而散。

根据我们的就业指导工作经验，选择的最深层次的依据是你的价值观，选择的表面依据是你的职业目标，当然对于没有目标的人来说选择的依据就是他个人所理解的利益。主动选择要考虑的要点主要包括地域、行业、企业和职业。或者说，一个非常清晰的职业目标应该被描述为多少年后我希望是在某地（北京/上海/纽约/老家的县城）某个行业（房地产/物流/教育培训等）某个企业（500强/民企/国企/政府等）的一个从事某职业（人力资源/财务/金融/管理等高/中/低层）的人士。

从实际的例子来看，我们的价值观决定了我们的生活态度，从而决定了我们的职业取向并导致了我们作出各种的职业选择，这种职业选择决定了我们的职业状况从而也决定了我们的生活方式，这种生活方式又最后决定了我们的人生幸福感。

价值观的这个环节是我们大多数人很容易忽略的，虽然它在事实上左右着我们的决定并进而决定我们的人生包括职业。一个人要想成为职场的顶尖人物，他就必须清楚知道自己的价值观，同时确实按照这个价值观过其人生。

许多在职场上有着良好发展的人士都是因为他们秉持自己的价值观念，而一些不太顺利的人士大多思想混乱，要么是秉持错误的价值观念，要么是根本没有，随着社会大众的舆论摇摆不定。

从企业选人的角度也能够很好地揭示价值观的重要性。为什么一些学业上并不突出的人能够在竞争激烈的应聘中胜过那些学习成绩突出的人？为什么面试中总是会有"你最大的成就是什么"、"你最大的优缺点是什么"等看似非常普通的问题？其实都和价值观有非常密切的关系。因为一个人在职业上的价值观念和他能取得的成就是息息相关的，与此相比，一时的学习成绩反倒成了末节。

从价值观的角度来说，职业发展成功还是失败的判别标准就是你是否得到了你想要的生活，你的职业所带来的生活方式是否符合你的价值观。如果符合，你就会感觉很快乐，哪怕收入会相对低一些；如果不符合，你会感觉很痛苦，哪怕你拿着看起来很高的年薪。有的人刚刚遇到那些拿高薪的人，总是很羡慕；但如果仔细想想心态就会平和了，因为为了高薪他们也失去了很多，比如天伦之乐和身体健康，但他们获得了成就感。在职业发展上我们没有必要去羡慕别人，因为当你得到的时候你就失去了，反之亦然。你可能得到的是高薪，但失去的是时间；你可能不能成为一个好领导，但会成为一个好儿子。关键是你想要的是什么，你最看重的是什么。如果你得到的正好是你想要的，而你失去的你并不介意，那就没必要去羡慕别人，真正的职业追求是圆满和平衡。

职业发展不能用挣钱的多少来判断，那不应该成为我们职业上的目标。真正成功的职业人士，即使在他们职业生涯的早期，也没有单纯地考虑金钱而是更多地追求自己的梦想，按照自己的价值观去发展，应该说，这样的人反而会成功，金钱是职业发展所带来的副产品。当你按照自己的梦想去追求而后成功，所有美好的东西都会朝你涌来，包括金钱。

3.2.3 专业与职业选择

有人说，专业决定了职业；又有人说，专业与职业没有多少联系，你看现在成功的人有多少从事的是自己原来所学的专业？

有人认为专业不重要，大学主要是对综合素质和学习能力的培养，所以专业的选择对个人发展并无大的影响，只要综合素质强，随便什么专业都可以成功。

有人对热门专业从一而终，认为只要选择了好专业，将来能投身于热门行业，就能高枕无忧，找个好工作了。

专业的冷热不均，在就业市场上已经被众人熟知。同一学校不同专业的毕业学生，由于社会行业发展的不平衡，会面临不同的用人单位需求。社会对某些专业毕业的学生需求较小，于是毕业生供大于求；而另外一些专业的学生，由于行业发展对人才构成较大的需求，在就业形势比较严峻的情况下，毕业生仍然保持着"旺销势头"。所以我们当年高考的时候经常挂在老师嘴边的一句话就是"好学校不如好专业"。首先谈一下专业所带来的优劣势。所谓专业优势，是指近年来有着旺盛社会需求或者预期具有旺盛需求的专业，在就业过程中可能具有的由于专业原因而产生的优势。专业优势的另一通俗表达就是"热门专业"。

专业最大的优势自然是就业容易而且就业后的发展前景好。由此衍生出了社会比较认同的热门专业，比如计算机、金融、工程、财务等。这些专业市场需求比较旺盛，而且大都起薪高，发展前景好。

但在职场上，热门专业里面也有发展不顺的人，那是因为热门专业本身并不能够把你放进成功的保险箱，选择了热门专业的人，在学习和工作的过程中，容易出现以下问题：

1. 热门专业并不等同于自己喜欢的专业

有相当一部分大学生，当初报考大学选择专业时，是根据父母的意见和社会舆论的导向进行的。即使自己是被填报的第一志愿录取，但究竟自己对这一专业是否喜欢，自己的气质、性格是否与将要从事的职业匹配等，却难以给出肯定的回答。也许，从表面上看，自己进入了"中意"的专业，而在具体的学习过程中，却未必能调动足够的兴趣。

2. 热门专业在学习和就业过程中面临更加激励的竞争

对热门专业的"争夺"，从在高考志愿填报过程中就已经开始了。往往只有考分位居前列的学生，才能被第一志愿录取。因此，进入热门专业的学生，原有的基础更为扎实，而要在这批尖子学生中做到出类拔萃，也需要付出更多的努力。有两点是最为让人担忧的，一是有的学生一看"高手如云"，就自动缴械，放弃去做最好的斗士；二是有的学生心气很高，斗志很盛，却不能认同虽然努力了，却仍然不能像以前那般"名列前茅"，于是意志消沉。要知道，任何群体，只要存在，如果一定要按某方面的指标排序的话，一定会有一个最后一名。但这个指标并不一定就代表全部素质的客观体现，你需要一种对自我的认同，要看到自己的特色和优点所在。再说随着中国大学的扩招，不同学校新增的专业大都是热门的专业，导致所谓热门专业的就业人数疯狂扩张，在就业的时候自然而然面临更为激烈的竞争。

3. 热门专业的学生容易被"热门"的假象迷惑

热门专业的就业形势好，热门专业的学生自然心态也很牛，"我是'热门'，我怕谁"。可有的人身在"热门"，自然不免高估"热门"的威力，认为自己无论怎样"混",到时依旧能对用人单位进行挑挑拣拣。道理是没错。但是事实却并不完全如此,一是你进大学的时候是热门,毕业的时候未必是热门,比如说某专业目前的供需比是1:8,等到毕业的时候形势发生变化,供需比变成了1:2甚至是2:1。我们刚读大学的时候贸易可算是热门专业,可等到毕业的时候贸易行业一片萧条,找工作都有困难。那时候通信算是冷门,可到了毕业的时候竟然成了热门中的热门。铁路和邮政专业也都遇到过类似的问题。二是用人单位是来招贤的,宁缺毋滥,用人单位对应聘者的专业背景并非十分看中,而是更关注考查其专业能力和专业素质。专业再好,能力和素质跟不上也是枉然。三是专业的门槛并不是像很多人想象得那么高,外专业能跨越这一门槛与你进行竞争的人多着呢!像物流、管理等很多专业基本上门槛很低,即使像一些门槛看似很高的专业也不像想象得那么高,很多数学系、物理系、机械系甚至外语系学生的计算机水平反而比一般计算机专业的学生还要高,很多其他专业的学生英文水平超过英文专业的也并不稀奇。

所谓专业劣势,通俗地说,是被人们认为"冷门"专业的学生,在学习与就业过程中,面临的专业就业前景不理想的压力。曾经在网上看到过一个帖子——大学十大最恐怖专业,主要包括像矿业加工工程、采矿工程、造纸、皮革、历史、文学、档案等,该帖对每一个专业都做了点评,以证明该专业的恐怖。其实现实中,几乎上面所举的每一个的专业中都有职业成功的案例,甚至有的人专业比上面的专业还差,也有不少成功的案例。

一个不好的专业给一个人会造成一定的负面影响,在今天的中国,毕竟你的专业是你工作的起点和基础。但是即使真的不小心选了所谓的冷门专业也并不意味着不能获得职业的发展,关键是要提升自己的综合素质,一步步地扭转自己的劣势。

三百六十行,行行出状元。不怕专业冷门,只怕学艺不精。不管你的专业是什么,只要你在这个领域确实学有所成,你就一定能利用你在这个领域的知识成就一番事业。事实上,除了极少数确实和民生关系不大的专业,没有永远的热门也不会有永远的冷门,就如海尔所言"没有疲软的市场,只有疲软的产品"。尤其是经历过职业长跑以后,原来所学的热门专业也好冷门也罢,都会遭到一定程度的稀释。

其实不同专业有不同的职业规划办法,人家没有专业的都能够取得职业的成功,何况有专业的呢,关键是不要让你的专业成为前进的包袱而要成为发展的基石,根据自己拥有的资源不断去调整和积累,职业之路才能越走越宽。在职业生涯中,从来没有哪个人因为专业不好而从根本上耽误了自身的发展,从长远来看,真正决定你职业发展的是你的个人素质。当然从自己的专业出发去做职业规划绝对是事半功倍的做法。

就拿管理类专业来说吧。管理似乎是个非常体面的工作，很多人说不清道不明的时候往往就来一句"我是从事管理工作的"。为数不少的人上大学读好像还很热门的企业管理专业；至于管理的升级版MBA的热度更是一直有增无减。但是我们在组织中进行工作的，无论是企业还是政府部门，无论从事哪个具体职位，都是需要了解管理知识的；现实中也很少有哪个企业设置专门的管理职位（除了一些综合性的企业偶尔设置这样的职位）。管理一定是和具体的行业、企业和职能联系在一起的，它们是皮而管理是毛，如果失去了具体的行业和职能本身，管理就会浮在上面，就像前面所讲的，你就会成为"职场骷髅人"。所以现在有一个很强烈的趋势，做业务的人都去学习管理，做管理的人都拼命去学习业务。对于做管理的人而言，如果不能深入到具体的行业和业务当中去，职业生涯的发展就会后续乏力。

再如一些职能性专业，这类专业本身就是为企业的职能而设定的，比如会计、资产评估、人力资源、营销、投资等。这类专业的职业生涯其实是最容易规划的，只要坚定地沿着自己的方向走下去就能够成为一个领域的高薪人士。对于这类专业，需要注意的，一是要尽可能地选择一定规模的企业，因为只有这样才能够发挥作用，创造更大的价值，个人的发展空间才会大。

对于行业型专业，这类专业一看名称就知道你应该进哪个行业，比如水利工程、水利水电建筑工程、电力系统自动化技术、小型水电站及电力网、道路桥梁工程技术等。这一类的专业你能够喜欢那是最好，直接进入对应行业或与其相关的行业，踏踏实实去做，一步一步成为行业的专家或者高级管理者。要把本领域的事情做深做透而不是停留在知道或了解的层面，不断向更高端晋级，同时你的职业生涯也会沿着本专业的既定职业路径发展，比如工程技术员—技术主管—项目经理—总工程师—副总经理—总经理。

一些研究性专业（如考古）。如果喜欢这类专业，那就干脆一路读到博士，待在大学或者研究所做研究，实在耐不住寂寞可以做个兼职之类的，收入也不见得低。

找工作要不要专业对口？每个毕业生都有自己所学的专业。专业是学生之长，是就业的基础条件。学生在校学习的专业，基本确定了未来的职业方向。国家在引导毕业生求职择业时，有一个基本原则就是"专业对口，学以致用"。所谓学以致用，狭义上是指"专业对口"，广义上则是指毕业生无论从事何种类型的职业，其工作性质与所学专业有密切的联系。可以是本专业范围的工作，也可以是相近专业的工作。学以致用，可以充分发挥自己的专业特长，使自己在工作中如鱼得水，脱颖而出，取得事业上的成功，同时也避免了人才浪费。但是学生一味地按照自己所学的专业去选择职业，这未免太限制自己了。职业不等同于专业，即使专业与职业完全对口，为了在该专业中充分发挥自己的作用，仅靠专业知识也是不够的，更何况许多人并不喜欢当初选择的专业。高职阶段的专业教育并不是专才的教育，当今社会上最受青睐的也是"复合型人才"。更何况在大学的任何专业的学习最主要的目的是掌握一套"如何学习的方法"。在这个以"终身学习、终身教育"为背景的社会里，只有学会"如何学习"才能让我们终身受益。在高职的学习中，除了学习专业方面的知识外，很重要的是有意识地锻炼和培养提高各种能力等综合素质。在当今社会，那些走出校门很快能融入社会，被企业认可和接受的学生都是在知识准备、能力准备和心理准备相对充足的前提之下，才获得的发展机会。

但是你要想获得职业生涯的发展，一定不要有专业限制的包袱。能够学到自己喜欢的专业并找到本专业对口的工作固然是一件幸事，但是学了并不理想的专业其实也没有什么大不了的，一样可以通过自己的努力获得成功的职业生涯。如果对工作5年以上的人做个统计，真正从事原来专业的恐怕不到一半，职业发展过程中有太多的因素促使你偏离最初的专业。企业里的绝大部分岗位，只要拥有一定的学习能力，都能够在一定的时间内胜任。用人理念比较成熟的企业更看重应聘者的能力和素质。我们今天工作中所用到的知识和技能大部分都是工作后学习得来的，而且工作中所学到的知识和技能更为实用。所以原来学什么专业并不是那么重要，关键是你要在工作中不断学习和积累。

3.2.4 行业与职业选择

职业选择要考虑行业，行业选择要有内在连续性。有不少人在这个问题上犯错误，有的人工作了七八年都难说自己停留在哪个行业，其实行业和个人发展息息相关，选择什么样的行业，就有什么样的发展空间。

案例

陈晓学的是机械专业，在学校成绩不错，毕业后前三年工作也很出色，技术成熟，在公司里独当一面。可是，这些年机械行业发展缓慢，使他感到压抑、沉闷，薪水与自己的几个做IT的同学相比，差距很大。于是，自己总想转行。看到IT人士知识含量高、技术含量高、工资也很可观，陈晓真是羡慕死了，每天都想着如何才能进入IT行业，最后想了个办法：没有技术，去做销售，或者转向生产管理，他也试着去应聘了几个公司，可是面试机会都没有，毕竟专业知识欠缺，心里又不踏实。所以，对于是否坚持改行，陈晓一直犹豫不决，举棋不定。在彷徨中又过了两年，于是2006年他找了宏威职业顾问。咨询师为他做了分析后，坚决不同意他改行，并且告诉他，机械行业是黎明前的黑暗,很快就要火起来,2007年沉睡了多年的机械行业果然大有起色,陈晓也从沉睡中醒来,焕发了精神。

在行业选择上最容易犯的错误就是没有行业。这是职业发展的大忌,也是最让人感到惋惜的,但是这点确实是比较容易避免的,关键是要有行业的意识。有的人以为"我干过多少多少行业",这是一个非常值得自豪的事情,其实对自己的职业发展并没有多少好处。有不少人,在不同的行业作过,但是对哪个行业都没有深入了解。职业的选择也一定要结合行业才能有更大的发展。即使就工程而言,水利行业、电力行业、建筑行业也会有相当大的差异。

刚刚工作的人有时也很难马上发现最适合自己的行业,你可以去尝试,你的目标是要成为这个行业的专家,无论你是从事技术还是管理岗位。没有积累行业经验,你很难说已经了解了一个行业,比如对于行业的惯例、发展趋势的了解、行业的价值链条、各个层面的细节、人脉关系等都需要相当时间的积累。每个时期都有各个时期不同的发展平台,找工作最好按照发展方向,职业选择主要根据个人的实际情况找到职业切入点,否则,糊里糊涂找份工作,不适合自己,导致职业错位,职业处于游离状态,始终没有步入正轨。由于方向不对,越走越错。

每个行业都像一只股票,高高低低,既随大势,又有自己的独特走势,但是,行业又不能像股票那样可以随时买进卖出。因为隔行如隔山,如果你没有优势,很难进入新的行业。就是进去了,你也要在别人后面爬行,心理很难平衡,必然引发再次跳槽改行,造成职业生涯脚步紊乱。在你从事的行业里,你行但行业不行,你还能顶一阵;改行之后,行业行而你不行,那可就惨了。改行的阵痛和苦涩,验证了"隔行如隔山"是真知灼见的道理。"隔山放炮,没有准头",对以前行业的积累全部清零,对新的行业从头再来,知识跟不上行业、企业要求,甚至表现出了基本行业常识的缺乏,所以朝阳的行业不一定给你带来的是阳光,必须理智地对待自己的行业和工作。

一个行业,只要大的趋势有前景而我们又喜欢,就应该坚定地在这个行业里耕耘,要尽可能地在一个行业深入地做下去,尽可能地不要轻易改行,因为这会让你损失掉很多的积累,但行业不是不可以改,如果一定要改行的话建议就是行业发展要有一定的内在连续性。所谓内在连续性就是你以前积累的资源如经验、技能、人脉等能够不断地得到延续和强化,有一条清晰的连续的轨迹,而不是天马行空的跳跃式发展。比如一直在一个行业做,或者沿着行业的价值链条在不同的企业工作,原来做建筑施工的到房地产公司做了工程管理,原来做教师的改做培训师等基本上都是比较可行的转换。

内在连续性的道理其实很简单,就是保持你的职业资源的不断升值增值,而不是把精力浪费在不同的行业，有人六年干过十个行业，基本一无所成，只积累了每个行业不成功的丰富经验。在高科技快速发展的现代社会，往往一个专业足够一个人奋斗一生，在这种分工很细的空间里我们自己的特长在哪里？我们立志在哪个行业干一辈子？你对行业的透彻见解和有所作为令人敬佩和追崇，那你的收入和你的生活才能跟一般人不一样。

3.2.5 企业与职业选择

在职业选择中，工作单位的选择无疑是重要的，是选择国企、民企还是外企？大公司还是小公司？对于初次就业的大学生来说，这样的困惑不少。

案例

螺丝钉 or 万金油

大学毕业后，安安被一家著名的跨国公司录用，佳雯只能屈就一家小公司。安安喜不自禁，佳雯略感委屈。

安安每天挤地铁，穿套装，就像标准的公司白领。在这家大公司里，安安觉得自己就是流水线上的一个零件，随着非常有规律的流程运转，周而复始，天天如此。而佳雯是一家小公司的出纳、秘书兼行政助理，穿休闲装还是套装没人规定，基本上她得视当天的工作状况而定。因为，她每天的日程不定，从公司注册到开银行户头，同文具商、家具商、展商或者广告商讨价还价，与物业管理处、税务局、工商局打交道，到处寻找打折机票，给客户订合他们心意的酒店，甚至给老板买晚报，帮老板娘到"杏花楼"门口排队领月饼等。整天跑来跑去，佳雯觉得自己像一个打杂的。当偶尔做些会议记录、回复信函、资料翻译的时候，她才有一点白领的感觉。

两年之后，安安的公司裁员，她非常不幸，名列其中。安安忽然发现，离开了大公司的流水线，自己似乎一无所长。她的确非常"专业"，但安安从事的这份工作在当年的职业市场上并不走俏。安安换了一家小公司，原以为自己出身"大家"，应付这样的小地方绰绰有余，没想到自己如同刚刚入行的新人，没有了流水线，她还真的不知道从何做起。

而佳雯重新去招聘中心的时候，发现自己跟两年前真的不可同日而语，同什么人都能聊出道道来，非常胸有成竹，对她感兴趣的单位不少。想起当年自己进小公司时，有经验的长者曾经安慰她道："大公司学做人，小公司学做事。"不知从什么时候开始，自己已经成了职场"万金油"，佳雯想起来就欣喜不已。

企业是个人职业的承载平台，是个人职业生涯不断得以拓展、得以精彩展现的舞台。一个好的平台往往能够让人得到成长和锻炼，不断获得职业能力的提升，增强个人对于职业的信心和兴趣，不断促进个人职业生涯的发展；而一个不好的平台往往不能够促进个人职业生涯的发展，甚至会让一个人慢慢地丧失职业发展的竞争力，让个人的职业生涯出现停滞或者是倒退。从某种程度而言，进入一个好的企业甚至比考上一所名牌大学都要更重要，因为你所获得的能力的提升和发展的机会比大学所能提供给你的要多得多，所以选择一个有助于自己发展的企业非常重要。

但是很多人在这方面并没有给予足够的重视。有一个很出名的笑话，说一个喝得醉醺醺的人在路灯下拼命地找着什么东西。一个过路人恰巧经过，问他在找什么。那个醉鬼说在找钥匙。过路人就帮助他一起找。可是什么都没有找到。过路人问道："我什么都找不到。您大概是在哪儿丢的钥匙？"醉鬼指向了街道旁边的黑暗处。过路人吃了一惊："天哪，那您为什么不到那边去找？"醉鬼愤怒地看着他说道："为什么？因为这里比那边亮。"其实很多人在接受第一份工作的时候往往就这样，比如企业就位于他读大学的地方或者是这家公司有父母的朋友等。这样解决就业的问题很方便，却往往将打开自己未来职业发展的钥匙遗忘掉了。不少大学生在最初工作的时候对选择什么样的企业没有任何的考虑，大多数人在开始跳槽后会开始重视企业和自己职业发展的问题。

美国人一辈子在不同的企业做相同的职业，日本人一辈子在相同的企业做不同的职业，唯有中国人不同，没有改革开放的时候，和日本人差不多，一辈子在相同的企业做不同的职业，改革开放了，人才流动了，不少人却又有点矫枉过正，变成了在不同的企业做不同的职业。当然随着大家职业意识的提高，这种状况会有所好转。

不同的选择导致不同的生活方式，选择企业更是如此。外企、国企和民企各有各的风格，关键是什么样的企业适合不同阶段的你。有的人在国企做得很不好，到了外企反而成了一条龙；有的人在外企很牛，在民企却不一定能玩得转。有一句经验之谈是：外企讲能力，国企讲本事，民营企业既要讲能力，还要有本事。当然，这个不是绝对的，现在国企也讲能力，应该是国企讲本事的比例要大一些，外企对能力的要求要大一些，至于具体的比例，视企业的实际情况而定。因此你要选择适合你自己的企业。

就具体的福利待遇而言，也要看最终的结果。外企总体的福利很好，但也很难让你有意外的收入；民企总体福利不好，但一不小心公司蓬勃发展，你就成了小富翁。外企压力大一些，培训比较系统，进步比较快；国有企业压力小，可以兼顾很多家庭的事情。企业本身无所谓好坏，就像我们前面谈到的价值观，关键看你想选择什么。

但是扒开企业一个个看，却是各有各的特点，很难就简单地说外企就比国企或者民企好，要针对每个企业来判断。同样是国企、民企、外企，也分三六九等。有的外企只是挂羊头卖狗肉而已，其管理和福利等甚至还不如一般的民企，即使是500强的下属公司，有时候待遇和发展空间也会有很大差异。刚毕业的学生最容易被企业的外在光环迷惑，也有不少的企业用这个幌子进行招聘。

  就规模而言，企业还可以分为大企业和中小企业。在大公司，你可以直接学习其思维方式和管理理念，大公司的视野、经验和人脉积累是小公司所不能比拟的；而在小企业你可以和公司一起成长，你甚至会成为左右公司发展的中坚力量，杨元庆和联想一起成长就是最典型的例子，很多成长起来的创业型公司的员工都获得了很好的回报，这甚至是在大企业很难获得的。在大公司，你可能学到很多管理规则和方法，但是很多背后的东西要想领悟则很难，比如沃尔玛的物流系统很先进，大家都知道很厉害，知道为什么并能够将其复制到另一个企业的人却很少；大企业的培训体系比较完善，会给你最基本的职业训练，把你塑造成更职业化的人士；大企业的职责分工清晰，在团队合作过程中能够提高沟通与协调等组织运作能力。缺点是工作相对狭隘，"螺丝钉"的工作居多。在中小企业你往往是身兼数职，实战经验强，而且中小企业是绝对的业务导向，创业机会多，缺点是培训机会少，经营风险大，说不定哪天公司就关门大吉了。

  一般来说，大企业培养的人才大都是标准件，至少在大企业彼此之间是适配的，这是因为大企业的发展基本上是战略导向的，按照公司的战略稳步推进，各种制度比较规范，流程比较清晰，工作的内容比较标准。中小企业培养的人才以非标准件居多，这是因为每家企业都有每家企业的特点，比如同样是工程技术人员，在大企业和小企业就可能有很大差异。非标准件再到其他企业契合的时候就稍微有一点麻烦，有时候不一定合适，有时候要多磨合一段时间。

  如果条件允许的话，建议大家刚开始不要进一些很小的企业，比如一些家庭作坊式的企业，尤其是刚刚毕业的学生，除非遇到特别好的老板，当然这种概率非常小。因为那时的你社会经验非常少，很难处理得好很多的关系，非常容易对社会和职业等方面形成一些错误乃至极端的看法。你从小企业获得的东西太少了，看似学到了一些东西，实际上得不偿失，再去找工作的时候才发现已经处于竞争的劣势。当你在大公司完成基本的职业训练并且具有了某种专长，已经是学有所成，到了厚积薄发的阶段，就可以到一些成长性很好、迫切需要规范的中小企业去。既可以让自己的所学有一个发挥的平台，从实践的角度进一步提高自己的能力，又可以分享到中小企业快速成长所带来的收益。

不管在什么样的企业，都要注意提高自身能力。不少人误把经验当作能力，误把学历、知识当作能力，都是不对的。有的人所谓的十年行业经验也只是对行业有点粗浅了解，有的人干了三年已经有了很深的见识。或者有的人让你感觉，虽然他的经验很不够，但他的那种思维方式很好，按照这个趋势发展下去肯定会有不错的发展。所以我们人在企业，但不能局限于企业，要有更高的视角。董事会关注产业，总裁关注行业，总经理关注企业，员工关注职业，你要想成长为总裁或董事长，就要去关注他们应该关注的事情。

3.2.6 地域与职业选择

地域因素，是职场人士特别是即将走向社会的毕业生进行职业选择时需要特别注意的一个因素。空间影响高度，地域的限制很可能成为一个人职业发展的瓶颈。但很多人对于地域的选择往往会形成一个误区：认为只有去到大城市、经济发达的地区才能有更好的发展。事实上，大城市有大的好处，小城市有小的优势。单纯地说要去大地方发展或应该固守一隅都是不对的。我们应根据职业发展成熟度，选择适合自己的地域。

与中小城市相比，大城市具有竞争激烈、生活成本高、工作压力大的劣势，不过大城市的就业机会和职业发展空间也远远高于一般的中小城市。比如在上海、深圳这类城市，受过高等教育、有若干年工作经验的白领、职业经理人拿到二三十万年薪很常见，而在中西部许多中小城市，月入过万的收入对很多人来说还只是个梦想，这也是在大城市读书的高校学生毕业时大部分选择留在所在城市而不愿回家乡的重要原因。而从另外一个角度来看，中小城市普遍有适合居住、生活舒适、人际关系和谐的优势。举个简单的例子，拿同样的十几万，在上海、深圳等大城市的中心区可能只能买一间厨房，而在许多中小城市则可买一套很不错的房子；大城市的人们每天上下班用在路上两三个小时是常有的事，而很多小城市可以一二十分钟把整个城区转一圈，很多在小城市工作的人甚至可以中午下班买菜做一顿饭、睡个午觉后再慢悠悠地去上班。

在职业流动越来越普遍的今天，一生中在几个城市工作也变得很正常。从职业发展的角度，一般来说，在职业发展的初期尽量在经济、资讯、就业机会比较发达的地区。当在职业经历、工作能力以及经济水平等方面积累比较成熟后，有合适的机会时可以再调整到自己喜欢的城市工作和生活。又或者在交通时间可以保证的前提下，你可以选择在大城市工作，在周围的中小城市和卫星城居住。但是过于频繁地更换城市不太可取，因为你在某个城市积累的人脉资源必将会随着地域的变动而逐渐失去价值，同时对新的文化、新的环境的适应也将是不小的挑战。

大多数人毕业时理所当然地想要留在自己读书的城市，或者回老家等，其实有必要深思哪些地方更适合自己发展。即使在职业中期的人也可以考虑通过地域的转换让自己的职业生涯跃上一个新的平台。

另外值得一提的是，有些施工类企业，工作本身具有地域流动性特点，工作地点会随着项目的更换而更换。而基于职业工作性质，工程项目在哪，人在哪，人跟着项目走，有时可能是比较偏远的村镇，如水利工程技术员。如果你学的是水利工程，选择了水利工程施工单位，那你就不能局限于只在大城市工作。当然，这些单位的总部往往是在城市，但刚毕业就想待在总部既不现实也不利于你的职业发展，从事这类职业，在职业发展初期，也只有去一线工地，扎根基层，才能学到更多东西，得到真正的锻炼和提升。一般而言，这类单位，只有在职业发展中后期，当你步入公司管理层，才能回到城市工作。

3.2.7 选择就业方向

在职业发展中，大多数人的职业困惑是不知道自己想要的到底是什么。职场中很多这样的人，觉得工作很乏味，甚至质疑自己入错了行，如果不是迫于生计的压力，他们说早就不干了，总之他们觉得工作不开心，甚至是一种痛苦，至少他们享受不到工作的乐趣。我们中太多的人跟着生活的惯性去安排职业，包括不少很优秀的人。社会大众舆论说外企好就去外企，媒体讲MBA不错就去读MBA，大学毕业就要求按照自己所学的专业选择工作，忙忙碌碌地恰恰忘了问自己一句：自己想要的到底是什么？不知道你想要的是什么，往往什么也得不到，或者得到了才发现那并不是你想要的。

对于大学毕业生找工作，有些老师建议先就业、再择业。有的学生很慌张，因为不知道自己能做什么，怕找不到工作，就觉得应该先就业再择业，病急乱投医，什么类型的工作都找，匆匆忙忙地找了家单位就签下来，结果发现自己不适合这份工作。

实际上，很多人都对"先就业、再择业"这句话有误解，以为择业就是找一份工作，其实择业应该理解为选择就业方向，而不是一份工作那么简单。如果学生们还不了解自己的就业方向，就去工作，往往会积累了不适合自己就业方向的经验。当然，对于运气好的人来说，可能第一份工作就非常适合自己。

所以，最好应该先择业、再就业。择业不是选择一份具体的工作，而是选择适合自己的就业方向。

那么，如何选择自己的就业方向呢？

首先，把你可能的工作方向全列下来，一个人可能的工作方向无非是这几种，已掌握的技能、已有的经验、自己的专业、自己的爱好、自己的特长、小时候的梦想和家人的希望等。假如，某个人可能的工作方向如下：

（1）水利工程设计（自己的专业）。

（2）水利工程施工（已有的技能、经验）。

（3）水利工程测量（已有的技能、经验）。

（4）演员（自己的爱好）。

（5）教师（小时候的梦想，家人的希望）。

（6）公务员（家人的希望）。

已经把你可能的工作方向尽可能多地列下来了吗？如果你只有一个选择，那就没有什么好迷茫了，不用再往下看了。

而在作职业选择的时候，主要会面临以下问题：

（1）价值观问题：什么对我是最重要的？家庭、事业、健康、朋友，还是金钱？

（2）性格问题：我的性格适合从事这个职业吗？会不会影响我的职业发展？

（3）爱好问题：我喜欢这个职业吗？

（4）发展前景问题：我从事这个职业，有发展吗？是否能学到我要学的领域？职级和薪资都能通过努力得到提高吗？

（5）家庭支持度问题：我的家人、家庭情况支持我做这份工作吗？包括成家、照顾子女、赡养父母是否对我们的工作产生影响？

（6）门槛问题：我现有的知识、经验、技能、证书能让我获得我想要的工作吗？

（7）薪资满意度：我是否满意这份工作的薪资？

（8）信心问题：我有信心做好这份工作吗？

（9）市场需求问题：市场上对这个职位有需求吗？需求量大吗？

（10）时间问题：追求我的就业方向需要多长时间？我是否有时间追求我的就业方向？

（11）吃苦问题：这份工作是否很苦，我能不能吃这种苦？

（12）风险预估问题：我是否预估到从事这个职业有什么风险？我是否有能力承担这种风险？

现在，把你每一个职业对照上面列出的 12 个问题，如果其中有一个职业对照这 12 个问题都不是问题，那么，恭喜你！已经找到非常好的工作方向。但是肯定有些人觉得有问题，感到非常迷茫，有些人因为自己没做过的工作，就不确定自己是不是喜欢，是否适合；有些人对于自己喜欢的工作没有信心，有些人不满意薪资……所以要进一步作出分析选择。

第一步，像做选择题时所用的排除法一样，把自己明确非常不喜欢的工作删除，不确定自己是否不喜欢的就不用删了。

第二步，把自己觉得完全没有发展前景的职业删除。

第三步，把即使通过努力也完全不可能做好的职业删除。

第四步，把市场需求量太小，又入不了门槛的职业删除。

经过四步删除之后，相信你手上的选择已经很少了。有没有经过排除后剩下唯一选择的？那就不用想了，踏踏实实往这个唯一选择的方向发展吧。希望大家都对自己的未来方向有一个比较清晰的认识。

3.3 职业适应

许多大学生在毕业后都将进入职场、走向社会，这无疑将是人生的重大转折——他们从此将告别"学生"身份，开始以"职业人"的面貌示人。时下很多企业都不愿意招收应届毕业生，其实不光是因为他们工作经验不足，职业适应能力欠缺恐怕也是主要原因。"眼高手低"等在应届毕业生身上表现出的通病，在很大程度上都是由于职业不适所致。企业在录用应届毕业生后往往要对他们进行大量培训，从而使他们完成从学生到"职业人"的转变，这对企业而言是较大的人力资源成本和支出，作为营利性组织的企业自然不想在此付出很多，他们迫切希望应届毕业生在学校里能完成这个转变过程，以节约其人力资源成本和支出。在现实中，那些完成转换较快的人往往容易较早地获得认可，从而在今后的职业发展中取得先机。

案例一

嘉华在大学期间学习的是工商管理，毕业后经过自己的努力和优秀的表现进入一家外资企业工作。公司的待遇福利非常好，嘉华成了周围同学和朋友们羡慕的对象。嘉华每天不但应付领导、同事以及客户等各方各面的压力，还需要花上成倍的时间和精力对工作内容进行学习掌握。此外，因为在一个新的城市中工作，嘉华身边没有亲人和朋友，公司里的同事又因为不够熟悉或因为利益关系彼此都比较疏远。来自工作与生活中的种种不悦压得嘉华透不过气，完全体会不到毕业和工作给自己带来的满足感。

许多毕业生和嘉华一样，虽然得到一份理想的工作，却因为社会竞争激烈，职场压力过大，自己又不懂得释放和解压，而变得焦虑抑郁。

学校和职场之间的差别可以用表3-3-1进行对照表示：

表 3-3-1　学校和职场之间的差别

大学文化	工作文化
1. 弹性的时间安排 2. 你能够有选择性地听课 3. 更有规律、更个别的反馈 4. 长假和自由的节假休息 5. 对问题有正确答案 6. 教学大纲提供清晰的任务 7. 分数上的个人竞争 8. 工作循环周期较短：每周1~3次班会，每学期17周 9. 奖励以客观性标准和优点为基础	1. 更固定的时间安排 2. 你不能缺工 3. 无规律和不经常的反馈 4. 没有寒暑假，节假休息很少 5. 很少有问题的正确答案 6. 任务模糊、不清晰 7. 按团队业绩进行评估 8. 持续数月或数年的工作循环 9. 奖励更多的是以主观性标准和个人判断为基础
你的老师	你的老板
1. 鼓励讨论 2. 规定完成任务的交付时间 3. 期待公平 4. 知识导向	1. 通常对讨论不感兴趣 2. 分派紧急的工作，交付周期很短 3. 有时很独断，并不总是公平 4. 结果（利益）导向
1. 抽象性、理论性的学习 2. 正规的、结构性的和象征性的学习 3. 个人化的学习	1. 具体的问题解决和决定制定 2. 以工作中发生的临时性事件和具体真实的生活为基础 3. 社会性、分享性的学习

根据归纳和分析，学校和职场的差别主要表现在：生活节奏加快、工作压力加大、人际关系复杂、工作环境陌生、自我定位迷失。

案例二

提升职业适应力

2007年，一部网络长篇职场小说《沉浮》曾经轰动一时。小说的作者是一位学中文的江南才女，此外她还拥有国企和知名外企的从业经历，而现在更是一家高科技企业的执行总裁。这位跨界奇才就是许多人都熟知的崔曼莉。既是文学中人，又是商界强人，这对于许多初入职场的大学生来说，既不可思议，更不敢想象。那么，崔曼莉又是如何做到的呢？崔曼莉曾说，自己在职场上的最大感悟就是"专业与能力是有区别的"。崔曼莉毕业于南京大学中文系，她没学过广告却做过策划人；没学过播音主持却做过电视节目主持人；没学过编程却做了高科技公司的CEO。此外，为人处世的方式很关键。因为任何一个企业都不是个人能力的体现，而是一个团队共同携手的发展。崔曼莉还提到，如果你在职场上还是一个小卒，那么请做好手上的事，"低头拉车"的时候不要忘了"抬头看路"，培养自己做事情的能力。

崔曼莉的成功，或许并非每一个毕业生都能复制。但是，大家多少能从她的经历与成功当中学习到一些她所拥有的特质和能力，而正是这些特质与能力能够帮助很多人提升自我的职业适应力。

一、影响职业适应力的因素

事实上，造成当前大学生就业困惑的原因不是单方面的，这里既有社会性的原因，也有毕业生自身的问题所在。社会因素需要全社会的共同努力来改善，而自身问题则需要毕业生们自己去发现并解决。所以，要改善就业状况，对于毕业生来说首先要明白自身哪些因素导致了职业适应上出现了问题并予以积极克服。大致来说，毕业生在职业适应能力方面的问题主要是定位问题、心态问题以及经验问题这三个方面。

（一）定位问题

2004年，中国就业市场爆出两条特别引人注目的新闻：南方某高校毕业生号召成立"薪资联盟"，抵制用人单位压低薪资标准，拒签低于一月2 500元的就业协议；与此同时，东北某高校毕业生为了挤进自己向往的单位，主动提出"零工资就业"，即在见习期不要钱，经过考验认可后再建立劳资关系。这是两个截然相反的现象，但却同时反映了现今大学毕业生就业择业时在工作定位上的问题。前者体现了一些大学生不切实际的一相情愿，对社会现实缺乏基本的判断力，没能根据现实情况的变化及时调整自己的心理定位。因此即使之后进入了职场，也会因为期望值过高、优势心理作祟而影响其职业适应力。另一方面，所谓零工资就业则显得过于被动消极，同样是对自己职业定位的偏差，并不代表无底线的低姿态就能换来工作上的好结果。

（二）心态问题

据一项对1万多名学生的调查显示，其中50%左右的学生认为，35岁前将达到自己职业生涯的顶峰。事实上，对于很多在职场上打拼多年的经验人士或成功人士来说，这样的想法实在不切实际。但是由于大多数大学生从未经历过社会的磨砺，心态容易浮躁。一方面总是考虑自己能从社会从工作中得到什么，而很少思考自己为他人和集体所作的贡献。另一方面，很多大学生在就业时抱着"骑驴找马"的心态，总是想着先随便找到一个工作，随时都考虑是否能够跳槽或有更佳的选择，因此在工作的过程中不免会受到这种不安定心态的影响，不能脚踏实地地工作。这些心态上的偏差都会影响单位对大学毕业生的评价，从而致使毕业生的就业形势越发不乐观。

(三) 经验问题

造成大学毕业生就业坎坷的另一个关键因素就是大学生缺乏实际工作经验。从现今许多单位的招聘启事中不难看出，"具有相关工作经验"是单位非常看中的一个条件。某省高校曾经对即将毕业的近千名大学生作了问卷调查，结果发现，68.09%的大学生认为在择业中最缺乏的是实践工作经验，这也是在参加招聘中最令人尴尬的"短处"之一。调查还发现，约有27%的人力资源主管认为应聘者的工作经验越实用越容易被录用，超过七成的跨国企业会根据具体职位的要求选择应聘者。对于没有任何经验的学生职员群体来说，单位需要花费很多人力、物力、财力进行培养，同时还会担心培养后人才的流失问题。有时候培养的资本远远高于短时间内毕业生能够为单位所创造的价值。正是因为这些考虑因素，单位在人才招聘上的要求和大学生本身普遍缺乏工作经验之间出现矛盾，这也是导致大学生就业问题出现的一个根本问题。

总的来说，大学毕业生在当前的职业社会情境下已经失去了以往的光环。社会原因和大学生个人的原因双方面的因素引发了毕业生出现各个方面的职业适应性不良现象。大学生若想从根本上解决当下的就业困难，顺利完满地完成职业角色的转换，就必须要从自身查找原因，并且积极克服，以提升个人的职业适应力。

"中国就业形势面临一个最严峻的危机，大学生就业市场寒流暗涌。在各类人才招聘会上以及各网站上挂着的招聘通告栏里，近80%的职位只针对有工作经验者，而求职者中却有60%是应届大学毕业生。"这是宋三弦等人所出版的一书《为什么不要应届毕业生》当中的序言。这本书通过11位老板、CEO、人事干部的口述实录等，点评了众多大学生就业失败个案，力图揭示"我为什么不招应届毕业生"这一社会热点现象的因由，同时也客观地告诉当今的大学毕业生在就业和择业过程中所应注意的种种问题。

二、提升职业适应力的方法

我们都知道，职业适应力并非与生俱来，它既需要个人自身天赋，更需要经过磨炼和学习获取来的经验。对于个人天赋而言，每一种性格特点都有其独特的优势与欠缺，并非简单的外向型一定好于内向型，或独立型个性就一定优于依赖型个性。更为关键的是，要在实际岗位上讲求学习方法和工作方法，不断提升自我，逐步适应新的工作环境。从影响职业适应力的主要因素来看，调整心态、加强实践经验是提升职业适应力的有效方法。

(一) 调整心态，积极应对

一般刚参加工作的大学毕业生所从事的岗位都是较为基层的，和自己的理想存有落差，因而需要有充分的心理准备，一方面锻炼自己的抗压能力，另一方面要学习以恰当的心态面对新环境。

世界500强企业富士康公司总裁郭台铭有一句名言："当你感到有压力的时候，说明你的能力不够。"对待压力最好的办法就是尽快熟悉业务，在平凡、枯燥的工作中，寻找乐趣，努力创新。如果职场中人在平凡工作中激情不减，表现突出；在压力下不屈不挠，努力工作，必将披荆斩棘，成绩斐然。

除了对待职场压力要保持良好的心态，事实上开始一项新工作在许多方面都需要一个稳定且乐观的心态。第一，在面对工作的枯燥无味时要保持好心态。很多新人在进入公司后，用学生的眼光看待企业，对企业现状不满，接受不了企业的"规矩"，没有耐心去适应企业。其实，每个企业都有优势和劣势，最重要的是学会适应新的环境，快速融入企业，在和企业相互深入了解后，找到自己合适的位置。第二，在与人沟通交流中要有谦虚学习的心态。作为职场新人，面对上司、对待同事都要尽可能地以向他人学习的态度进行沟通交流。不要急功近利，更不能骄傲自满，多多地观察和学习他人的经验，弥补自己的不足。第三，面对挫折、遭遇低谷时更要有乐观向上的心态。没有任何人的职场经历是一帆风顺的，对于刚刚毕业的大学生来说更是如此，只有经历了波折与风浪，在以后的职业生涯中才会有更加优异的表现和发展。

事实上，让你100%满意的企业是不存在的。不少刚入职的大学生整天抱怨企业的福利不好，上司或老板太苛刻等，这都不是一种正常的职业心态。如果你觉得企业不好，要么离开它，要么去适应或者改进，抱怨不能解决任何问题。有些刚毕业的大学生聚会的必要环节之一就是一起抱怨公司。并不是说一点都不能抱怨，现在不公平的事情太多，说几句发泄一下也是可以的，但必须要有限度地抱怨。其实抱怨很容易形成习惯，结果最后抱怨成了主旋律，尤其是几个喜欢抱怨的人走到了一起，你一言我一语，开完声讨大会，没有解决任何问题，反而容易消磨人的意志，所有的抱怨之词都成了你安慰自己的借口。这不是一个拥有积极心态的人的做法。现在社会上太多不公平的现象，太多需要我们抱怨的东西，看看社会上很多私营企业老板，他们却很少抱怨，他们只是想着如何来利用目前的这种体制。并不是说他们一定是对的，只是请你明白，机会绝对不会来自抱怨。

（二）加强实践经验

在现实中，把工作经验看得比学历和学校更为重要的招聘单位并不在少数。"名校出身、本科学历还抵不上两年工作经验"——对招聘单位的工作经验准入门槛"恨之切切"的应届大学生也不在少数。事实上，大学毕业生无论是在学习期间还是进入职场后，都有大量的机会进一步加强自己的实践工作经验。

大学期间的实习是一个非常良好的桥梁，能够帮助我们对社会和职业有一定的了解，同时在实践中开阔视野，增长见识，为进一步走向社会打下坚实基础。因而大学期间的实习是毕业生走向工作岗位的第一步，毕业生一定要认真对待实习，不要以为与真正的工作不相关就马虎应付。事实上，很多单位在招聘时都会调查应聘者在大学期间有过哪些见习和社会实践的经历，并且从中学习到什么。同时毕业生也可以通过总结自己的实习经历，认识到自己在哪些实践方面还不够成熟、需要弥补，这无疑能够帮助自己为真正的职场生活做好充分准备。

从平时的工作学习细节出发，实习也是增加工作经验的良好途径。很多大学生在毕业之前甚至连一份社会工作的经验都没有，基本上将自己封闭在一个独立于外界的真空室内，这无疑会影响企业单位在招聘时对毕业生的评价。因此，大学生应当在踏入社会之前有意识地对社会环境有主动的了解和认识，越多尝试越多经验，也就越有利于自身今后的职业发展。在课余时间可以多多走进社会，通过应聘和就职一些临时的工作岗位，一方面熟悉应聘的场景和要求，锻炼自己的应变能力；另一方面在见习的过程中多向有工作经验的同事学习，锻炼自己的工作能力。在寻求见习机会时，不要一味地考虑工资待遇或是工作环境，因为这个过程更多的是一种自我锻炼，而并非决定一生发展的真正工作。

如何才能让自己尽快尽好地适应工作是每个大学毕业生在踏入职场社会中所必须要面对的首要问题，提高职场适应力能够帮助职场新人在自己的职位上站稳脚跟、快速发展。相反，一旦在职业适应上出现问题，那么影响的将不仅仅是工作，甚至是个人的人生道路。因此，大学毕业生要有心理准备和行动表现，从大学学习生活期间就开始有目的性地培养和提高自我的职业适应力，从而为今后的职业发展奠定良好的基础。

3.4 职业生涯人物访谈

职业生涯人物访谈，是通过与一定数量的职场人士（通常是自己感兴趣的职业从业者）会谈而获取关于一个行业、职业和单位"内部"信息的一种职业探索活动。

对于没有工作经验和社会阅历的大学生来说，职业生涯人物访谈是职业选择和职业定向的一个自助平台，是在校期间职业生涯规划的一个环节，是一种获取职业信息的有效渠道，通过访谈，了解该职业岗位的实际工作情况，获取相关职业领域的信息，进而判断你是否真的对该工作感兴趣，实际上是一次间接、快速的职业体验，能使学生了解和认识社会需求、职业需求、职业环境和基本状况，帮助学生检验和印证以前通过其他渠道获得的信息，并了解与未来工作有关的特殊问题或需要，如潜在的入职标准、核心素质要求、晋升路径和工作者的内心感受等（这些信息是通过大众传媒和一般出版物得不到的）。通过生涯人物访谈，还能正确认识自己的优势和不足，从而制定更加合理的职业规划。

一、操作流程

1. 认识和了解自己

加强对自己的了解和认识。可以借助一定的工具（如霍兰德职业倾向测试、职业能力测量表、职业价值观自测量表或测评软件）分析自己的兴趣、性格、技能和工作价值观。

注意：可以使用各种测评工具或软件，但不能迷信。

2. 寻找生涯人物

结合自己的兴趣、技能、工作价值观、教育背景和已掌握的职业知识列出未来可能从事的几种职业，然后在每个职业领域寻找3位以上的在职人士作为生涯人物。生涯人物可以是自己的亲人、老师和朋友，可以是他们推荐的其他人，也可以借助行业协会、大学同学录或某个具体公司的网页来寻找其他职场人士。

注意：生涯人物的职业应是自己向往的。每个职业领域的生涯人物应结构合理，既有初入职场的人士，也有工作了一定年限的中高层人士；正式访谈前，对生涯人物的信息掌握得越全面越好，姓名、职务和联系方式是必需的，对于在生涯人物的讲话、文章或者大众传媒和单位网页上获得的信息要尽可能地收集和熟悉。

3. 拟定访谈提纲

结合目标职业信息设计访谈问题，对生涯人物的访谈可以围绕以下要点进行：行业、单位名称、职业（职位）、工作的性质类型、主要内容、地点、时间、任职资格、所需技能、市场前景、行业相关信息、工作环境、工作强度、福利薪酬、工作感受、员工满意度等。

4. 预约并实地采访

预约方式有电话、QQ、电子邮件和普通信件等，其中电话最好。预约时首先介绍自己，然后说明找到他的途径、自己的采访目的、感兴趣的工作类型以及进行采访所需要的时间（通常30分钟左右），确认采访的日期、时间和地点。

注意：联系前的准备要充分，电话联系时还应备好纸和笔，以备临时电话采访；联系时一定要有礼貌，时间要短。

访谈方式可以是面谈、电话访谈、QQ访谈，最好是面谈。面谈前，采访者一般可以用已经从其他渠道了解的生涯人物的好消息轻松打开话题。之后就可以按设计好的问题开始访谈了。遇到生涯人物谈兴正浓时，采访者要乐于倾听，给生涯人物留出提供其他信息的机会。在访谈结束时，请生涯人物再给自己推荐其他相关的生涯人物。这样就可以以滚雪球的方式拓展自己的职业认知领域。

注意：

（1）采访前为自己准备个"30秒的广告"，因为在访谈过程中生涯人物可能会问采访者的职业兴趣和求职意向。

（2）面谈前，应征求生涯人物的意见，视情况对谈话进行录音或书面记录或不记录。

（3）注意着装和仪表，态度谦逊、大方；要文明礼貌，措辞得体。

（4）面谈一定要守时，不浪费他人时间。

（5）访谈结束后，对于不允许访谈现场记录的内容应迅速补记。

（6）采访结束后一天之内，要通过合适的方式表示感谢。

（7）尊重被访谈者，注意保护他们的信息安全和个人隐私。

5. 访谈结果分析

在一个职业领域采访3个以上的生涯人物后，用职业信息加工的观点来分析，对照之前自己对该职业的认识进行比较，找出主观认识与现实之间的偏差，确定自己是否适合这一行业、职业和工作环境，是否具备所需能力、知识与品质，形成书面总结报告，进而详细制订大学期间的自我培养计划。如果访谈结果与自己之前的认识出现严重脱节，就有必要进入另一个职业领域开展新一轮生涯人物访谈。

二、生涯人物访谈提纲

列举如下：

（1）您是如何找到这份工作的？

（2）就您的工作而言，您最喜欢什么？最不喜欢什么？

（3）您的职位是什么？您的主要职责是什么？

（4）从事此行业的人做些什么？

（5）工作地点一般在哪里？

（6）在行业内，先从什么样的工作岗位做起，能学到最多的知识，最有益于发展？

（7）工作场所性质有哪些特征？

（8）在工作方面，您每天都做些什么？

（9）您在做这份工作时，日常面临的问题是什么，什么最有挑战性？

（10）个人的主要成就是什么？最成功的是什么？

（11）在这个职位上，如果想获得成功必须拥有并保持什么样的能力？

（12）目前还缺乏的必须改进的能力有哪些？怎么改善它们？

（13）在您的组织中，能够在同样一个岗位上把成功和不成功区别开来的行为是什么？

（14）您认为做好这份工作应该具备哪些知识、技能和经验？

（15）目前，行业内要求从事这份工作的人应该具备什么样的教育和培训背景？

（16）您认为什么样的个人品质、性格和能力对做好这份工作来讲是重要的？

（17）这项工作需要的个人品质、性格和能力同别的工作要求的有什么不同吗？

（18）学校中的哪些课程对这个行业比较有帮助？

（19）行业内，单位对刚进入该领域工作的员工一般会提供哪些培训？

（20）在您的工作领域里初级职位和略高级别职位的薪水一般是什么水平？

（21）这个行业是否有季节性或地理位置的限制？

（22）这个行业存在的困难及前景如何？

（23）据您所知，有什么职业杂志、行业网站或其他渠道能帮助我深入了解这个领域？

（24）您的熟人中有谁能够成为我下次采访的对象吗？可以说是您介绍的吗？

三、生涯人物访谈例子

被访谈人：《视野》杂志副主编

◆问：首先我对老师的个人经历还缺乏足够的了解，比如您的求学经历、工作经历，诸如您是如何得到这份工作的？在成为《视野》杂志副主编之前从事过哪些相关职业，之前是否还有其他自己喜欢、渴望从事的行业？毕业后多久得到这份工作、目前已经做了多久？

答：我是2001年从西北师范大学经济管理学院毕业，本科专业是信息管理。2002年我进入兰州大学新闻学院，开始攻读传播学专业的研究生学位。在此以前，我对期刊业一无所知。考虑到今后的专业学习，我觉得有必要进入相关媒体进行实践，才能更加熟悉新闻媒体的运作。于是我来到《视野》杂志社，寻求实习的机会。很幸运，我在这里找到了更为合适和广阔的空间，一直到现在。其间经历了从实习人员到编辑再到副主编的蜕变，每一步对自己来说都意味着一种经历，一种成长。在此以前曾经想过做一名优秀的记者，满怀职业精神地终日奔波，不过现在反倒觉得那个工作太紧迫了，可能会让我焦躁、混乱。相对来说，我更喜欢平和安静地进行一些深入的考量，而期刊恰好可以提供一种深度介入的态度。

◆问：我们专业在大三的时候有一个实习，在实习之前我们需要在哪些方面有所准备？

答：首先梳理自己已有的专业知识能力，客观地评价自己的优势和劣势，尽可能做到取长补短。其次有目的地提前锁定一些目标实习媒体或单位，有针对性地进行一些关注和调研，做到有的放矢。最后可以阅读一些人际交往或社交礼仪的知识，力求在细节方面也做到位，也可以向往届的师兄师姐讨教实习的一些鲜活的经验，以利于较快地适应角色和心态的转变。

◆问：就我们专业的毕业生而言，我听过这样一种说法——想工作轻松愉快的话就去广播电台；从经济效益考虑就去电视台；想真正学以致用、进一步在专业上有所造诣就从事纸媒，尤其是报纸工作。您是怎样看待这种说法的？

答：我个人很难接受现成的某种说法，我认为这些说法就个人的经验而言可能是成立的，但是绝对不能普适开去，以偏赅全。我相信任何一份工作，如果它是你真心喜欢的，并且你一直尝试不断地创新，那么你其实可以拥有上面提到的所有的满足，无论声誉还是实利，但前提必须是你确实付出了精力、热情。对于你们而言，事先不加检验地接受某种只言片语，其实是非常危险的。

◆问：平常在工作方面，您每天都做些什么工作？您是否满意这样的工作状态？

答：因为教学，所以很多时间要花在看书、备课上面，除此之外，关注期刊动态，审稿也是我很重要的一部分工作，有时候感觉在两种相关的职业之间穿梭比较有趣，也很有收获。我很喜欢现在的工作，我觉得它目前可以承载我对职业的那些想象，也符合我当前的期望。

◆问：您做这份工作都收获了些什么？最喜欢或最不喜欢的是什么？哪些方面比较成功？哪些工作比较有挑战性？能得到怎样的成就感或满足感吗？您打算从事多久？

答：这份工作带给我最大的收获是一种视野和心态，通过这份杂志，我与这个世界有了某种微妙的关联，可以开阔地观察这个世界的变化，使自己与它保持同步。最喜欢的是杂志能通过文字的力量来影响一些人的思想，这种影响是向上的、积极的。最不喜欢的是杂志为市场所迫，一味迎合市场。这份工作培养了我对文字和思想的鉴赏力，也锻炼了我统观全局的能力，这也许是我比较满意的地方，说成功，觉得远远不及。目前对我而言，最大的挑战来自于市场，如何做一份有市场、有品位、有受众的杂志是我一直思量的。

◆问：您认为如何才能做好这份工作？应该具备哪些知识、技能或者经验之类的？

答：任何工作都需要一个人全心全意地投入，而且应该满怀热情，喜欢是做好的前提。我觉得很多知识技能或经验也许并不是先前都已经积累了，而更多的是在进入工作之内，抱着一种开放、包容、谦虚、好奇的态度慢慢习得的。当然现在你们可以提前阅读观察一些期刊或者编辑学刊之类的内容，还要锻炼自己的文字能力。

◆问：您认为什么样的个人品质、性格和能力对做好这份工作来讲是比较重要的？

答：杂志是一种可以影响人的事业，所以不能有丝毫的轻视与疏忽，一个编辑应该有一种挑剔和批判的眼光，可以最大程度上防止危险或错误的东西对读者的误导；一个开阔的眼界，这样可以进行最大限度的甄选；一份执著，可以保证杂志不会随波逐流；一种热情，可以让杂志生机盎然；一手过硬的文笔，可以让杂志独立地表达自己的声音。

◆问：行业内，单位对刚进入该领域工作的员工一般是否进行培训？如果有，是哪方面的培训？今后还要求个人在哪些方面的素质有所提高？是否有继续深造的机会？

答：每一个新进入的员工都会进行一系列相关的培训，除了杂志社自己组织的以外，新闻出版局也会定期举行一些培训，内容主要是期刊编辑实务、期刊政策法规之类的。正式进入工作岗位后，一般杂志社都要求员工加强个人业务能力的，在编辑水平、文字水平、专题策划方面进行提升，在圆满完成特定工作量的情况下，员工被鼓励可以进行更高层的学习。

◆问：在您的工作领域里初级职位和略高级别职位分别有哪些？他们各自的工资一般是什么水平？以您为例，对目前的工资待遇是否满意？

答：有编辑、责任编辑、副主编、主编、副总编、总编等，每个杂志社的薪酬水平有所不同，很难有一个统一的标准。

◆问：据您所知，从事这份工作的人在单位或同行业内的发展前景如何？

答：目前期刊界现有的人员构成并不是非常合理，缺乏很多既能够编辑杂志，又能够灵活驾驭市场的优秀人才，所以，对于每一个想要在此行业有所发展的人来说，机遇和挑战是同时并存的。

四、大学生生涯人物访谈总结报告范例

此次生涯人物访谈活动是学生对未来拟定职业生涯的一次探索性活动，更是学生对自我设计，自我规划，自我成就的探索性活动。

即将跨出校园走向社会的我们大多可能有些手足无措，很多人都是在做

简历找工作时才发现自己无话可写，无证可上岗，很多早该准备的东西却没有，这些都提示我们应该早下手，在"埋头读书"时也要"抬起头来看路"！

（一）要重视自己的专业知识和通用工具知识（如英语、计算机等）

一位工程师告诉我，去年他们公司有位研究生来应聘，那位学生是学校的学生会主席，无论是社会实践工作还是人际交往方面，其才华都是令诸位面试官很是欣赏，但美中不足的是他的专业课成绩都是勉强过关，还有一门课没及格，这又令大家很失望、很无奈，也很惋惜，所以公司领导决定开会研究，可是研究来研究去的结果还是决定不予录用，最重要的原因就是他的专业功课不理想。

（二）要重视提高自己的工作技能

像上岗技能证书之类等。特别是施工行业，你说你能力强，单位说单凭面试我怎么能确定呢？但你有相关证书就不同了，那证书是国家承认，同行认可的，他还会怀疑吗？

（三）重视自己的人际关系网络

一般来说关系网大体分3类。一类是核心关系：包括父母，最要好的朋友，他们是会全力以赴帮助你的人；另一类是较近的关系：如你的亲属、同学等。他们也可以提供给你较为广泛、真实的职业信息，能够提供比较中肯的职业建议，也能够给予一定的直接或间接的帮助。还有一类是一般关系的，他们也可能提供一些职业信息和建议。因此你不但需要与各种关系保持经常联系，而且最好尽可能地进行"良性对话"。

（四）要重视实习、实践机会

实践出真知。实践可以将意识的、模糊的、朦胧的东西通过自己的亲身体验变成可操作的、可触摸的、有经验可循的，因此不要马马虎虎对待自己的实习工作。多数单位都认为胜任工作岗位的能力是影响员工在单位发展的最重要的因素。但大多数公司也都同时反映，新进来的毕业生的最大不足之处是实践能力差，毕业生会说：你说我才是个毕业生，有多少实践经验？但公司说：我要的是来工作的，不是来让我手把手什么都教的。公司不买你的"抱怨"。因此，在实习期间一定要认真地做好自己的本职工作，而且通常实习单位也是你的"第一站"工作单位，这种"开绿灯"的事也是屡屡发生的。与此同时，作为一个新人也不要拒绝领导、同事给你的"分外活"。说不定在你帮忙的过程中就会有新的启示、收获新的知识、了解新的内情，而且可能得到更多的认可。用领导的话来说是：让你忙，做更多事情的时候，是在给你更多的机会，是让你在为将来做更多、更好、更重要的事情去做准备，让你忙是在给你机会呀！

感觉找工作难是因为我们仅仅是一个人，而不是人才。当你把自己从一个人变成一个人才时就得推销自己。古人云："学得文武艺，卖于帝王家。"怎样把自己"卖个好价钱呢"？那还得看你怎么卖，会不会卖？这点我说说几位老师和学长的经验吧。

首先想好自己想干什么，会干什么，能干什么。在此之间寻找个适配度，心动之后是该行动了。你得学会主动推销自己，就业市场不是大众舞场，你可以含羞地坐在角落里等待别人来邀请。招聘单位是"明星"，他们在舞台中心旋转，只和主动前来的人欢舞，那些中途插进来的人往往在他们认为大都是"最可爱的人"，除非你是"莫愁前路无知己，天下何人不识君"的董大，除非你是有经纬之才的诸葛亮。

那接下来该是"登"哪扇门呢？大点呢？小点的呢？高不成低不就是大多数人刚开始的态度。小型单位门户小，好进，是创造工作职位的好机器，职位晋升较快，而且也没有太多的人来排挤你。但这前提是你必须让他们相信你就是那个他们需要的人才！大型单位呢？人力、财力、物力无疑都占有优势，像大点的公司的专业技术、管理、个人的发展机遇也无疑是小公司所无法相比的。但大公司的门槛高，难进，压力大，工作竞争也激烈。一位师姐说得挺有道理的，她说："迈出第一步很重要，但也仅仅是第一步，它不是所有的未来。有时重要的或许不是目前所处的位置而是下一步迈向的方向。因此眼光要放宽些，在收集职位信息时尽量广泛些，在拟订求职目标单位时宁宽毋严。"

还有就是面试时要表现出来你是积极、主动的。单位需要的是实际参与推动发展、有开创性的那一类人，他们不招聘观众。因此在制作一份能充分发挥作用的个人简历之外，要用你的表现证明你比其他对这份工作有兴趣的人都更渴望得到它，以最佳状态描述你对单位有多大价值。用你的才干和能力尽可能赢得招聘单位的偏爱，要让他们先明白你能够给他们创造很多利润。大家都明白："给予比索取更好"，不要让他们一味地认为你是来索取的人。换种角色会让他们招聘单位对你印象更深刻，相对其他人愿意选择你，认定你就是那个"众里寻他千百度，蓦然回首，那人却是眼前人！"

第四章　职业生涯规划常用方法

4.1　自我规划法

自我规划法是国外职业专家推荐的一种简单易行的方法。这是许多职业咨询机构和心理学专家进行职业咨询与职业规划时常采用的一种方法。它需要学生自己独立思考并回答七个问题，找出自己职业规划的优势和劣势。综合七个问题的答案，就可以设计出自己的职业规划。

1. Who am I？（我是谁？）

面对这个问题，应该对自己进行一次深刻的反思。要先考虑自己扮演的社会角色，还要凸显自己的性格特点和能力素质，自己的优点和缺点，尽量准确地表达自己的想法，帮助自己认清自己的"真实面目"。确定答案完全齐备后，按重复性对答案进行排序。

2. What do I want to do？（我想做什么？）

这个问题是对自己职业发展的一个心理趋向的检查。每个人在不同的时期都有可能有不同的理想，这主要与不同阶段的环境、兴趣、性格有关。但随着年龄的增长，这种职业理想会逐渐固定下来，并确定自己的人生目标。在具体回答问题时，需要回忆从儿时到现在每个阶段的理想，依次把它们列出，再依照理想实现的程度大小对这些答案排序。

3. What can I do？（我能做什么？）

这个问题是对自己能力与潜力的考察，一个人的职业定位最根本的还要归结于他的能力，而其职业发展空间的大小则取决于自己的潜力。对于一个人潜力的了解应该从个人的兴趣、做事的韧性、临事的判断力以及知识结构是否全面、是否及时更新等方面考察。考察成熟以后，就可以把自己确定的能力和潜力归纳出来，这需要认真地排序。

4. What can support me？（环境支持或允许我做什么？）

这个问题主要考察影响职业规划的主客观因素。主观方面包括同事关系、领导态度、亲戚关系等，而客观方面则包括本地的各种状态，如经济发展、人事政策、企业制度、职业发展空间等。在进行职业选择时应该把主、客观两方面的因素综合起来，把一切有利于自己发展的因素调动起来。

5. What is my advantage?（我的优势是什么?）

分析自己的优势需要从以下三方面考虑。

（1）学习了什么?

包括在校期间，自己从专业学习中有何收益；在社会实践活动中，提高与升华了哪些方面的知识和能力。努力学好专业课程是职业生涯规划的前提。要注意学习、善于学习，同时要善于归纳、总结，把单纯的知识真正内化为自己的智慧，为自己多准备点"后备能源"。

（2）曾经做过什么?

包括在校期间，自己担当了什么学生职务，在社会实践活动中取得了什么样的成就，积累了哪些工作经验等。要提高自己经历的丰富性和突出性，自己应该有针对性地选择与职业目标相一致的工作项目，坚持不懈地努力工作，这样才会使自己的经历有说服力。

（3）最成功的是什么?

包括在校期间，自己做过了哪些成功的事情，是如何做成功的等，通过分析，可以发现自己的长处，以此作为个人深层次挖掘动力之源，形成职业生涯规划的有力支撑。

6. What is my disadvantage?（我的劣势是什么?）

这个问题主要分析自己的劣势。在职业生涯规划中，不可回避自己的弱点。

回答这个问题需要注意以下两点。

（1）自己性格的不足。

人无法避免与生俱来的弱点，这就意味着你在某些方面存在着先天不足，有些事情是你力所不能及的。安下心来，跟别人好好交流，看看别人眼中的你是什么样子，与你自己预想的是否一致。找出其中的偏差并加以弥补，这将有助于自我提高。对于性格方面的缺点，要学会取长补短，扬长避短。

（2）经历、经验的缺乏。

经历、经验的缺乏并不可怕，怕的是自己还没有认识到或认识到了而一味地掩盖自己的不足。正确的态度是：认真对待，善于发现，努力克服不足，自我提高。

7. What can I be in the end?（我的职业目标是什么?）

明晰了前面六个问题，就会从各个问题中找到对实现有关职业目标有利和不利的条件，列出不利条件最少的、自己想做而且又能够做的职业目标，那么，第七个问题自然就有了一个清楚明了的框架。

4.2 SWOT 分析法

SWOT 法最早是由美国旧金山大学的管理学教授在 20 世纪 80 年代初提出来的。SWOT 分析是一种功能强大的分析工具,也是检查个人技能、能力、职业、爱好和职业机会的有用工具。SWOT 是四个英文单词的缩写,即 Strength(优势)、Weakness(劣势)、Opportunity(机会)和 Threat(威胁)。一般来讲,优势和劣势从属于个人自身,而机会和威胁则来自外部环境(包括组织环境和社会环境)。因此,在进行职业生涯规划时,首先分析自己是否具有较好的生涯机会。我们可以画一个表格,然后逐一分析,填写上自己的分析结果,如图 4-2-1 所示。

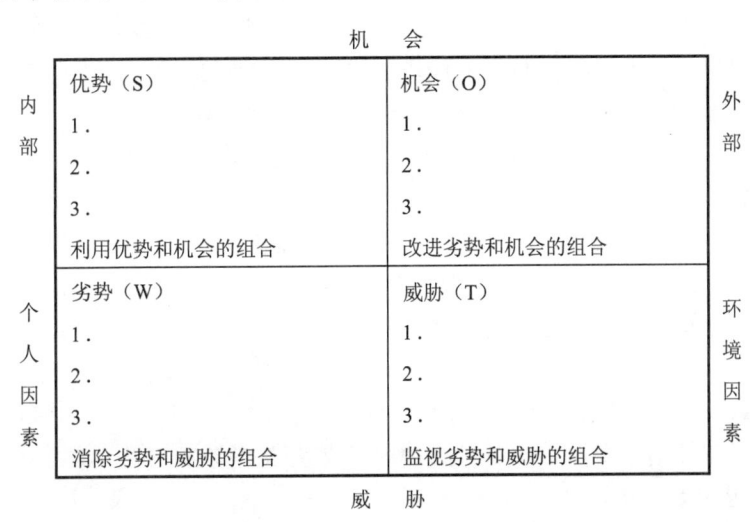

	机 会		
内部 个人因素	优势(S) 1. 2. 3. 利用优势和机会的组合	机会(O) 1. 2. 3. 改进劣势和机会的组合	外部 环境因素
	劣势(W) 1. 2. 3. 消除劣势和威胁的组合	威胁(T) 1. 2. 3. 监视劣势和威胁的组合	
	威 胁		

图 4-2-1 SWOT 分析图

进行 SWOT 分析法时,应遵循以下步骤。

1. 评估自己的优势和劣势

每个人都有自己独特的技能、天赋和能力。在当今分工非常细的市场经济里,每个人擅长于某一领域,而不是样样精通(当然,除非天才)。例如,有些人不喜欢整天坐在办公桌旁;而有些人则一想到不得不与陌生人打交道时,心里就惴惴不安。请先做个表格,列出自己喜欢做的事情和优势所在(如果认为界定自己的优势比较困难,可以做一些测试习题,做完之后,就会发现优势所在)。同样,通过列表,可以找出自己不喜欢做的事情和劣势。挖掘自身的优势和劣势同等重要,因为可以基于这些做两种选择:一是努力改正常犯的错误,提高自身技能;二是放弃那些技能要求很高且不擅长的职业。

2. 找出自己的职业机会和威胁

众所周知，不同的行业（包括这些行业里不同的公司）都面临不同的外部机会和威胁，所以，找出这些外界因素将有助于求职者成功地找到一份适合自己的工作，因为这些机会和威胁会影响自身的第一份工作和今后的职业发展。如果公司处于一个常受到外界不利因素影响的行业里，那么，这个公司能提供的职业机会自然是很少的，而且没有职业升迁的机会。相反，充满了许多积极外界因素的行业将为求职者提供广阔的职业前景。请列出自己感兴趣的一两个行业，然后认真地评估这些行业所面临的机会和威胁。

3. 列出今后 3~5 年内自己的职业目标

请求职者仔细地对自己做一个 SWOT 分析评估，列出从学校毕业后 5 年内最想实现的 3~5 个职业目标。这些目标可以包括：你想从事哪一种职业，你将管理多少人，或者你希望自己拿到的薪水属于哪一级别。请时刻记住：你必须竭尽所能地发挥出自己的优势，使之与行业提供的工作机会完美匹配。

4. 提纲式地列出一份今后 3~5 年的职业行动计划

这一步主要涉及一些具体的内容，特别是达到自己的职业目标而需要提高的内容。列出一份实现最匹配的职业目标的行动计划，并且详细地说明为了实现每一目标你要做的每一件事，何时完成这些事。如果你觉得需要一些外界帮助，请说明你需要何种帮助和如何获取这种帮助。例如，你的个人 SWOT 分析可能表明，为了实现你理想中的职业目标，需要进修更多的管理课程，那么，你的职业行动计划应说明你何时进修这些课程、是些什么水平的课程以及何时进修这些课程，等等。你拟订的详尽的行动计划将帮助你作决策，就像外出旅游前事先制订的计划将成为你的行动指南一样。

5. 寻求专业帮助

能分析自己职业发展及行为习惯中的缺点并不难，但要以合适的方法去改变它们却很难。有时需要自己的朋友、上级主管、职业咨询专家帮助自己改善自身的弱势，而协助和监督以及及时的信息反馈，对于弱势的改善和计划的顺利实施都有很大的帮助。在很多情况下借助专业的咨询力量会让自己大走捷径。

4.3 生涯愿景模型法

1. 个人愿景的含义

愿景（意愿图景），原本是企业管理的概念，概括了企业的未来目标、使命及核心价值，是企业哲学中最核心的内容，是企业最终希望实现的图景。个人愿景是人们心中所真正追求的愿望的景象，它就是一个人心灵深处用景象呈现出来的奋斗目标，是一生最热切渴望达成的事情。它是一个特定的结果，一种期望的未来或意象。当你为一个自己认为至高无上的目标献上无限心力的时候，它就是一种自然的、发自内心的强大力量。

愿景有多个方面，有物质上的欲望；有个人的健康、自由方面、对自己诚实；还有对社会方面的贡献；对某领域知识的贡献等；都是人们心中真正愿望的一部分。总的来说，个人愿景主要包括以下几个方面：

（1）自我形象。你希望成为什么样的人？假如你可以变成你向往的那种人，你会有哪些特征？

（2）有形财产。你希望拥有哪些物质财产？希望拥有多大的数量？

（3）家庭生活。在你的理想中，你的家庭生活环境是什么样子？

（4）个人健康。你对于自己的健康、身材、运动以及其他和身体有关的事情，有什么期望？

（5）人际关系。你希望和你的同事、家人、朋友以及其他人保持哪一种关系？

（6）职业工作。你理想中的职业状况是什么样子？你希望你的努力可以发挥什么样的影响力？

（7）个人休闲。在个人的学习、旅游、阅读或其他的活动领域中，你希望创造出什么样的成果？

2. 如何建立个人愿景

拥有个人愿景是把握自己并实现自我超越的关键因素。虽然每个人都有自己的愿景，但在很多情况下，人们对自己的愿景的认识往往是模糊的，或者可能是误解。这样就会造成行动的盲目。因此，对于每个人来说，关键并不是如何建立个人愿景，而是如何理清个人愿景。

个人愿景可以为自己的生活导航，提供进行日常工作生活和生涯选择时的必要指导。撰写个人愿景的过程就是找到自己愿景的过程，你一定要写下自己的个人愿景，以聚焦你的欢乐、成功、贡献。简单步骤如下：

（1）想象实现愿景后的情景。假设你得到了深深渴望获得的成果，那么回答以下问题：

①这到底是什么样的情景，怎样来形容它？

②你的感觉如何？

③这种感觉是不是你真正所想要的？

（2）形容个人愿景。想象你正在达成一生最热切渴望达成的愿望，这些愿望会成为什么样子？

请你回顾在中学毕业时、高中毕业时、大学毕业时、参加工作后以及现在的个人愿景，其中哪些愿景实现了，哪些没有实现，原因是什么。这些愿望包括自我形象、有形的财产、感情生活、个人健康、人际关系、工作和个人休闲等。

（3）检验并弄清楚愿景。分步检视你写下来的个人愿景所组成的清单和每个面向，从而找出最接近你内心深处的层面。

①如果你现在就可以实现愿景，你会接受它吗？

②假定你现在就实现了愿景，这愿景能为你带来什么？

③你接受了它，你的感受又是怎样？

值得注意的是：个人愿景随着生活的大的变化可能有所改变，建议每隔三年，重新定位一下自己的个人愿景。

第五章 职业生涯规划案例与模板

5.1 职业生涯规划案例

比尔·拉福的职业生涯设计方案

中学毕业的比尔·拉福立志经商，他的父亲是洛克菲勒集团的一名高级职员，父亲的生活熏陶了年少的拉福，拉福的父亲在商界摔打了多年，对商海中的事务了如指掌，深谙其中的奥妙。他发现儿子有商业天赋，机敏果断、敢于创新，但却很少经历过磨难，没有经验，更缺乏知识，于是，拉福父子进行了一次长谈，共同制订了计划，描绘出了职业生涯的蓝图。拉福听从了父亲的劝告，开学时并没有直接去读贸易专业，而是选了工科中最普通、最基础的专业——机械制造。因为做商贸必须具备一定的专业知识，在贸易中，工业商品占据了绝大多数，如果不了解产品的性能、生产制造情况，很难保证贸易的收益。因此，具备一些工科的基本知识是经商的先决条件，况且，工科学习不仅是知识技能的培训，它还能帮助你建立一套严谨求实的思维体系，训练你的推理能力，使你有一种脚踏实地的工作态度，这些素质对经商帮助极大。比尔·拉福就这样在麻省理工学院度过了四年，他没有拘泥于本专业，还广泛接触了其他课程，学习了有关化工、建筑、电子等许多方面的基本知识，这些知识在他后来的商业活动中发挥了不可忽视的作用。

大学毕业后，比尔·拉福没有立即一头扎进商海。按照原先的设计，他开始攻读经济学的硕士学位。商业毕竟不同于工业，这是一种经济活动，有其本身的规律和特征。在市场经济条件下，一切经济活动都是通过商业活动来进行的，不了解经济规律，不学习经济学的知识，很难在商业领域内立足。于是，比尔·拉福又考进了芝加哥大学，开始了为期三年的经济学硕士课程。这期间，比尔·拉福掌握了经济学的基本知识，深入了解了经济规律，懂得了商业活动的社会地位及作用，搞清了影响商业活动的众多因素。他还特意认真学习了有关的经济法律，明白了没有法律保障，现代商业将陷入一片混乱。他更注重学习微观经济活动的管理知识，而不是把主要精力用来研究理论经济学。因此，比尔·拉福对会计财务管理较为精通。这样，几年下来，他在知识上完全具备了经商的素质。

令人意外的是，比尔·拉福拿到硕士学位居然没有立即投身商海，而是考公务员，去政府部门工作。原来，他的父亲——这位老谋深算的商业活动家深知，经商必须有很强的交往能力，人际关系在商业活动中异常重要，要想在商业上获得成功，必须深知处世规则，充分了解人的心理特征，善于与人交往，能够给人以良好的印象，使人信任你，愿意与你合作。人是相当复杂的感情动物，有时候一言不慎就会断绝你的出路，使你失去很多机会，损失巨额利润；相反，如果能很好地利用这些关系，你就能比别人更多一些周旋余地，别人办到的你能办到，别人得不到的你能得到，这种开拓人际关系能力是在任何学校都学不到的，只有在社会上，在工作中才能得到锻炼。而训练交际能力，观察人际关系的最佳去处就是政府部门，要知道，官场险恶，政治阴暗，在复杂的政界生活，必须小心谨慎，有时候一不留神，就会中人暗算，遭人算计，在这种环境里工作，每个人都会逐渐变得机敏、老练、处变不惊。比尔·拉福在政府部门一干就是5年，这5年中，他在压迫下树立起强烈的自我保护意识，胸中筑起了很深的城府。他在后来的商业生涯中，从未上当受骗，没有人能算计到他，这全归功于他在政府的5年锻炼。此外，他通过5年的政府机关工作，结识了一大批各界人士，建立起一套关系网络，为他提供丰富的信息、便利的条件，这对他后来的商业成功帮助极大。

5年的政府工作结束之后，比尔·拉福已完全具备了成功商人所需的各种条件，羽翼丰满了，于是，他辞职下海，去了父亲为他引荐的通用公司熟悉商业业务；又过了两年，他已熟练掌握了商情与商务技巧，业绩斐然。这时候，他不再耽搁时间，婉言谢绝了通用公司的高薪挽留，跳出去开办拉福商贸公司，开始了梦寐以求的商人生涯，正式实施多年前的计划。功夫不负苦心人，比尔·拉福的准备工作做得太充分了，他几乎考虑到每个细节，学会了商人应学的一切。因此，他的生意进展异常顺利，拉福公司的成长速度出奇地快，20年之后，拉福公司的资产从最初的20万美元发展为2亿美元，而比尔·拉福本人也成为一个传奇人物，十分受人尊敬。

1994年10月，比尔·拉福率团到中国进行商业考察，在北京长城饭店接受中国青年报记者采访时，谈起了他的经历。比尔·拉福认为他的成功应感谢他父亲的指导，他们共同制订了一个重要的生涯规划，这个生涯规划设计方案使他最终功成名就。看一下他的成功的设计图：工科学习—工学学士—经济学学习—经济学硕士—政府部门工作—锻炼人际交往能力、熟悉人际关系—大公司工作—熟悉商务环境—开公司—致富。

比尔·拉福的生涯设计脉络清晰，步骤合理，充分考虑了自己的个人兴趣、个人素质，着重突出了职业技能的培养，这种生涯设计在他坚持不懈的努力下，终于变为现实。

高职学生职业生涯规划书习作

我的生涯我规"画"

姓名：任华庆
学校：湖南水利水电职业技术学院
班级：2008级水利工程六班
电话：××××××

目 录

一、序言
二、自我分析
三、职业分析
四、职业定位
五、计划实施
六、评估调整
七、结束语

一、序言

我的职业生涯我规"画"

职业生涯早设计，你的人生就会早成功。未来，掌握在自己的手中。时光荏苒，20年如弹指一挥间。20岁是人生的一个转折点。20意味着我们要告别幼稚，走向成熟，更昭示我们即将踏上人生的舞台。

人生的机遇，我们无法估计，但人生的轨迹我们可以设计。对于一只没有目标的船来说，任何方向的风都是逆风。人不能只是浑浑噩噩地数着日子过。由此，我想起了那句激昂人心的话：人最宝贵的是生命。生命每个人只有一次。人的一生应当这样过：回忆往事，他不会因为虚度年华而悔恨，也不会因为生活庸俗而羞愧。怎样才能避免虚度年华，我想对未来职业生涯的设计和规划无疑是我们将来灿烂人生的导航。对于未来的职业进行规划，有助于了解其所需具备的各种条件，进而让自己不断完善去达到这种种的条件。在人生的浪潮中激情飞扬。

二、自我分析

1. 人格类型

人格类型：公关型——天下没有不可能的事

表现：外相 直觉 情感 知觉

2. 基本描述

对周围的任何事物观察得相当透彻，能够洞察现在和将来。随时可以发现事物的深层含义和意义，并能看到他人看不到的事物内在的抽象联系。

崇尚和谐善意、情感多样、热情、好友、体贴、情绪强烈，需要他人的肯定，也乐于称赞和帮助他人。总是避免矛盾，更在意维护人际关系。

富有活力、待人宽厚、有同情心、有风度、喜欢让人高兴。只要可能，就会使自己适应他人的需要和期望。倾向于运用情感作出判断，决策时通常考虑他人的感受。在意维护人际关系，愿意花费很多心思，结交各种各样的人，而不是做事。

有丰富的想象力，善于替别人发现机会，并有能力且愿意帮助他们采取行动抓住机会。

3. 可能的盲点

非常理想化，容易忽视现实和事物的逻辑，只要感兴趣，什么都去做。你通常在事情开始阶段或有变化的阶段较为投入，而对后续较为常规或沉闷的部分，难以持续投入。

总是能轻易想出很多新主意，喜欢着手许多事情，无法专注一件事，很少能把事情"从头做到尾"。总能看到太多的可能性，因此无法确定哪些事情是自己真正追求的。组织纪律比较弱，不肯服从，无视限制和程序。喜欢即兴发挥，不愿意筹备和计划，对细节没有兴趣。

4. 适合的岗位特质

在人际友好、轻松的环境中与不同特点的人一起工作，避免冲突和矛盾。工作充满乐趣，富于挑战，允许我自由发挥灵感和创造力，参与冒险可以创造新的想法、产品、服务或帮助别人，然后看到计划变为现实。工作环境与我的理念、个人价值观一致，规则限制少，能够自己安排工作的进程节奏。工作不要求处理太多的重复性、程序性、常规性、琐碎的事务。

5. 自我能力评估

我的优势能力：

（1）能够打破常规思考，考虑事情发展可能出现的新情况。

（2）敢于冒险、敢于尝试新事物，能克服障碍，能够在任何你真正感兴趣的领域中成功。

（3）适应能力强，能迅速改变自己的行事速度及目标，兴趣广泛、对自己感兴趣的东西接受能力强。

（4）对收集自己所需信息有一种天生的求知欲和技能。

（5）能通观全局，能看出行为和思想之间的潜在含义，交际能力强，能以有感染力的热诚和精力激励他人。

（6）能洞察别人，能理解他们的需要和动机。

（7）富于创造的思考者，好的问题解决者。

（8）能够把自己的天赋与别人的兴趣和能力集合起来，善于赋予适合的人以合适的职位或任务。

（9）有稳定平和的心态。

（10）敢打敢拼，富有开拓精神。

我的弱势能力：

（1）做事不太条理，或不善于分清主次顺序、把握事情的轻重。

（2）对缺乏独创性的人和事没有耐心。

（3）通常不喜欢任何重复或例行的事务，不愿意以传统或常规的方式行事。

（4）易于烦躁或不耐烦，尤其是当工程上的创造性过程结束后。

（5）不能容忍与过于谨慎的机构或个人工作，组织性观念不强。

（6）倾向于关注可能发生的事情，而非实际的或极可能发生的事情。

（7）在工作细节的完成上有一些困难。

（8）独自工作时经常效率较低。

（9）斗志不足，轻易松懈、通常不愿付出过多的努力。

（10）有时表现得莽撞，不计后果。

6. 自我分析小结

由我自己对自己的了解程度以及在学校的学习和锻炼，我觉得自己有信心也有能力，经过自己的努力后能成就自己的一番事业，闯出自己的一片天地。

三、职业分析

1. 社会环境分析

人民大学劳动人事院院长曾湘泉指出，大学生就业难的问题进一步凸显，2007年全国高校毕业生是495万人，比2006年增加了83万人，毕业生的总量和增量都是最大的一年。但去年有144万应届毕业生未能如期就业，未能实现就业的人数比2006年同期增加28万人。

曾湘泉表示，大学生就业难使得大学生择业观念和社会观念在发生变化，一度对工作比较挑剔的大学生开始将条件放得越来越低。

全国各地高校每年都在扩招，大学生越来越多，而社会提供的岗位严重不足。大学生就业难已经成为当代大学生最为关注和头痛的问题。

2. 行业分析

水是生命之源、生产之要、生态之基，兴水利、除水害，事关人类生存、经济发展、社会进步，历来是治国安邦的大事。中国的水利设施已经有很多年未修，这就造成了水利工程设施的严重亏欠。中国政府已经认识到水利设施失修带来的不利因素，中央非常重视发展水利，加大了水利发展与改革的步伐，必将给水利行业带来前所未有的发展机遇，新一轮的水电开发热潮正在兴起。综合来看，整个国家对水利人才的需求会在未来20年内一直处于供不应求的状态。而且就整个中国而言，开设水利类专业的院校并不是很多，水利工程专业的毕业生是属于紧缺型的，就业不成问题，而且工资待遇相对较高，职业发展空间较大。不利的是水电建设多在高山峡谷中，远离城市，工作条件较为艰苦，常年在工地，有时节假日不能休息。

四、职业定位

我将自己以后的职业定位为以下方面：

公司员工—公司研究人员—公司管理人员—创办自己的公司

职业的 SWOT 分析：

1. S 优势

具有领导力、组织力、善于交流谈判、注重人际关系、办事果敢有力、学习风格行动型、善于鼓励他人和管理人员。

2. W 劣势

容易感情用事、遇事太敏感，对于别人的批评不太容易接受。

3. O 机会

水利人才紧缺，水利企业迎来了快速发展的历史机遇。

4. T 威胁

在学历上我是专科，知识的不全面性是一大缺陷，以及技能的不熟悉也是威胁之一，实践经验比较欠缺。

五、计划实施

初步规划

1. Times：毕业后 5 年内

希望找一家能给自己一些适当的发展空间的水利建设公司或建筑类企业工作，从基层技术员做到工程主管或项目经理，积累专业技术和管理经验，并且好好利用这里的人际关系和社会关系去寻求更适合自己发展的台阶。

2. Times：毕业 5 年后

开设自己的店面或者设计公司，利用自己所学专业知识和工作经验管理好自己和自己的公司，使公司能够站稳脚跟，同时寻求发展。

3. Times：毕业 10 年后

让公司步入正轨，开始大幅度赢利。加大资金投入，扩大公司规模。

4. Times：50 岁前

让自己的公司成为国内从事建筑行业的知名企业。

5. Times：60 岁

退出商界，享受生活。

六、评价调整

以上我的职业计划比较抽象，这只是我的人生大体路径。人不可能总是一帆风顺。当我的职业目标与现实不符时，我会承认并接受现实。但我不会放弃我的理想。我会根据实际情况及时修改自己的目标，使它更符合自己的实际能力。

我不去想是否能够成功，既然选择了远方，便只顾风雨兼程；我不去想，身后会不会袭来寒风冷雨，既然目标是地平线，留给世界的只能是背影。

七、结束语

做完自己的职业生涯规划书，才清楚地明白自己的将来原来可以被自己设计和规划。以前对自己前途总是感觉很渺茫。而现在却一下感觉清晰了很多。

"不积跬步无以至千里，不积小流无以成江海。"有了自己的职业生涯规划书，还远远不够。在以后的生活、学习和工作中更需要坚定不移，厚积薄发。

5.2 职业生涯规划模板

职业生涯规划书模板一

封面
署上职业生涯规划与设计课程作业
姓名、学院、班级字样

扉页
真实姓名：×××
笔名：×××
性别：×
年龄：××
身份证号码：××××××××××××××××
所在学院：×××学院
班级及专业：××××级×××专业
学号：×××××××××
联系地址：××××××××××××××
邮编：××××××
联系电话：××××××××××
E - mail：×××××××××××××

目录
一、
二、
三、
四、
五、
结束语

正文

　　引言

一、自我分析

结合大赛指定的人才测评报告以及××等分析方法，我对自己进行了全方位、多角度的分析。

1. 职业兴趣——喜欢干什么

我的人才素质测评报告中，职业兴趣前三项是××型（×分）、××型（×分）和××型（×分）。我的具体情况是……

2. 职业能力——能够干什么

我的人才素质测评报告结果显示，××能力得分较高（×分），××能力得分较低（×分）。我的具体情况是……

3. 个人特质——适合干什么

我的人才素质测评报告结果显示……我的具体情况是……

4. 职业价值观——最看重什么

我的人才素质测评报告结果显示前三项是××取向（×分）、××取向（×分）和××取向（×分）。我的具体情况是……

5. 胜任能力——优劣势是什么

我的优势能力	我的弱势能力

自我分析小结

二、职业分析

参考人才素质测评报告建议以及通过××等途径方法，我对影响职业选择的相关外部环境进行了较为系统的分析。

1. 家庭环境分析

如经济状况、家人期望、家族文化等以及对本人的影响。

2. 学校环境分析

如学校特色、专业学习、实践经验等。

3. 社会环境分析

如就业形势、就业政策、竞争对手等。

4. 职业环境分析

（1）行业分析。

（如××行业现状及发展趋势，人业匹配分析）

（2）职业分析。

（如××职业的工作内容、工作要求、发展前景，人岗匹配分析）

（3）企业分析。

（如××单位类型、企业文化、发展前景、发展阶段、产品服务、员工素质、工作氛围等，人企匹配分析）

（4）地域分析。

（如××工作城市的发展前景、文化特点、气候水土、人际关系等，人城匹配分析）

职业分析小结

三、职业定位

综合第一部分（自我分析）及第二部分（职业分析）的主要内容得出本人职业定位的SWOT分析：

内部环境因素	优势因素（S）	弱势因素（W）
外部环境因素	机会因素（O）	威胁因素（T）

职业定位结论：

职业目标	将来从事（××行业的）××职业
职业发展策略	举例：进入××类型的组织（到××地区发展）
职业发展路径	举例：走专家路线（管理路线等）
具体路径	举例：××员—初级××—中级××—高级××

四、计划实施

计划实施一览表

计划名称	时间跨度	总目标	分目标	计划内容（参考）	策略和措施（参考）	备注
短期计划（大学计划）	20××—20××年	如大学毕业时要达到……	如大一要达到……大二要达到……或在××方面要达到……	如专业学习、职业技能培养、职业素质提升、职业实践计划等	如大一以适应大学生活为主，大二以专业学习和掌握职业技能为主……或为了实现××目标，我要……	大学生职业规划的重点
中期计划（毕业后五年计划）	20××—20××年	如毕业后第五年时要达到……	如毕业后第一年要……第二年要……或在××方面要达到……	如职场适应、三脉积累（知脉、人脉、钱脉）、岗位转换及升迁等	省略	大学生职业规划的重点
长期计划（毕业后十年或以上计划）	20××—20××年	如退休时要达到……	如毕业后第十年要……第二十年要……	如事业发展、工作、生活关系、健康、心灵成长、子女教育、慈善等	省略	方向性规划

详细执行计划如下：

本人现正就读大学（研究生）×年级，我的大学计划是……

五、评估调整

职业生涯规划是一个动态的过程，必须根据实施结果的情况以及因应变化进行及时的评估与修正。

1. 评估的内容

职业目标评估（是否需要重新选择职业？）：假如一直……那么我将……

职业路径评估（是否需要调整发展方向？）：当出现……的时候，我就……

实施策略评估（是否需要改变行动策略？）：如果……我就……

其他因素评估（身体、家庭、经济状况以及机遇、意外情况的及时评估）。

2. 评估的时间

一般情况下，我定期（半年或一年）评估规划；

当出现特殊情况时，我会随时评估并进行相应的调整。

大学生职业生涯规划书模板二

姓名：

性别：

出生：　　年　　月　　日

学校：

院系：

电话：　　　　手机：

电子邮件：

撰写时间：　　年　月　　日

职业生涯规划设计书

目　录

1　自我认知

1.1　职业生涯规划测评

1.2　360 度评估

1.3　橱窗分析法

1.4　自我认知小结

2　职业认知

2.1　外部环境分析

2.2　目标职业分析

2.3　职业素质测评

2.4　SWOT 分析
2.5　职业认知小结
3　职业规划设计
3.1　确定目标和路径
3.2　制订行动计划
3.3　动态分析调整
3.4　备选规划方案

1. 自我认知

1.1　职业生涯规划测评
（测评报告）
1.2　360 度评估
优点 缺点
自我评价
家人评价
老师评价
亲密朋友评价
同学评价
其他社会关系评价
1.3　橱窗分析法
橱窗 1："公开我"
橱窗 2："隐藏我"
橱窗 3："潜在我"
橱窗 4："背脊我"
1.4　自我认知小结

2. 职业认知

2.1　外部环境分析
①家庭环境分析
②学校环境分析
③社会环境分析
④目标地域分析
2.2　目标职业分析
①目标职业名称
②岗位说明
③工作内容
④任职资格

⑤工作条件
⑥就业和发展前景
2.3 职业素质测评
（测评报告）
2.4 SWOT 分析
我的优势（strength）及其使用
我的弱势（weakness）及其弥补
我的机会（opportunity）及其利用
我面临的威胁（threat）及其排除
2.5 职业认知小结

3. 职业规划设计

3.1 确定职业目标和路径
①近期职业目标
②中期职业目标
③长期职业目标
④职业发展路径
3.2 制订行动计划
①短期计划
②中期计划
③长期计划
3.3 动态分析调整
评估、调整我的职业目标、职业路径与行动计划
3.4 备选规划方案

5.3 职业生涯规划大赛

关于举办××省第×届
大学生职业生涯规划大赛的通知

各普通高等学校：

　　根据教育部《关于举办第×届全国大学生职业生涯规划大赛的通知》（教学司函〔×××年〕×号）要求，为普及大学生职业生涯规划知识，引导大学生树立正确的成才观、就业观，科学合理规划大学生活，提升求职就业技能，同时选拔优秀选手参加全国大赛，经研究，决定举办××省第二届大学生职业生涯规划大赛（以下简称"大赛"）。现将有关事项通知如下：

一、组织单位

主办单位：××省教育厅

承办单位：××省教育厅毕业生就业办公室

××省大中专学校学生信息咨询与就业指导中心

协办单位：××省普通高等学校毕业生就业促进会

二、大赛主题与宗旨

大赛以大学生励志、成才、就业为主题，以提高职业素养，提升就业能力为宗旨。

三、参赛对象

全日制普通高等学校专科及以上学历（含专科）在校大学生。

四、参赛报名

以学校为单位组织参赛报名，报名采取自愿原则。申请参赛高校的就业工作主管部门要填写《高校参赛报名回执表》，并请在××××年×月××日前发传真至省大赛组委会。各参赛高校负责组织实施校内初赛及其他相关工作。

五、赛程安排

1. ×月至×月中旬高校初赛。各高校自行组织实施本校初赛及其他相关工作，组织形式和内容可参考省决赛的方案，设计相应的实践实习环节。参赛学生可免费使用全国大学生就业公共服务立体化平台（www.ncss.org.cn）提供的大学生职业测评与规划系统或其他系统完成个人职业生涯规划设计书面作品。

2. 各参赛学校须于××××年×月×日前，向省大赛组委会提交推荐参加全省决赛的学生的参赛作品书面文档和电子文档，各高校限报3名选手。

3. ×月下旬全省决赛。决赛分为本科院校组和高职高专院校组，省大赛组委会组织有关专家对高校选送参赛选手提交的材料进行评审后，分别确定本科院校组、高职高专院校组得分靠前的25、15名选手参加省决赛。

4. 全省决赛分为书面文档评审、现场展示、职业角色情景模拟三个环节。书面文档分为个人职业生涯规划书和职业生涯人物访谈报告两个部分，作品由评委匿名评审按照评分标准进行打分。现场展示环节每位选手限时10分钟，包括5分钟自我陈述（通过制作PPT，进行自我展示），2分钟对上一位选手的作品进行点评（参赛选手职业规划作品互评），3分钟回答评委提问，评委根据参赛选手的现场表现进行打分。职业角色情景模拟环节由参赛选手围绕"如何应对职场困惑"这一主题自编时长8分钟以内的短剧，选手需扮演本人规划作品中的目标职业角色，可邀请其他同学或老师联合参演，但总上场人数不超过5人。扮演结束后，选手进行2分钟自述，阐明应对这些问题在大学期间应提升个人哪些职业能力与素质、该如何提升。此环节评委仅评分，不提问。

5. 本次大赛总成绩取三个环节的加权得分，其中书面文档评审成绩占决赛成绩的30%，现场展示成绩占50%，职业角色情景模拟占20%（评选标准详见附件三）。

6. 根据全国大赛××省参赛名额，取全省决赛排名靠前者参加×月至×月举办的全国总决赛。

六、大赛组织

我厅将成立大赛组委会，负责统筹、协调、组织实施全省决赛的各项相关工作。

全省决赛将邀请资深职业咨询专家、企业人力资源总监、用人单位代表等专业人士分别组成决赛评委会，按不同阶段有关程序和要求进行评审。

七、网络支持

参赛学校、辅导教师和选手可登录全国大学生就业公共服务立体化平台（www.ncss.org.cn）大赛专页进行统一报名，并及时掌握赛事流程、参赛标准及进展情况。

八、奖项设置

大赛设特等奖2名（本、专科组各1名）、一等奖5名（本科组3名、专科组2名）、二等奖8名（本科组5名、专科组3名）、三等奖12名（本科组7名、专科组5名）、优秀奖若干名；设高校优秀组织奖7名、优秀指导教师奖7名。

××省教育厅
××××年×月×日

××省第×届大学生职业生涯规划大赛评选标准

一、书面文档评分细则

评分要素	评分要点	具体描述
职业规划设计书内容	自我认知（10分）	1. 自我分析清晰、全面、深入、客观，能清楚地认识到自己的优劣势
		2. 将人才测评量化分析与自我深入分析综合客观地评价自我，职业兴趣、职业能力、职业价值观、个性特征分析全面、到位
		3. 从个人兴趣爱好、成长经历社会实践中分析自我
		4. 自我评估理论、模型应用正确、合理
	职业认知（10分）	1. 了解社会的整体就业趋势，并且了解大学生就业状况
		2. 对目标职业所处行业的现状及前景了解清晰，了解行业就业需求
		3. 熟悉目标职业的工作内容、工作环境、典型生活方式，了解目标职业的待遇、未来发展
		4. 对目标职位的进入途径、胜任标准了解清晰，深入了解目标职业对生活的影响
		5. 在探索过程中应用到文献检索、访谈、见习、实习等方法
	职业决策（10分）	1. 职业目标确定和发展路径设计要符合外部环境和个人特质（兴趣、技能、特质、价值观），要符合实际、可执行、可实现
		2. 对照自我认知和职业认知的结果，分析自己优、劣势及面临的机会和挑战，职业目标的选择过程阐述详尽，合乎逻辑
		3. 备选目标也要充分根据个人与环境的评估进行分析确定，备选目标职业发展路径与首选目标发展路径要有一定相关联系性
		4. 能够正确运用评估理论和决策模型做出决策
	计划与路径（10分）	1. 行动计划对保持个人优势、加强个人不足、全面提升个人竞争力有针对性、可操作性
		2. 近期计划详尽清晰、可操作性强，中期计划清晰并具有灵活性，长期计划具有方向性
		3. 职业发展路径充分考虑进入途径、胜任标准等探索结果，符合逻辑和现实，具有可操作性和竞争力
	自我监控（10分）	1. 对行动计划和职业目标设定评估方案，如要达到什么标准，评估的要素是什么
		2. 能够对行动计划实施过程和风险做出评估，并制定切实可行的调整方案
		3. 调整方案的制定充分根据个人与环境的评估进行分析确定，充分考虑首选目标与备选目标间的联系和差异，具有可操作性

续表

评分要素	评分要点	具体描述
参赛作品设计思路	作品完整性、作品思路和逻辑、作品美观性（10分）	内容完整，对自我和外部环境进行全面分析，提出自己的职业目标、发展路径和行动计划。职业规划设计报告思路清晰、逻辑合理，能准确把握职业规划设计的核心与关键。格式清晰，版面大方美观，创意新颖
职业生涯人物访谈报告	（40分）	目标职业生涯人物的选取、目标职业生涯人物简介、访谈过程简介、访谈问题总结、对目标职业的分析、自身的认识变化、对自己就业和将来职业发展的帮助等

二、现场展示评分细则

评分要素	评分要点	具体描述
主题陈述	陈述内容（15分）	1. 对职业规划的自我探索、职业探索、决策应对等环节的要素及分析过程陈述完整全面
		2. 在陈述中能够正确理解、引用、应用职业规划基础理论及各项辅助工具
		3. 对各项探索分析过程及规划结果表述准确，与职业规划设计作品内容吻合
		4. PPT设计精巧，重点突出，简明扼要，能够精确提炼职业规划设计作品要点
	陈述过程（15分）	1. 整体设计合理，环节紧凑，调理清晰，层次分明，结论明确
		2. 详略得当，重点突出，人职匹配、职业路径论述充分
		3. 思路清晰，逻辑性强
		4. 表达自然、流畅、无明显停顿，语句通顺，措辞恰当，语言组织畅达
		5. 讲普通话，声音洪亮，口齿清晰，语速语调适中
		6. 富于激情，善于引导现场观众，肢体语言恰当、丰富，能够感染他人
	基本素养（10分）	1. 衣着发型整洁、大方、朴素、得体
		2. 仪表端庄稳重，坐立行为大方、自然，表情丰富真诚，有良好的个人气质
		3. 言之有礼，情操高尚，谈吐文雅，富于思想内涵
		4. 精神饱满，有信心，有独立见解，能充分展现大学生朝气蓬勃的精神风貌和职场新人的职业形象
	即时效果（10分）	1. 按时完成主题陈述
		2. 现场观众注意力集中，情绪高亢
	个人特色（10分）	1. 在职业规划和主题陈述中具有创造性
		2. 特长、特点鲜明

续表

评分要素	评分要点	具体描述
作品点评（互评）	（10分）	点评内容深刻，观点鲜明，见解独到，思路清晰
回答问题	应答能力（15分）	1. 能正确理解评委提问，作出有针对性的回答
		2. 在评委提出问题后马上作出反馈，及时作出回答
		3. 答题过程流畅、无明显停顿，语句通顺，措辞恰当，语言精练
		4. 应变能力强，能够灵活地、创造性地应用职业规划知识作答
	回答内容（15分）	1. 回答内容切合题意
		2. 答题过程调理清晰，层次分明，结论明确
		3. 回答内容准确精练，重点突出，能够有针对性地就提问要点归纳阐述
		4. 回答内容真实可信，运用事实论据，论述有说服力

三、职业角色情景模拟评分细则

评分栏目	评分要点	具体描述
模拟职场情景设计	职业把握（20分）	1. 切合自身职业规划目标设计，能够准确把握职业目标角色的职业特性
		2. 符合社会对于该职业角色的普遍评价，角色扮演亮点突出
	情境设置（20分）	1. 虚拟场景现实化、具体化，不夸张、不过分虚构。情境真实可信，符合目标职业的典型性
		2. 情境介绍简要，主要元素（人物设计、场景、事由等）表现到位
		3. 情节连贯，具有逻辑性和叙事性，角色扮演与情境有机融合
		4. 主题立意鲜明，积极向上
	模拟过程（50分）	1. 动作自然，语言流畅，感情真挚，模拟切合目标职业，富有特色
		2. 表现力强，充分体现目标职业所需的职业素质和能力
		3. 符合实际情况，过程表现完整，关键环节突出，有细节表现
		4. 时间把控合理，突出重点环节的时间分配

续表

评分栏目	评分要点	具体描述
模拟职场情景设计	整体效果（10分）	1. 服装、道具、场景等有形要素设计与运用恰当、合理
		2. 投入，与配合对象默契度高，与现场观众互动效果良好
		3. 情节设计具有独创性、新颖性
		4. 目标职业特性表现突出

全国大学生职业生涯规划大赛获奖作品鉴赏

全国大学生职业生涯规划大赛参赛作品

放飞梦想 人生起航

搏击天空 志存高远

陕西科技大学

扉 页

姓名：郑宏亮

性别：男

籍贯：浙江省杭州市

学校：陕西科技大学

专业：轻化工程（纸浆造纸）

班级：轻化073班

联系电话：15829847249

联系地址：西安市未央区

陕西科技大学375号信箱

邮编：710021

E-mail：zhl.zora@Gmail.com

巴斯德说："机遇只垂青于有准备的头脑。"能让自己牢牢把握住机遇，成功实现自己的人生价值的最有效办法——就是从今天起有计划有准备地规划自己的人生。

目　　录

总　　论

第一章　了解和认识自我

1.1　职业素质自我分析
  - 1.1.1　人格特征分析
  - 1.1.2　兴趣爱好分析
  - 1.1.3　胜任能力
1.2　职业测评结果报告
  - 1.2.1　霍兰德职业兴趣报告
  - 1.2.2　职业价值观测评报告
1.3　自我认识结论

第二章　职业生涯机会评估

2.1　职业生涯机会社会环境评估
  - 2.1.1　就业形势分析
  - 2.1.2　就业城市分析
2.2　行业环境分析
  - 2.2.1　纸浆造纸行业分析
  - 2.2.2　国际纸业分析
2.3　职业生涯学校环境分析
  - 2.3.1　学校整体环境分析
  - 2.3.2　造纸工程学院环境分析
2.4　职业生涯家庭环境分析
2.5　SWOT分析法评估职业生涯机会

第三章　职业生涯定位及生涯规划

3.1　作出适合自己的职业选择
3.2　职业生涯路线选择
3.3　职业生涯流程图
3.4　职业生涯流程分析

第四章　职业规划实施策略

4.1　近期规划的实施计划

4.2 中期规划的实施计划

4.3 长期规划的实施计划

第五章 规划的评估与调整

5.1 评估调整的时间周期和原则

5.2 后备调整方案

总　　结

总　论

　　人的一生就是一连串过往足迹的积累，或喜或悲，岁月总能教会我们走出过去。从现在开始认真规划明天，并为之不懈奋斗。戴高乐曾经说过："眼睛所看到的地方就是你会到达的地方。伟人之所以伟大，是因为他们决心要做出伟大的事。"是啊，人生的积淀让我们懂得保持一份淡然，留有一丝希望，而认真、科学的人生规划将会带领我们实现梦想和飞跃。定期进行一次科学的人生职业生涯规划，给自己一个明确的目标，也许它有足够的难度，但同时它也有足够的吸引力，让我们为之全力以赴，一步一个脚印朝着目标进发，最终收获梦的实现！

　　在"一沙一世界，一花一宇宙"的平凡中我蹒跚前进，不断地超越自我，同时也有太多的诱惑驱使着我停止向前，一次不经意的回眸使我猛然意识到自我的迷茫——我的小学、初中、高中，甚至是我的大学是怎么过来的？它们的足迹是否依然清晰呢？当我迷惑于这一连串无知的问号时，恐惧与困惑便油然而生。幸运者能突出重围而春风得意，落魄者便一蹶不振而顾影自怜。每个人都会经历这样的循环，在矛与盾的世界里我们犹如走钢丝一样保持着平衡。有诸多的感慨与肺腑之言，它们是在"几经坎坷"与自我反思后历练而来的，这在我看来弥足珍贵。

　　大学两年的生活一晃而过，似乎感觉自己总是在不停地追逐和奔跑，从一个站点赶到另外一个站点！不禁想到了徐志摩先生的一句诗："消逝的时光像这河水一样呀！日夜不停。"我要用尽全力抓住自己的生命了，幸运的是我还有时间，还有青春，可以把现在当作开始，认真规划未来的人生计划，张扬自我的青春个性！

本规划方案主要是根据陕西科技大学就业指导中心提供的职业测评系统以及自我的实际情况进行制订的，下表是我的职业生涯总目标：

姓　名	郑宏亮	出生年月	1988.10	学　历	本科
性　别	男	籍　贯	浙江杭州	政治面貌	团员
就读学校	陕西科技大学	就读院系	造纸工程学院	现任职务	学生会秘书长兼副主席
阶段性目标	陕科大本科、项目业务员、部门经理、美国 TOP10 商学院 MBA、部门总监					
职业总目标	国际纸业亚洲区 CEO					

第一章 了解和认识自我

每个人都有自己的长处，也有自我难以克服的缺点，个体的职业生涯规划必须结合自身的特点，不同的兴趣、性格、爱好与能力，会引发不同的职业理想和职业目标。因此，认识自我是职业生涯规划的第一步，也是最重要的一步。只有真正深入地了解自我，才能选择正确的职业定位，进而在个人的职业生活和发展中取得成功。所以你在为自己勾勒画像的同时，也就为自己勾画好了一张职业发展地标图。　　　　　　《大学生职业规划与就业指导》

1.1 职业素质自我分析

1.1.1 人格特征分析

优　势	劣　势
脚踏实地，注重现实，讲求实效； 擅长进行客观的逻辑分析，有主见，批判性强； 喜欢作决策，处事果断而自信，很有魄力； 做事勤奋，让人信赖	容易把自己的意见强加于人，听不进他人的意见； 对细节很挑剔，对于那些不严格遵守程序的人感到不耐烦

1.1.2 兴趣爱好分析

- 爱好广泛，喜欢化工，热爱轻化工程专业。
- 热爱阅读各类书籍，特别是励志类和人文类读物；爱好电影。
- 酷爱管理知识，密切关注财经金融类信息以及管理或市场营销类讲座。对具体的问题有自己独到的见解。
- 擅长英语，特别是口语交流。曾获第一届胡氏英语演讲竞赛一等奖。
- 精通计算机，熟练使用电脑操作系统，各类软件如 Office 办公软件、Photoshop、Auto CAD 等。曾在学院活动中分别负责办公自动化软件以及 Photoshop 培训。
- 爱好组织参加各类学生活动，喜欢与人交流沟通。两年的学生会工作经验，让我个人提高了很多，特别是交际与组织管理能力。

1.1.3 胜任能力

优　点	缺　点
• 注重实践，关心结果；能够自始至终地关注组织的目标； • 责任心强，容易取得别人的信任； • 办事精确，效率高，有把工作做好的强烈愿望；处事客观，能够敏感地觉察出不合逻辑、不连贯不现实和不称职的人或者事情； • 有果断的决策能力和很强的组织管理能力，必要的时候能够快刀斩乱麻，意志坚定； • 相信传统的可取之处，并且能够遵循传统模式；可以很好地遵循已建立起来的工作安排和工作程序	• 对不遵循工作程序和忽略重要细节的人有点不耐烦； • 对低效率的或者需要花很长时间才能完成的工作或者程序缺乏耐心； • 对于方针或者决定将会对别人造成什么样的影响缺乏敏感； • 可能忽略他人的情感和意见，不喜欢听相反的意见

1.2 职业测评结果报告

1.2.1 霍兰德职业兴趣报告

• 测评项目说明：霍兰德的职业兴趣理论，其核心是按照不同的职业特点和个性特征将人分为六类：现实型、探索型、艺术型、社会型、企业型、常规型，这六种类型的人具有不同的典型特征。每种类型的人对相应职业类型感兴趣，当我们就业择业的时候，我们的兴趣与职业环境的匹配是形成职业满意度、成就感的基础。

第五章 职业生涯规划案例与模板

测评结果			实践汇报
类型名称	得分	类型解释	我的验证
企业性	24	乐观主动，好发表意见，有管理才能	曾任班级团支书； 现任学生会副主席兼任秘书长； 任院实践创新小组书记
探索性	16	思维缜密，擅长于分析，倾向于创新	综合成绩排名学院前10； 获得校级优秀学业奖学金； 担任学院办公自动化培训和英语词汇趣记培训主讲人，荣获"优秀讲师"称号
传统性	13	忠诚可靠，情绪稳定，遵守纪律	校级优秀团员； 荣获"学生会先进工作者"称号
社会性	11	为人热情，擅长沟通，人际关系佳	组织参加暑期社会实践——农村留守儿童调查并担任领队，荣获校级"三下乡"先进个人； 中国红十字志愿者协会会员
现实性	6	做事踏实，为人认真，不擅长于社交	—
文艺性	4	思维活跃，创造力丰富，感情丰富	—

我的优势职业类型 ➡ 企业型

- 基本特征：

1. 该类型的人精力充沛、自信、善于交际、热情洋溢、富于冒险精神、支配欲强；

2. 该类型的人通常具有领导才能，能够影响、说服他人共同达到组织或个人的目标；

3. 该类型的人为人务实，通常追求权力、财富和地位，习惯以利益得失、权利、地位、金钱等来衡量做事的价值，做事有较强的目的性。

- 该类型的典型职业：项目经理、推销员、企业管理者、律师、拍卖师等。

1.2.2 职业价值观测评报告

- 测评项目说明：一个人的职业价值观是他的人生观、世界观在职业上的体现，认清你最重视的因素，挑选一份符合你职业价值观的职业将使你更愉快地工作，更快地成功。

我的职业价值观倾向 ➡ 成就实现型

- 根据职业价值观测评报告的结果显示，我的职业价值观倾向为：成就实现型。
- 该职业价值观倾向的具体分析：该类型的人希望自己的工作能受到他人的认可，对工作的完成和挑战成功感到满足。这种类型的人在工作中目标明确，有强烈的发展和提升意识。他们一心一意想发挥个性，实现自我，尽力挖掘自己的潜力，施展自己的本领，追求目标的实现和他人的肯定，并视此为有意义的生活。
- 项目经理、公司管理等企业型的工作比较适合该类型的人。

1.3 自我认识结论

根据职业素质自我分析以及职业测评的结果，我适合**管理类**的工作。可以自己作决定，组织必要的资源，有一定的控制权，承担较大的责任，并且监督他人。类似的职业如**项目经理、行政主管**等。

在多年的学生会干部的锻炼中，我渐渐地培养出了策划、组织管理方面的才能。而我的写作兴趣和演讲经历也为我的表述能力、说话艺术等方面加了分。这都有利于我从事管理方面的工作。

第二章　职业生涯机会评估

　　有这样一个故事：一位打井的高手，凡经他指点的地方准能打出一口泉水不断的好井，问其诀窍，答曰："这打井也有学问，也要察形观势，找准位置，找对风水。"其实职场亦然，要充分评估职业环境、职业要求以及自身状况对职业生涯的影响，然后找准职业方位。找到职业方位，也便找准了职场的风水线，自然会风生水起。
　　　　　　　　　　　　　　　　　　　　　　　　——《心灵鸡汤》

2.1　职业生涯机会社会环境评估

2.1.1　就业形势分析

　　全社会新增劳动就业岗位900万个，其中有500万个要解决下岗职工的再就业问题，剩下的就业岗位，除了要解决280万大学生就业，还有200多万的中专毕业生等待就业，加上多年积累下来的待业人员，高校毕业生的就业局面相当严峻，就业问题是当前大学毕业生面临的最大难题。2004—2008年的毕业生人数及增长率见下表。

年份	2004	2005	2006	2007	2008
毕业生/万人	280	338	413	464	559
增长率/%	31.95	20.71	22.19	12.35	20.47

　　高校毕业生还面临结构性就业难题，就业压力越来越大。多数新增毕业生的就业岗位层次趋于下降，薪酬、福利减少。非正规就业岗位比重增加，适合高校毕业生就业的高端服务业岗位不足。东部城市开始讨论人口控制政策，有可能造成东部就业空间的紧缩。以就业和社会需求为导向的高等职业教育改革仍需进一步深化。目前的高等教育同质性太强，高校的专业设置基本雷同，教育的改革跟不上市场化的过程，加上扩招速度过快，导致人才浪费。
　　我国高等教育还处在世界发展水平的初级阶段，还不能够完全满足我国经济社会快速发展的需求，有着强大的发展空间。大学生就业的市场化与人才市场尚不完善。大学生就业的市场化与教育改革也相对滞后。

2.1.2 就业城市分析

据统计,长江三角洲地区 15 座城市人均 GDP 已达到 4 000 美元,占全国 GDP 总量的 1/4 左右。中国经济实力最强的 35 个城市中,有 10 个在长三角;世界 500 强中,已有 400 多家在此落户。长三角地区正以凌厉的发展势头前进。

地区经济的发展,带动了造纸业的发展。2003 年长江三角洲地区纸及纸板总产量近 1 000 万吨,占全国的 23.3%。消耗量逐步提高。近年来国内外对中国造纸工业的发展加以广泛关注,特别是对长江三角洲地区的投资,在未来几年内将会有一个较大的突破性发展,将会给浙江造纸工业一个极大的推动力。

浙江是一个老造纸工业基地,国内外相关行业聚集浙江,又依托长三角经济物流支柱,技术力量雄厚,经济发达,管理能力强,完全有能力、有条件积极发展造纸工业,满足市场需求。按照与国民经济同步增长的速度预测,2010—2015 年,长三角纸张需求将达到 200 万~300 万吨/年。国民经济的快速发展,为浙江造纸工业提供了一个庞大的发展空间。

而作为杭州人,我在杭州乃至整个长三角开始我的职业生涯,相对于其他毕业生优势是比较明显的。

2.2 行业环境分析

2.2.1 纸浆造纸行业分析

近十年来,我国纸及纸板生产和消费均以每年 10% 以上的速度增长,纸及纸板产能占世界 10%,消费占世界 14%,位居世界第二。

从 20 世纪 90 年代起,国际纸业巨头如 APP、**芬欧汇川、斯道拉恩所、国际纸业、金鹰集团**等,纷纷以合资或直接投资的方式进入中国市场。2006 年,外资企业累计完成利润总额 53.85 元同比上升 31.56%,占全行业的 35.7%;产品销售收入 1 051.29 亿元,占全行业的 34.6%。

展望 2010 年的中国纸业,将在走向世界的进程中进一步巩固纸业大国的地位并更加接近于纸业强国的条件:行业平均经济效益指标高于世界平均水平;能源消耗和环境污染低于世界平均水平;出口量达到世界出口总量的

5%。走向世界，既是中国纸业面向 2010 年的发展战略，也将是中国纸业发奋图强的必然结果。

可以预见随着国民经济的持续快速地发展，造纸行业必将持续良性地发展下去。同时中国有着潜在的巨大市场，届时也将会有更多的外资著名纸浆造纸企业涌入国内。这些企业必将在今后的很长一段时间内大力拓展在华业务，因此无论是对于本土的相关技术人员、业务人员以及管理人员等各种人才都有极大的需求。

2.2.2 国际纸业分析

国际纸业是世界上规模最大的纸产品和林产品企业。业务包括纸张、包装和林产品。作为全球最大的未上市林地拥有者，该公司按照可持续林业倡议的原则来管理其拥有的林地。SFI 系统在确保持续不断地种植、培养的同时保护野生动植物和水质。国际纸业总部位于美国，在 40 多个国家设有经营部门，其产品销往 120 多个国家。

国际纸业成立于 1898 年，是目前全球最大的纸业和森林制品公司，也是全美仅有的四家拥有百年历史的上市公司之一，其全球总部位于美国田纳西州孟菲斯市。国际纸业亚洲区总部于 1990 年在中国香港成立，2005 年搬至中国上海，并在中国、日本、韩国、泰国、新加坡、印度皆有生产及销售的基地。据悉，国际纸业 2004 年的全球销售额为 260 亿美元，其中亚太地区的销售额约为 25 亿美元。

国际纸业自 1994 年在上海浦东兴建在中国的首个工厂开始，目前在中国的 20 多个城市设有生产及销售基地，拥有超过 3 500 名当地员工，其业务范围包括消费品包装、工业包装以及森林制品，产品销售遍及中国各地。

2.3 职业生涯学校环境分析

2.3.1 学校整体环境分析

陕西科技大学（原西北轻工业学院）是一所由中央与地方共建、以轻工为特色的多学科性大学。

近50年的风雨岁月，陕西科技大学历经了"三次创业、二次搬迁、一次划转"的奋斗与辉煌。一代代陕科大人自强不息，开拓创新，筚路蓝缕，艰苦奋斗，形成了"扎根西部、自强不息、艰苦奋斗，精神动力转化为优质育人资源"、"立足轻工，服务社会，注重实践，不断创新高素质人才培养模式"的办学特色，初步形成了以工学为主、轻工特色鲜明、多学科协调发展的多科性大学格局，为我国轻工业的发展和社会经济进步作出了突出贡献。

建校以来，学校为国家培养各类人才6万多人。毕业生中不仅有为国家科学技术作出重要贡献的国家科技进步一等奖获得者，也有德才兼备的省部级领导。既有在市场经济大潮中搏击风浪的厂长、经理，也有勤勤恳恳、精通业务的技术骨干，他们在各个行业，特别是在轻工领域为国家建设作出了卓越贡献，为学校赢得了荣誉。

学校的地理优势：学校地处陕西省西安市未央区，交通便利。

学校特色：学校以**轻工专业**为特色，实现轻工引领，全面发展，实施开放性教育，培养社会型人才。

2.3.2 造纸工程学院环境分析

造纸工程学院（原轻化工系）成立于1958年，同年，制浆造纸专业首批招收了四年制本科和二年制专科学生。1981年西北轻工业学院（现陕西科技大学）首次在制浆造纸专业和轻工机械系招收硕士研究生。同年，制浆造纸专业首先获得硕士学位授予权。1996年开始筹办精细化工专业，同年，精细化工专业招收四年制本科生，1997年精细化工专业并入学院的化学工程系。1999年，在工业企业

设备管理专业的基础上成立过程装备与控制工程专业,并于同年开始招收四年制本科生。2001年轻化工系更名为造纸工程学院,同年成立印刷工程专业并招收四年制本科生。

目前,造纸工程学院面向全国招收博士研究生、硕士研究生、工程硕士生、硕士研究生、本科生等各层次的学生。造纸工程学院创建至今,已形成多层次的办学机制,现在每年为社会输送造纸相关类高级专业技术人才200余人。

40多年来,特别是近10年来,我院多次承担国家科技攻关项目,取得了多项重大科技成果,学术水平高,成果经济效益好,在教学上注重能力的培养,毕业生具有思想作风朴实,基础理论厚实,工程训练扎实的特点,分布于国民经济各重要部门,从事行政管理、科学研究、工程设计、技术开发与专业生产等各项技术工作,深受社会欢迎和好评。毕业生中攻读博士、博士后的校友遍及美国、加拿大、瑞典、芬兰、德国、英国、日本等国家。教师队伍结构合理,素质高,已形成创新、务实的学术梯队。近年来在师资培训、人才交流、国际合作和实验室建设等方面有规划、有组织地做了大量工作,取得了很大成就,在国内外有较高的知名度和影响力。

◆ 2006届、2007届、2008届毕业生就业率分析:

学生类别 专业名称	2006届 各专业人数/人	2006届 最终签约人数/人	2006届 就业率/%	2007届 各专业人数/人	2007届 最终签约人数/人	2007届 就业率/%	2008届 各专业人数/人	2008届 最终签约人数/人	2008届 就业率/%
轻化工程	110	110	100.00	122	121	99.18	105	105	100.00
过程装备与控制过程	44	42	95.45	51	49	96.08	48	48	100.00
印刷工程	50	48	96.00	57	56	96.08	48	48	100.00
合计	204	200	98.04	230	226	98.62	199	198	99.50

♦ 2008 届毕业生就业地域分析

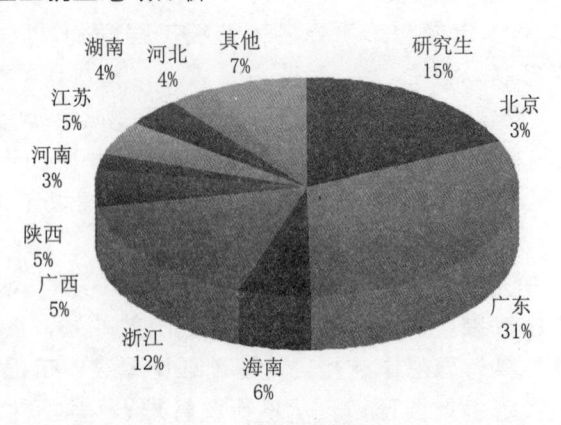

就业地域情况

♦ 用人单位比较

对于 2007 届和 2008 届毕业生，基本上在 2006 年和 2007 年都落实了工作岗位，而且来我校的单位大多为广东、东南沿海、长三角、珠三角等发达地区的外资企业，比如玖龙纸业、金光气团、上海泰盛、广东理文等，这些单位地域较好，待遇较高，管理模式先进，因此吸纳了较多的毕业生。

2.4 职业生涯家庭环境分析

家庭环境	对我的影响
■ 父亲是一名房地产公司建筑工程师，母亲是一家合资企业部门副经理。姨妈独自经营一家旅行社，姨父是一家外资企业部门经理。家庭状况良好，家庭背景商业氛围浓厚 ■ 父母开明、民主、宽容。对我进行引导性教育，尊重我的个人想法	■ 父母从小重点培养我自立自强的个性。放手让我朝自己喜欢的方向发展，希望我能找到一份自己喜欢的工作，充分尊重我的选择 ■ 家庭状况良好，这就允许我按照自身的意愿选择喜欢的职业

2.5 SWOT 分析法评估职业生涯机会

	内环境因素	外环境因素
S（优势）	• 具备相关行业的基本素质（如沟通、执行、学习、独立） • 参与社会实践与干部工作的经验丰富 • 自我提升的计划满足行业要求	• 行业发展迅速，对高级人才需求大 • 家乡是长三角经济圈中心城市，机会多 • 世界发展的趋势
W（劣势）	• 知识结构不够完整和全面，欠缺相关学科的专业知识 • 交际能力有待加强	• 当前世界金融业陷入低谷 • 国内管理科学发展晚，中国企业管理不完善 • 区域竞争大（长三角）
O（机会点）	• 从事金融企业管理的强烈欲望 • 参加社会实践，进入公司实习 • 取得知名学校的 MBA	• 中国经济发展迅速，外企大量涌入，有很大发展空间 • 就业灵活，注重经验
T（制约点）	• 专业学习与课余实践的冲突 • 考研有一定风险	• 本科专业与所从事专业不对口

第三章 职业生涯定位及生涯规划

在对自己个人兴趣爱好、性格特征、职业价值观、职业能力倾向以及自己所处的各种环境进行详细、科学、客观分析的基础上，我的最终职业定位和实施计划已经确定。

3.1 作出适合自己的职业选择

在对自己职业测评和生涯机会评估进行详细、科学、客观分析的基础上，我的最终职业目标已经确定，我的职业选择是**企业管理**。

针对我所学专业以及行业的整体分析，我选择的是纸浆造纸行业第一的企业——国际纸业，最终职业定位是**国际纸业亚洲区 CEO**。

3.2 职业生涯路线选择

职业生涯路线是实现职业目标的各种可能途径，最适合自己的路线才是最佳的选择。以下是我规划的职业生涯路线。

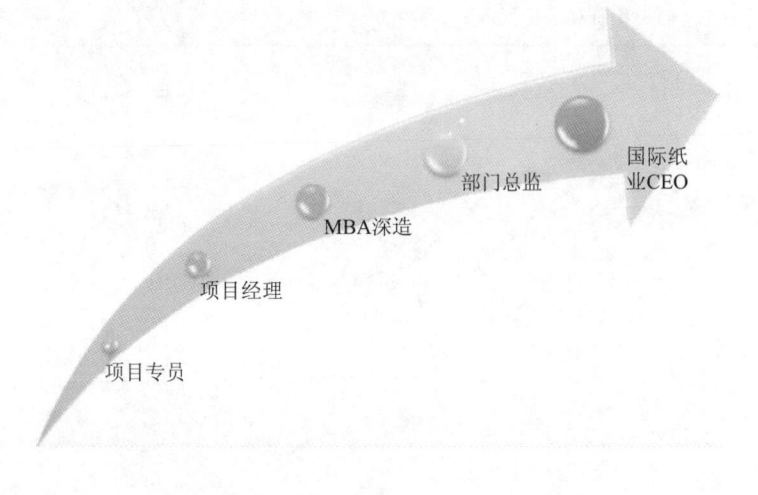

项目专员 → 项目经理 → MBA深造 → 部门总监 → 国际纸业CEO

3.3　职业生涯流程图

下表是我根据职业生涯路线规划的职业生涯流程图。

项目	预期目标	起止时间	年龄跨度
近期规划	顺利本科毕业 取得学士学位	现在—2011 年 7 月	21～23 岁
中期规划	国际纸业市场营销 专员	2011 年年初—2011 年年底	22～23 岁
	国际纸业市场营销 部门经理	2012—2015 年	24～27 岁
	美国 TOP10 商学院 MBA	2016—2018 年	28～30 岁
长远规划	国际纸业市场营销 部门总监	2019—2029 年	31～41 岁
	国际纸业 亚洲区 CEO	2030—2042 年	42～55 岁

3.4 职业生涯流程分析

近期规划
- 我的职业目标是企业管理，自身所学专业为轻化工程，我校该专业在全国影响较大，因此将专业不对口的制约点转化成交叉领域人才的优势，锁定制浆造纸世界第一的企业——国际纸业，初期定位为熟悉制浆造纸技术的市场营销专员。

中期规划
- 工作初期，凭借自己的专业背景和努力扎实的工作态度，尽快上手工作，了解工作的具体事务，并在工作中不断锻炼自己，积累工作经验。
- 工作中期，凭借自身的出色能力和丰富的工作经验，在3~4年内升任中层管理（市场营销部门经理，进一步积累管理工作经验）。
- 凭借在世界500强企业的工作经历，申请美国排名前十的商学院MBA，着手准备出国深造。

长期规划
- 海外求学期间，结合自身行业特点努力学习管理知识，注重实践。并广泛拓展人脉，为今后的事业发展打下良好的人际基础。
- 回国后，在国际纸业担任市场部门总监。从整个公司的发展战略出发，规划部门长期发展战略，帮助企业扩大市场份额，为企业发展作出贡献。
- 凭借出色的工作业绩和对企业发展的独到见解，升任国际纸业亚洲区CEO。着眼于行业发展，制定公司整体发展战略，进一步为公司发展作出贡献。

第四章　职业规划实施策略

长远职业生涯目标的实现是一个漫长的人生过程，必须把它逐步分解为多个小的阶段目标，在实现阶段目标的基础上，逐步接近长远的人生总目标。在本章我将具体阐释近期规划与中期规划，即围绕着如何在大学期间提高自己，为自己进入世界500强造纸企业做好准备与如何在4~5年内在企业管理层面做出一定的成绩为进入世界TOP10的商学院创造条件。并根据实际情况，适时对实施策略做出相应调整。

4.1　近期规划的实施计划

> 第一阶段　大二（2009年5—8月）

  主要任务：广泛阅读企管、营销方面的书籍。完善职业生涯规划书。

  具体措施：

继续完善职业生涯规划作品。

着手准备胡氏英语演讲竞赛，完成初赛作业，参加比赛。

全面复习英语六级考试内容；充分利用校园良好的学习环境，每天早上晨读优秀文选或朗诵英语《新概念三》，定期参加每周的英语角，锻炼自己的英语口语；复习本学期课程，迎接考试。

自学市场营销学、管理学等内容，大量涉猎企业管理相关读物，争取结识相关从业人员。

着手准备参加剑桥商务英语中级考试。

> 第二阶段　大三（2009年9月—2010年8月）

  主要任务：加强专业知识的学习，英语应用能力的突破。积极参加社会实践、生产实践，了解目标企业、用人单位的具体要求。

  具体措施：

努力学好专业课程。进一步提高英语会话能力，完善自己对企业管理的基础知识储备。

尽可能多地参加社会实习活动，着手收集制浆造纸世界500强企业（特别是国际纸业）的信息，争取利用国际纸业来校发放奖学金的机会结识国际纸业人力资源部门主管。

参加大学生"挑战杯"创业大赛。假期参加剑桥商务英语高级考试。

大三结束的假期，参加大型制浆造纸企业的实习招聘会，争取进入大型造纸企业参观实习，全面了解企业对于项目业务员的要求，并依此调整自己的职业规划实施策略。

> 第三阶段　大四（2010年9月—2011年6月）

主要任务：认真准备毕业设计。提高综合素质，到企业应聘。

具体措施：

着手毕业设计，准备论文答辩。

继续全面收集制浆造纸世界500强企业的信息，争取进入其中进行实习的机会，了解其事务性部门的日常工作，与人力资源部门主管保持良好的长期的联系。

制作简历，参加学院、学校举行的各种就业、面试讲座，积极参加各场校内外招聘，及相关职位的网申。

列一张从小学到大学的同学联系录，并按熟悉程度对同学进行分类，主动与相关的同学联系，建立良好的社会关系，不定期邀请同城市的同学聚会，互相探讨各自职业发展道路上的问题。

> 以上仅是对近期规划的实施计划进行了大致的规划，以后在实行计划的过程中，我将按每个星期为一阶段，对计划进行更细小的划分。并且制订每天的学习和工作计划，不断地对目标进行总结和评估。

4.2 中期规划的实施计划

> 第一阶段　找工作及工作第一年（2010年下半年—2012年）

主要任务：进入企业，努力成为"明星员工"。

具体措施：

努力进入国际纸业，自身定位为熟悉技术的市场营销专员。熟悉公司产品，了解公司企业文化及相关规章制度，做个合格的员工。

阅读营销实战书籍，多向老员工学习，热情对待工作，同时并赢取信任。

积极参加公司的各种活动，乐于为同事服务，把公司当成自己的家。把自己的成果建立在大家一起努力的基础上，乐于与他人分享快乐。

积极拜访客户，不断总结自己的经验，急客户之所急，想客户之所想。

➢ 第二阶段　工作第二年至第四年（2012—2015年）

主要任务：成为团队的leader，影响自己团队的成员成为"明星员工"。

具体措施：

上班之余多看些林正大、余世维、时代光华管理的销售管理课程，让自己的管理技巧有质的飞越。

与客户建立良好的朋友关系，通过客户转介绍获得更多的客户资源。

与公司技术部人员交流，掌握公司核心产品的关键技术，这样有利于在和客户谈判时更加自信、主题更加贴切。

全面积累工作经验，凭借优秀的个人能力和良好的人事关系在3～4年攀升至企业中层管理（部门经理）。

参加公司有关于团队领导、组织激励的相关培训，从本质上提升自己的领导能力。工作的重点由业务型向领导型转变，注重少数高端客户开发和跟进。

➢ 第三阶段　工作第四年至五年（2015—2016年）

主要任务：留学美国TOP10商学院，追求更高的管理绩效。

具体措施：

跟进行业技术发展，经常参与各种学术论坛和会议。能够独立分析行业市场未来的走势，对公司未来产品的开发提出建议性的改进方案并得到认可。

深入挖掘企业文化与管理理念，着眼于整个企业的发展战略，完善部门管理，作好本职工作，为企业发展作出贡献。

申请美国TOP10商学院的MBA，并进一步确定MBA进修方向。

着手准备GMAT考试，准备申请签证。留学美国，学习世界最新近的管理理念。

中期规划的实施计划是我的整个规划中至关重要的环节。在这个规划期，我的主要目标是进入大型企业不断积累工作经验、锻炼自身能力并未申请著名商学院就读MBA及日后升任高层管理人员打下坚实的基础。实施计划也会在过程中不断地去修正、调整，以帮助自己最终实现本阶段目标。

4.3 长期规划的实施计划

主要任务：升任企业高级管理。实现更高的自我价值，为社会作出贡献。

具体措施：

归国后，担任国际纸业部门总监。

整合自己的工作经验和 MBA 的管理理论，初步形成自己关于制浆造纸行业营销战略战术的看法。有宏观调控和战略计划能力，对市场有较强的洞察力和预测力。参加公司的高层会议，对公司未来的发展战略提出自己的看法。

活学活用 MBA 的知识，经常对部门成员培训，团队合作卓越。除了统筹公司交给部门的任务外，力所能及为公司其他部门服务。

10 年后开始考虑成为公司亚洲区 CEO，甚至是公司全球总裁。

> 我的长期规划的实施计划，是在设定的中期规划已实现的基础上进行制订的，所以它只能够在理论上进行粗略地规划一下。这个规划期的主要目标是实现更高的自我价值，并对社会作出自己的贡献。

调整心态　　树立信心　　积极行动　　锲而不舍

第五章　规划的评估与调整

俗话说：世事难料！每个人在自己的人生旅途中都会遇到许多难以提前预测的突发事件，职业生涯规划也是如此。为了使自己的职业生涯规划能够更加贴近实际，行之有效，我会结合自己在实现职业目标的过程中出现的实际情况对职业规划的内容定期进行评估分析和作出相应的调整。

5.1　评估调整的时间周期和原则

"计划赶不上变化"，在我们的职业生涯进程中，也会经常发生这样那样的变化，其中很多变化是我们事先难以预料的。这些不确定因素的存在可能会使实际结果偏离原来的规划目标，这就要求我们时时注意内外环境的变化，不断审视自我，不断调整自我，不断修正策略和目标。作为个人职业生涯规划的最后但并非终止步骤，反馈评估过程确保了职业生涯规划的有效性。

我会每隔半年对该规划调整一次，每隔一年进行一次重新的评估规划；如出现重大转折，及时调整计划（见右图）。

反馈评估的过程：确定专向 → 自我评估 → 职业评估 → 人职匹配选择 → 确定目标 → 行动措施 → 执行 → 评估与反馈

5.2　后备调整方案

1）面临就业压力，本科学历不具备优势，找不到理想的工作，怎么办？

适当调整心态与自身定位，谋求适合市场需要的相关职位。

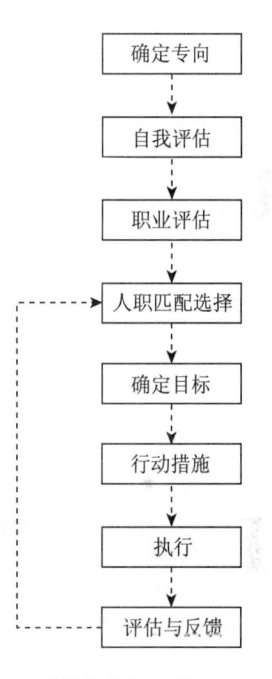

2）在国际纸业校园招聘中失利，未能如愿进入国际纸业，怎么办？

争取应聘上其他世界500强制浆造纸企业，如斯道拉恩索、芬欧汇川等企业。并在其中谋取同等职位。

3）进入企业后，并未如愿在市场营销部门任职，怎么办？

先在相关职位上把本职工作做出色，利用业余时间了解学习自身所喜欢、更适合自己的职位，工作一段时间后争取调职。

4）工作后，未能如愿晋升，怎么办？

主动与上级领导进行沟通，了解原因。针对不足，争取在最短的时间内努力改正。并利用更多的时间学习相关业务知识与管理能力，全方位提升自身素质。

5）工作 5 年后，未能申请上美国 TOP10 商学院 MBA，顺利留学，怎么办？

完善个人简历，再试几次。如果被拒，再求其次，申请美国 TOP20 商学院 MBA 或者在国内知名学府，如清华、浙大等学府商学院进行个人深造。

总　　结

　　其实我很赞同职业生涯培训老师对职业生涯打的一个比方，那就是——"找职业有时就像谈恋爱找对象"。意思就是说，我们与职业有时也是讲求缘分的。要互相适合、双向选择。做职业生涯规划的目的并不是说要定死一个框架去执行，或者说非理想职业不从事，而是要做好准备，看准目标。我认为无论哪个行业都需要专业知识过硬、有团队协作精神、有良好职业道德和行为的人才。

　　我始终相信，综合素质强而且又能运筹帷幄的人才是职场上的赢家，才能与理想的职业共度幸福的一生。

　　最后，真诚感谢大赛组委举办此次职业生涯规划大赛。帮助我们树立正确的人生观、学习观、成才观，确立正确的奋斗目标，提高了我们的创业、择业、就业能力。同时它给了我一次剖析自我、展现未来的机会。

　　感谢您对我成长的关注，认真阅读完我的职业生涯规划，万分感谢！

　　感谢学校的支持以及各位老师的悉心辅导，感谢每一位工作者的辛勤付出！

　　感谢在我成长过程中给予我鼓励和支持的家人和朋友！

下 篇

大学生就业指导与自主创业实训

第六章 就业形势分析

6.1 近年来高校毕业生就业形势

案例

北京语言大学的尹胜燕在大年初六就提前回到了学校。她说，现在大学应届毕业生的就业形势非常严峻，像她这样来自农村的女生，如果不提前做些准备，要想找到合适的工作就更不容易了。生活的窘迫并没有影响尹胜燕的学习成绩，4年来，她的各门功课一直排在班上的前三名。先后通过了英语专业四级和专业八级考试，最近还拿到了人事部组织的英语口译证书。尹胜燕希望能在外企或国企做翻译、专业翻译，或者其他的文秘工作。她对于做英语老师的自信心也很大。尹胜燕说，自己有口译证，英语专业四级、专业八级都优秀，然后法语也很好，被公认为有学语言的天赋。而且不怕吃苦，去哪里工作都行。

尽管之前对人山人海的招聘会已有所耳闻，但真的置身于拥挤的现场，第一次参加招聘会的尹胜燕还是显得有些不知所措。由于她在学校所学的第二外语是法语，一家中法合资的保险公司吸引了她的目光。让她没想到的是，在递交了简历并与工作人员沟通之后，对方约她在下午两点半去公司参加一个见面会。此时的尹胜燕显得格外兴奋。而见面会的第一项内容，就是对前来应聘的人员进行培训。

培训会现场，培训老师正在讲授，作为一名保险公司的业务人员应该怎么去进行自己工作的一个进阶：保险到底是什么，它能给我们的家庭和我们自己带来什么样的帮助和好处。

听到这里，尹胜燕才明白，原来这是一堂保险公司针对新招聘的业务员的培训课程。十分钟后，尹胜燕悄悄地离开自己的座位，退出了培训现场。尹胜燕觉得讲得太没意思，太啰唆了，招聘方要求从基层做起，要做推销人寿保险，跟她自己最初想象的完全不一样。工作人员告诉尹胜燕，只有中层以上的管理职位才会用得上外语专业人员，而在此之前，都必须从最基层的业务员开始做起。

虽然跟招聘单位说的是再联系，但尹胜燕知道，自己再不会来这个地方了。而此时的她，也开始担心自己找工作的问题究竟该怎么解决。

尹胜燕觉得自己很盲目，就像一头苍蝇似的到处乱撞。如果以后要是找工作，像这种综合性的招聘会，她可能就不会再去了。

尹胜燕不知道该上哪儿去找需要翻译的外企……

6.1.1　2011年高校毕业生就业形势分析

目前，在我国高等教育进入大众化的时代，大学生就业面临着前所未有的竞争和挑战。大学生就业难是不争的事实，毕业即失业也显得极为平常。

1. 劳动力供过于求的压力还在加剧

我国每年新进入人力资源市场的劳动力将达到1 500多万人，加上900万失业人员和结构调整、节能减排等因素新产生的失业人员，全国城镇需要安排就业的总人数将超过2 400万人。GDP增速保持在8%左右，预计全年新增就业和补充自然减员增加就业仍会在1 200万人，城镇就业供求缺口还会在1 200万左右。此外，农村富余劳动力还有1.2亿以上，转移就业的规模和速度将进一步加快。今年，我国城镇登记失业率控制在4.6%左右，初步估算我国至少有超过1 000余万劳动力处于隐性失业状态。

2. 高校毕业生就业仍是就业难点

如果说2009年是我国经济最困难的一年，2010年是最复杂的一年，那么，2011年很有可能是经济不断复苏和各方面都值得期待的一年。但是，高校毕业生数量将超过650万人，再加上往届没有实现就业的、需要就业的毕业生，预计目前需要就业的毕业生总量将超过900万人，宏观就业形势不容乐观。

3. 2011年高校毕业生就业趋势

根据劳动社会保障部科研所的数据显示：我国在"十一五"期间计划年均新增劳动力需求总量为1 800万人，但"十一五"期间每年新增劳动力供给为2 000万人，每年都出现200万富余劳动力，供给和需求之间存在差距。预计未来几年内，我国在劳动力总量上将出现供大于求，劳动力大量闲置现象。中国人事科学研究院《2009中国人才报告》显示，尽管我国劳动力总体有富余，但专业技术人才仍将出现供不应求的局面，而且缺口还不小：农业缺218万人，工业缺1 220万人，服务业缺口亦达325万人。大学生就业难问题仅仅是一种表象。

4. 人才市场供需两旺，基层人员呈最大缺口

2010年以来，人才市场可以说是供需两旺。经历了"压抑"的2009年后，2010年年初，用人企业和求职者双方表现都很活跃。从城市来看，二线城市人才需求旺盛；上海、北京、深圳和广州仍然是人才需求最多的城市，但其占总发布量的比重已经比以往有所下降。相关人力资源专家分析认为，越来越多的企业正在较发达的二线城市扩张生产、销售和服务分支，同时二线城市的人才结构亟待优化，二线城市的人才需求将保持旺盛。

5. 国家采取措施大力促进高校毕业生就业

2011年就业形势虽然严峻，但有利条件也不少，特别是国家应对国际金融危机的一揽子政策效力将进一步显现，国家经济转型和调整结构将深入推进，更加积极的就业政策将继续延续并全面落实。国家扩大内需将使服务业获得较大发展，其中蕴涵的许多岗位会比较适合高校毕业生。今年，我国还将在2010年基础上，继续启动高校毕业生就业推进行动，包括岗位拓展计划、创业引领计划、就业服务与援助计划，同时做实"三年百万"高校毕业生就业见习计划，对高校毕业生就业给予较大扶持。

6. 多部门酝酿大学生就业新政，创业贷款或提至10万元

近日，国家发展改革委员会就业与收入分配司完成《2011年一季度就业形势分析与建议报告》。《2011年一季度就业形势分析与建议报告》介绍，2011年有660万高校毕业生进入就业市场，另据某负责就业促进的官员透露，目前人社部、财政部、发改委等部门正在酝酿推出新的促进大学生就业政策。

新政包括多个方面，其一是鼓励大学生到基层就业，现行的基层就业计划大多集中在支农、支教、支医等领域，都属于传统的事业单位范畴，如果采用定岗定编，编制名额有限，存在制度性障碍。为解决这一问题，部委研究在基层实行多元编制，比如周转编制、临时编制、储备编制与正式编制相结合的方式，以打通基层就业大学生的制度出口，扩大基层就业的学生规模，并相应增加财政和政策支持。其中引人注目的一项举措是，国家对大学生创业贷款额度有望从原来的5万元提高至10万元，财政按照10万元给予贴息。"如果是合伙经营和组织起来创业的话，原则上每人给10万元。"见习学生的生活补贴标准有望根据物价以及当地经济状况来合理确定。

6.1.2 毕业生就业的制约因素

大学生就业困难这个话题，已经讨论了好多年，但眼下社会关注度被上升到如此高的程度，是前所未有的，也是有背景的。那究竟是什么因素在制约大学生就业呢？

（一）外部环境造成就业难凸显

大学生就业难，其实不是现在难，而是难了好几年了，只不过是现今遇上了不好的经济气候，正是因为全球金融危机的影响，导致了我国经济形势的下滑，使得有效需求增长不足，经济增长对就业的拉动作用在逐步减小，许多企业受到其负面影响，造成经营困难、需求减少，据人力资源部统计，全国受其影响有 300 万工作岗位流失，致使大的就业环境变坏。与此同时，我国正处于就业高峰期，包括下岗失业人员和民工，如此多的就业大军同时涌向一个有限且又低迷的就业市场，在这种背景下，大学生就业难才更加凸显出来。

（二）毕业生增加加剧供需差距

逐年增加的毕业生与有效需求岗位的差距。由于中国经济在国际分工中处于底部地位，新增加的劳动就业岗位主要集中在劳动密集型企业，低端岗位和服务业岗位居多，这一状况使得中国在就业上呈现"白领需求不足"，所提供的"白领岗位"远不能满足逐年增加的具有"白领技能素质"的毕业生的求职需求，使得大批高校毕业生就业"重心"下移，去寻求低端岗位，但适逢金融危机，又遭到下岗失业人员、农民工以及中专、职业学校学生的抢占和挤压，仅有的一些低端岗位被多方占领，这一问题的出现则又加剧了逐年递增的高校毕业生与有效需求岗位的差距。

（三）地区专业造成结构性矛盾

结构性矛盾的日益突出也是造成大学生就业难的因素。从地区分布看，由于我国经济发展不均衡，就业区域分布严重失衡，大部分毕业生向往东部，纷纷涌向经济发达城市寻求就业，就如江苏的毕业生，首选的是留在南京和苏南城市就业，而经济欠发达的苏北城市、西部地区、偏远地区、基层和农村却少人问津，形成了"一头热、一头冷"的不正常现象；从学科专业看，工科和应用性较强的学科专业需求较旺，而一些文科专业需求较冷；从性别来看，用人单位对男性毕业生的需求远大于对女性毕业生的需求；从学历层次来看，硕士好于本科，本科好于专科，现在大多数用人单位无论岗位的专业技能需求如何，对学历要求动辄就是"硕士""本科"以上，就连政府出台的"支农、支教"等政策，也只能惠及本科生，对高职高专毕业生来说只能望而却步。这种现象造成了人才资源的浪费，也遏制了毕业生就业；从院校知名度看，国家级重点高校，由于知名度高最受用人单位青睐，其次是普通的省属高校，高职院校就只能排在后面拾"麦子"了。

（四）用工制度不规范打击就业积极性

用工制度不规范、不合理。现在有很多企业在用工制度上存在许多不规范和不合理现象，他们在录用毕业生时常常不和他们签订劳动合同，而且也没有社会保险、养老金、公积金等一系列社会福利。用人单位常常借助毕业生供不应求的就业现状，而设置许多门槛，对录用人员起薪较低、试用期过长、发展空间不大，同时还会对工作经验、性别有限制性要求，让高校毕业生难以接受、望而却步或求职无门。

(五) 不按市场需求培养人才

培养方向与市场脱节。现在有很多高校在培养大学生方向上没有完全适应社会需要，特别是适应市场经济的需要。在专业设置上不是以社会需求为本，不是以学生就业和发展为本，不做市场调研分析，而是贪大求全，盲目增加专业，结果造成同层次、专业相同或相似但来自不同学校的毕业生在就业过程中同质竞争，造成市场过剩；在课程和教学内容安排上没有与企业需要衔接，造成理论与实际脱节，使得学生在校所学到的理论知识在实际工作中无法运用或不够用，用人单位往往会通过对应聘学生再培训、再学习后才录用，一方面是大量的大学毕业生难以找到学以致用的工作，另一方面却是用人单位招聘不到合适的专业人才；在扩大招生上没有与师资队伍建设同步，现在各高校的规模在扩大，学生人数、专业也在增加，有专业教学经验的教师总量不足，各高校之间通常是互相调来调去或互相代课，教师不足之时，就会出现滥竽充数的现象，有些任课教师是刚从学校毕业或刚毕业没几年的年轻教师，形成了硕士生教本科生，本科生教大专生的现象，可那些老师由于缺乏专业教学经验，缺乏深厚的专业理论知识和实践经验功底，以致无法传授给学生有深度和广度的知识，学生学不到真"功夫"，到社会上往往遇到求职困难。

6.1.3 高校毕业生就业的渠道

案例

期望值过高

家在株洲茶陵县的陈明毕业于电力系统自动化专业，半年多还未落实工作单位。校就业指导中心的老师带着他的应聘材料帮他联系就业单位。刚好茶陵有个水电站要聘用他，专业对口，待遇不错，也在家乡，然而他本人的择业意向却是：单位地点必须在长沙，至于到什么单位、具体做什么工作都无关紧要，除此以外，什么单位都不考虑。在这种心态下，结果自然难以如愿。

【点评】陈明的思想在当前毕业生的择业过程中具有一定的代表性。不少毕业生过于向往城市，尤其是省会城市，最低的期望也是回自己家乡所在地的中心城市。他们只注重经济文化发达、工作环境优越的一面，而忽视了人才济济、相对过剩的一面，择业期望值居高不下，甚至还有逐年上升的趋势，从而导致主观愿望与现实需求之间的巨大落差。

追求享受要不得

秀秀是某职业学院热门专业的毕业生，相貌出众，谈吐不错。她在招聘会上转了几圈，才看中一家信息产业有限公司的公关经理一职。应聘时，秀秀与企业谈得比较好。但她对企业提出的住房条件、电话补助、交通补助等生活上的要求过多，使企业最终决定放弃她。

【点评】对于毕业生而言，谁都愿意到一家待遇好、工作好并且有前景的企业，不过由于职业院校毕业生的特殊性，并且由于目前我国大学毕业生供大于求，大学生就业存在很大的困难，因此，在目前的就业形势下，要找到各方面都满意的工作存在困难。我们应该先工作，后享受，不要过多考虑当前的物质条件，只要对自己的长远有利，先工作再说。

1. 明确到基层、中小企业和非公有制单位就业是解决高校毕业生就业的根本出路和主要渠道

随着现在高校毕业生数量的继续增加，就业形势十分严峻。在社会主义市场经济条件下，中小企业已经开始发挥重要作用，非公有制单位在经济地位和社会地位方面也已经取得了与公有制单位平等的合法地位。一方面是毕业生数量多，难以全部在国有单位就业；另一方面是中小企业和非公有制单位急需人才却难以得到满足，所以，国家有关部门已经明确提出，扩大就业的主要渠道是中小企业和非公有制单位。因此，高校毕业生就业时，无论是在大企业或中小企业，是在公有制单位还是非公有制单位，都要采取更加灵活和积极的对策。

2. 今后的就业要更加依靠发展第三产业，并且提高第三产业就业增长的弹性

我国从农业国向工业国发展，同时又在迎接信息化时代的到来，一、二、三产业的结构正在加速调整，第三产业的发展更快一些。我国实现了第一产业在整个国民经济中的比重降到了50%以下的目标，今后第三产业将会快速增长，第三产业的就业容量是最大的，就业弹性也是最大的，所以，今后高校毕业生的就业要更多地考虑在第三产业的领域内。

3. 实施"走出去"的开放战略，带动就业机会进一步增加

"走出去"战略是我国对外开放战略的新发展，也是在当前新的国际条件下提高我国在世界上的地位和作用的一个重要举措。在"走出去"的过程中就会增加就业机会，这不仅要依靠广泛的国际劳务市场和国家之间的劳务合作关系，而且是要有组织地开展各类人才的劳务输出。

4. 通过实施小城镇建设和城市社区建设战略，加快劳动力的开发利用

城镇化战略是"十五"计划提出的一个十分重大的决策，它从根本上改变我国城乡差别过大以及长期以来城市化落后于工业化的局面。在实施小城镇建设和城市社区建设过程中，需要大量的专门技术人才，高校毕业生将会有更广阔的用武之地。国家将通过进一步深化改革，包括人事制度、工资制度方面的改革，吸纳更多的高校毕业生投身到小城镇建设和城市社区建设中去，鼓励和支持高校毕业生在实施小城镇建设和城市社区建设中发挥更大的作用。

5. 就业目标与实施西部大开发战略结合

在国家宏观政策的调控和实施西部大开发战略的背景下，高校毕业生的流向将有所改变。首先，国家将继续加大对西部地区的财政转移支付和建设资金的投入力度，鼓励外商和国内其他地区到西部投资，上马一批技术先进的项目，这不仅对西部社会经济的发展具有很强的带动作用，同时对西部地区创造就业机会、缓解就业压力产生积极的作用。其次，中央和西部省区已经出台或正在出台一系列政策，努力留住西部人才，吸引外部人才到西部"落户"。这将对高校毕业生，特别是西部地区的生源，以及西部大中城市的各高等院校毕业生的就业去向产生重大影响。

6. 实行灵活的就业形式

长期以来，我们的就业政策、毕业生的思想观念都认为只有找到固定工作、正式工作后才算就业。这种政策不能适应社会主义市场经济的需要，这种观念是计划经济思维的原有定式。事实上，在世界范围内，特别是在西方社会，采取非全日制的、临时性的、阶段性的弹性工作已经成为现代人就业的一种形式。高校毕业生的观念要转变、要更新，要培养自主就业、自主创业的意识。

6.2 基层就业分析

案例

艰难的选择

追求理想，还是面对现实？大学毕业前的李佳希犹豫着、徘徊着。作为班干部、优秀学生的她在为自己的选择发愁：一边是地级市的一家事业单位，一边是边远山区县的一所学校。她向记者倾诉："我学的专业是教育学，对教师这份职业情有独钟，从情感上说，很想在三尺讲台上追逐青春的梦想，但理性又告诉我不能因为一时的理想主义，放弃令人羡慕的城市生活。其实，包括我在内的很多大学毕业生清醒地意识到，在高等教育大众化、就业矛盾十分突出的现实下，在基层或许更能受到重视，更能发挥自己的专业特长。但是，从长远而言，基层究竟能提供给我们多大的发展空间？究竟能为我们的职业生涯带来怎样的前景？这一切都太难预料。"

（来源：《大学生择业在理想与现实间徘徊》，中国高校毕业生就业服务信息网）

李佳希同学的想法在大学毕业生中颇具代表性。就业是民生之本，是大学毕业生生存发展之基。宁愿在繁华城市无根地漂着，还是面向基层就业寻找发展空间，对应届毕业生来说无疑是一次艰难的选择。如何作出明智的选择，关键在于认识我们所处的社会和所处的时代，认识基层的现在和未来，明确当代知识分子对社会建设、国家昌盛、民族复兴应尽的责任。

6.2.1 基层发展的战略地位

万丈高楼平地起。国家如一座巍峨壮观的大厦，地基结实，这座大厦就能高耸入云、巍然屹立。基层建设质量决定大厦的稳固程度，小基层承载着大国家、大社会，具有重要的战略地位。

基层，是为人们所熟悉且经常使用的一个概念。在社会纵向结构中，它是最低的层次，直接面对人民群众，直接对人民群众进行管理服务，直接接受人民群众的监督；从社会横向结构看，基层的管理组织是指县以及县级以下政府、社会、乡村、企业、事业以及社会团体，与大社会、大城市、大企事业单位相比，可见基层之小。

基层是社会的根基，处在构建社会主义和谐社会第一线，经济社会建设发展的任务需要落实到基层，成效最终体现在基层，问题和矛盾往往出现、会聚于基层。没有基层的建设发展就没有大社会的建设发展。小基层建设关系大国家建设发展。国家建设主要包括经济建设、政治建设、文化建设和社会建设。从高层往下延伸，与此对应，基层建设主要有基层经济建设、基层政治建设、基层文化建设和基层社会建设。基层建设具有承载支撑固本强基的作用，基层建设发展健康、充满生机活力，就能促进国家又快又好地可持续发展；基层建设发展缓慢，缺乏生机活力，就会使社会失衡，建设失去后劲，不能和谐、健康地持续发展。中央和地方的建设发展对基层建设具有导向、支持、保障作用，国家综合实力强就能促进、带动、扶助基层的建设发展，国家的综合实力弱就不能顾及解决基层建设发展中需要国家支持的问题。改革开放的三十余年历史进一步证明了大国家发展与小基层建设的辩证关系。

之所以说基层小，主要是从社会的纵向结构考虑，层级最低，单个组织功能不太齐全，能量有限，但如果从聚合的角度认识基层，把全国的县及县级以下的基层单位汇总起来看，基层建设的作用，基层在国家建设发展中的战略地位就更为凸显了。

1. 基层经济建设战略地位

基层经济建设的主力军是中小企业。中小企业是我国国民经济的重要组成部分，量多而广，分布于国民经济的各个行业和领域，包括国有、集体、乡镇、股份制、私营、外企等多种所有制经济类型，具有投入少、发展快、经济方式灵活、运行成本低廉、转移调整便捷、吸纳就业量多等特点，是缓解就业压力的主渠道，是市、县财政的基础，是技术创新的主要力量。据国家发展和改革委员会中小企业司统计，截至2006年10月底，我国中小企业已达4 200多万户，占全国企业总数的99.8%，经工商部门注册的中小企业数量达到430多万户，个体经营户达3 800多万户，中小企业创造的最终产品和服务价值占国内生产总值的58%，生产的商品占社会销售额的59%，上缴税收占50.2%。2006年个体、私营等非公有制企业新增900多万个工作岗位，占新增就业岗位的3/4以上，中小企业的出口已占到全国商品出口额的68%。

基层经济在一定意义上是县域经济。截至2003年12月31日，全国县级行政区划有2 861个，县城内陆面积874万多平方千米，占全国陆地土地面积的94%，全国县域内人口达9.16亿人，占全国总人口的70.9%，2003年全国县域经济为6.45万亿元，占全国GDP的55.15%。近五年来，党中央和国务院更加重视发展壮大县域经济，县域经济与农产品加工、农业产业化、小城镇建设、劳动力有序转移、增加农民收入、全面建设小康社会、建设社会主义新农村等工作紧密结合，是新时期统筹城乡发展、从根本上解决三农问题的战略举措。

2. 基层政治建设的战略地位

基层政治建设即基层民主政治建设，它是广大人民群众在基层经济、政治、社会和文化事务等领域，直接行使当家做主民主权利的制度建设和实践活动，构成了我国社会主义民主政治建设的重要组成部分。扩大基层民主，保证人民群众直接行使民主权利，依法管理自己的事情，是社会主义民主最广泛的实践，是社会主义民主政治建设的基础性工作。

中国共产党一直重视基层民主政治建设，改革开放以来，领导广大人民群众创造了丰富的基层民主实践形式，如村民自治（全国村民委员会达62.4万个委员会直接选举、村务公开、民主决策、民主管理、民主监督）；发展社区居民自治（全国社区居委会有80 717个，社会居民通过各种社区组织，参与社区公共事务管理，行使自治权利）；推进县乡人民代表直接选举；不断推进企事业单位以职工代表大会为载体的民主管理（大力推进厂务公开、校务公开、院务公开，保障人民群众的知情权、参与权和监督权）；推进基层党内民主（"两推""一选"产生基层党组织候选人、负责人，党务公开、党员挂牌上岗、接受党员评议等活动）；推进基层政务公开，通过公开栏及新闻媒体将中央有关政策、财政财务收支、筹资、劳务等情况，涉及群众利益的制度、程序公布于众，接受群众监督，推进群团组织扩大民主、代表直选、干部公开选拔，培育和发展基层社团，发挥其反映诉求、提供服务、规范行为的重要作用，成为促进基层民主发展的主要力量。

3. 基层文化建设的战略地位

基层文化是国家文化的基础，基层文化建设是中国先进文化建设的重要组成部分，是推动先进生产力和现代化建设的重要因素，是加快全面建设小康社会的重要方面，也是实现广大人民群众根本利益的重要保障。加强基层文化建设对于宣传党和国家的方针、政策，加强党和政府与人民群众的密切关系，培养人民群众健康文明的生活方式，传承和弘扬民族、民间优秀文化，应对国际文化产业对基层文化市场的竞争，维护改革、发展和稳定的大局，促进经济发展和社会文明进步具有重要意义。

党和国家对加强基层文化建设高度重视，2002年1月，国务院办公厅转发了文化部、国家计委、财政部《关于进一步加强基层文化建设的指导意见》等文件，接着在4月召开了全国基层文化工作会议，决定在"十五"期间以社区和乡镇为重点，全面加强文化阵地，文化队伍、文化活动内容和方式的建设。国家从2002年起至2005年连续每年拿出一亿元资金支持各地图书馆、文化馆建设，争取尽快实现县有图书馆、文化馆的目标。

党的十六大以来，切实加大对基层文化建设的投入，确保文化事业经费的支出不低于当年财政收入增长的幅度，加大对基层文化建设投入的倾斜，城乡基层公共文化设施状况得到大改善，多种新兴的文化活动以不同的表现形态走进社区和乡村，极大丰富了人民群众的精神生活，有力地促进了经济、政治文化和社会的协调发展。

4. 基层社会建设的战略地位

较之经济、政治、文化建设，社会建设涵盖面广，系统庞杂，其基本内容：一是发展关系人民群众生活质量和共同利益的公共事业，如教育、医疗卫生、劳动就业、社会保障、科技文化、体育、旅游、人口与计划生育、社区建设等事业。二是优化稳定和谐而充满发展活力的社会结构，如人口结构、家庭结构、就业结构、社会阶层结构、城乡结构、社会组织结构等。三是完善体现政府的服务功能。政府要不断健全民主权利保障制度、公共财政制度、税收分配制度、社会保障等制度，又要合理分配公共资源，建立和完善社会支持、社会帮助、社会援救的公共服务体系，有效提供公共产品，直接为人民服务。四是促进社会各类组织发展，发挥社会组织提供服务、反映诉求和规范行为的作用。

社会建设的所有任务分解落实到基层，并且要从基层社会建设中体现整个社会建设的成效，基层社会建设的重点和难点是新农村建设和城市社区建设。

社会建设主要包括阵地建设（基础设施建设）、队伍建设（成立居委会、社区党组织、社区居民代表大会等）、服务体系建设（在社区服务中心设立行政窗口或便民服务公司,提供行政、便民、生活三大类服务)、劳动就业(建立下岗、失业人员基本情况数据库、开放培训班、发布用工信息、开发社区就业岗位等)、卫生医疗(设立卫生服务站、提供治疗、预防保健、康复、健康教育"五位一体"的卫生服务)、计划生育(通过建立计划管理台账,着重对流动人口和下岗职工的计生服务定时调查登记)、治安防范(认真做好民调工作、法律咨询工作,建立流动人口的出入管理)、文化活动(自娱自乐及挖掘和努力形成特色文化建设)、环境卫生(制定公约教育,督促居民讲究卫生、爱护环境,组织开展绿化、净化、美化社会的义务劳动)。

农村基层建设主要包括:队伍建设(村民自治委员会建设、村党支部建设)、基础设施建设(饮水工程、能源工程、公路工程、信息化工程建设)、发展农村义务教育(主要依靠政府投入和保持减轻农民的教育负担,使农民的子弟有学上,上得起学)、大规模开展农村劳动力技能培训,培养有文化、懂技术、会经营的新型农民(既能在家乡脱贫致富,又可以进城打工谋生)。积极发展农村卫生事业,以政府投入为主。2008年起,在全国农村基本普及新型农村合作医疗制度,加强以乡镇卫生院为重点的农村基础卫生设施建设、健全农村三级医疗卫生服务和医疗救助体系。加强农村计划生育服务设施建设,继续稳定农村低生育水平,繁荣农村文化事业(加强乡镇文化站、村文化馆等公共设施建设,继续实施广播电视"村村通"和农村电影放映工程,发展文化信息资源共享工程、农村基层服务站,推动实施农民体育健康工程,加强农村文化市场管理,抵制腐朽农村落后文化)。逐步建设农村社会保障制度,完善农村社会救助体系、探索社会养老保险制度和农村最低生活保障制度等。

6.2.2 基层渴求应用型人才

基层建设虽然在经济和社会发展中具有重要的战略地位,但基层建设现状不容乐观。基础设施薄弱、经费投入严重不足、人才极其缺乏等三个问题,在基层经济建设、政治建设、文化建设和社会建设中普遍存在,而人才短缺问题最为突出。基层的以下四大建设需要各类人才。

1. 中小企业渴求人才

在基层经济建设中,中小企业发挥着脊梁的作用,为社会创造了巨大的物质财富,也是缓解、吸纳劳动者就业的主渠道。中小企业管理水平低、管理人才缺乏,尤其是私营企业在社会认识偏见及其自身因素的影响下,很难吸引到合适的人才,大学毕业生大都选择到外企和国有大中型企业,许多人不把到私营企业就业看作是真正的就业,人才问题成了制约中小企业生存发展的"瓶颈"。由于缺乏人才致使中小企业管理水平低,私营企业大都采用家族式管理，既不民主又不科学，缺乏技术人才，产品科技含量低，不及时更新换代更谈不上开发具有新技术含量的产品进行市场竞争。中小企业需要管理、技术、营销等方面的人才。

2. 农村渴求人才

农村人才更为缺乏，甚至出现了"断层"现象，由于土地承载和农村容纳劳动力有限，辛勤劳作的收入颇低，欠发达地区的大批青壮年农民纷纷外出进城打工，懂科技、会经营的新型农民非常少，农村的农、林、牧、渔等业发展后劲不足，社会主义新农村建设特别需要经济管理类专业毕业生，特别需要农林院校涉及农、林、牧、鱼类高等专业毕业生。

3. 基层政治建设渴求人才

由于年轻人大量离乡，农村后备干部、党员发展面临年龄段、知识结构"断层"问题，部分村干部队伍青黄不接，有的村甚至找不到合适人选来担任村干部，真正有文化、有素质、有培养前途的人很难选拔。现有的村干部中不少人思想观念陈旧，工作方法简单，缺乏依法行政、按章理政的自觉性，墨守成规，不思改革创新，一些村级班子缺乏驾驭市场经济的能力，在带领群众调整产业结构发展农村经济增强收入方面方法不多，能力不强。发展经济的思路不清，路子不明。人才的缺乏使得党中央提出的"农村基层组织建设五个好"（即一个好领导、一支好队伍、一条发展经济建设的好路子、一个好经营机制、一套好的管理制度）很难实现。发展和欠发达地区的村干部年龄老化、文化程度偏低，干部综合素质和工作能力较弱。

4. 城市社区渴求人才

社区干部队伍的年龄、文化结构虽然比村干部班子合理一些，人员补充挑选余地大一些，但对照新型社区建设的要求，知识仍显偏少、能力仍显偏弱、素质仍显偏低。城市社区和农村建设需要政治素质好、文化程度高、管理服务工作能力强的大学毕业生。

5. 基层文化建设渴求人才

在部分农村，尤其是在一些经济欠发达地区的乡村，群众文化生活十分贫乏。基层文化水平低下，与人民群众日益增长的文化需求之间的矛盾十分突出。实现基层文化经常化、大众化、特色化的目标需要加强基层文化队伍建设。据有关调查得知，基层文化单位普遍存在"乱塞人"将有限编制挤占的现象，乡镇文化站人员老化、素质偏低、结构不合理，急需积极引进政治和业务素质较高的大学生到乡镇文化站工作。

6. 基层社会建设渴求方方面面的专业技术人才

基础教育领域现有 2 亿中小学生，其中 1.6 亿学生在农村。在面临全面建设小康社会历史任务和城镇化、农村劳动力转移、人口减少、基础设施设备仍然薄弱的时代情景下，一方面，城镇名校生源爆满，教师编制缺口较大；另一方面，农村中小学教师学历不达标，仍有许多拿着低薪的低学历教师在顶岗代课（虽然他们热爱乡村教育、热爱学生、不图回报的奉献精神感人至深）。基础教育按教师资格学历达标和师生比衡量，欠发达地区，尤其是乡镇农村合格教师还是有较大缺口。

基层农村和城市社区卫生事业发展严重滞后，人员素质不高、技术不强的问题日益凸显出来，特别是基层人才缺乏的问题还比较严重。不少乡镇卫生院没有一个本科院校毕业的医生，这与人民群众对卫生事业建设的要求很不对应。党的十七大报告提出要建立基本医疗卫生制度，提高全民健康水平；建设覆盖城乡居民的公共卫生服务体系、医疗服务体系、医疗保障体系和药品供应保障体系；加强农村三级卫生服务网络和城市社区卫生服务体系建设。卫生部要求每个乡镇建设好一所公立卫生院，每个村建设好一所卫生室，力争建设起比较完整的农村医疗卫生服务体系。根据这一任务，必须培养适用的合格人才。要特别加强预防医学、家庭医学、康复医学和护理人才的培养培训工作。要鼓励大中专毕业生到城乡基层卫生单位就业，充实城乡基层卫生人员。

农村科技人员极其缺乏。非熟练劳动力过多，严重影响着先进实用技术的引进推广和转移，阻碍了农民依靠运用科技脱贫致富的步伐。必须吸引大学毕业生到基层、到农村传播科技知识，指导农民科学种植。

水利部负责同志认为，水利人才资源匮乏、人才总量不足、整体素质偏低、人才结构和分布不合理，高层次专业技术人才和高技能实用人才严重不足，县及县以下专业技术人才严重缺乏，急需加强基层专业技术人才的培养。

国家林业局主要负责同志也认为全国林业系统人才分布不合理，东部和中部以及中央、省级行政单位人才多，而西部地区和基层生产单位人才较少，有必要加强林业行政管理人才队伍、专业技术人才队伍和经营管理人才队伍建设。

6.2.3 基层就业成就未来

党和政府鼓励大学生到基层就业，既是基层建设战略需要，也是促进大学生充分就业、促进大学生成长成才的需要。大学生应响应党和政府的号召，到西部、到基层、到祖国最需要的地方就业，这不仅是获得生存之本，夯实发展之基，更是作为当代青年知识分子对国家、对民族、对人民应尽的责任。

大学生就业是全体劳动者就业的重要部分，大学生就业形势严峻是全社会就业难题的凸显。只要全社会宏观就业环境不宽松，大学生就业难的问题就不能缓解。人口生产与发展规律、经济发展规律、社会建设规律、科技教育发展规律不以人的意志转移来促进和影响就业,未来二十年内,我国全体劳动者就业难将持续存在,近几年大学生就业问题将更为突出。

由于国家经济建设、政治建设、文化建设和社会建设的战略决策对基层建设的重要性日益突出,基层建设薄弱问题亟待加强。党中央和国务院将建设的重点放在西部和基层。大中城市、大机关、大企业已经实力雄厚,对毕业生吸纳持相对稳定状态,而社会主义新农村建设的战略决策、城市一体化的发展思路、西部开发、中部崛起等战略预示:毕业生就业主要流向不是到大中城市、大机关、大企业,而是到小城镇、中小企业、中小学、医疗卫生、科技等事业单位,到城市社区和农村。

从职业发展趋势看,职业分类由小到多,职业分工由简单到精细,职业活动内容不断弃旧更新,专业化越来越强,职业结构变化加快,第三产业大幅增长,脑力劳动职业增加。这种发展趋势说明,随着经济社会发展,现有的职业数量、职业分布的科技含量、职业的功能远不能满足需要,应该创造新的职业,创造分工精确专业化强的职业和科技含量高的职业。拥有现代科技文化知识的高校毕业生应成为创业的主力军。通过一定数量的毕业生创业,以创业开发众多的就业岗位,促进包括高校毕业生在内的广大劳动者的充分就业。

1. 基层拥有广阔的就业空间

湖南武冈市14名贫困生回乡创办城东中学。

法学硕士回乡种红薯,任支书带领农民致富。

硕士高亚飞,坚持着养猪也有大作为。

山村大学生金点子卖出14万元。

河南吴阳4名大学生自主创业,赚钱开店卖菜。

大学生当"花农",鲜花种进四万家。

进军移动服务领域,三个大学生回乡创业。

大学生网上拾荒。

大学生开起宠物医院。

大学生自主创业"爱窝家政"当年赢利。

大学生擦鞋擦出80家连锁店。

(来源:中国高校毕业就业服务信息网)

大学生"回农门"有深刻的经济背景。东部沿海发达地区,如江苏、浙江等地,有些乡村的经济发展水平甚至超越了许多城市,自然吸引了一些人才从城市向农村回流。新农村建设需要大批人才在这片广阔天地里大显身手。很多大学生看清了这个大势,希望在农村有所作为。加之农村城镇化发展趋势提速,很多农村的工作生活条件与城市差别日渐缩小,而一些大城市消费昂贵，就业竞争压力增大，促使大学生开始把目光转向农村。

一位大学生坦言"城里生活压迫得我透不过气"，当一名徒有虚名的"城里人"，不如当一个农民实惠。尽管这种变化伴有不少"无奈"因素，却成为大学生树立正确就业观的催化剂。与其在城里生活困顿，"大材小用"，不如回到农村施展才华，干一番事业。

从基层建设发展的历史看，基层留不住人才，吸引不了人才。人们竭尽全力供子弟读书，就是为了让他们走出山乡、跳出农门、离开基层、远走高飞。一批批金凤凰飞到了繁华都市。基层人才流失严重。从基层建设发展的现状看，基层缺少人才，基层需要大批志向远大、真才实学的大学毕业生来此就业、创业。幅员辽阔的基层建设为大学毕业生提供了宽广的就业空间，国家建设社会主义新农村、开发大西北、振兴东北老工业基地、实施中部崛起、加强基层建设的战略决策，为大学毕业生提供了发展事业的舞台。

关注西部开发的人士认为，西部有良好的就业环境和广阔的就业、创业机会。据国家发展与改革委员会统计，西部大开发自2000年实施以来，我国累计在西部开工建设的交通、水利、能源、通信设施等重大项目共70项，总投资规模约一万亿元。在高强劲的投资拉动下，2005年西部地区生产总值达到了3.3万亿元，比2000年翻了一番，年均增长为10.6%。从1999—2004年，西部地区再生产总值增长速度连续5年逐年加快，1999年为7.25%，2000年为8.47%，2001年为8.74%，2002年为10.0%，2003年为11.29%，2004年已达12.7%，2005年扣除物价因素后，增长速度达到12.7%，2006年上半年，西部地区的增长速度又进一步提高到13%。投资规模和生产总值的持续快速增长，拉动了就业，启动了创业。中国地质大学（武汉）第十三届毕业生供需见面会上，地质、石油、石化、煤炭、有色、核工业、冶金等部门求贤若渴，这些专业在西部走俏。《中国教育报》认为这是由于我国制定和实施了西部大开发战略，加快中西部地区发展等一系列好政策。有一些毕业生对媒体记者说："西部的快速发展为我们创造了很好的创业机会，所以，我把西部作为自己求职就业的理想地。"

社会主义新农村建设更为广大高校毕业生提供了求职就业，施展才干的宽广舞台。中共中央、国务院《关于推进社会主义新农村建设的若干意见》中，从32个方面提出加强社会主义新农村建设的举措。其中大力提高农业科技创新和转化能力，加强农村现代流通体系建设，积极推进产业结构调整，发展农业产业化经营，加快发展循环农业，加强农田水利、耕地质量和生态建设，加快农村设施建设，加快发展农村义务教育，大规模开展农村劳动技能培训，积极发展农村卫生事业，培育农村新型社会化服务组织等20项专项建设迫切需要大学毕业生积极参与，贡献聪明才智。社会主义新农村建设的巨大工程吸引了众多毕业生。据有关部门调查统计，农学类毕业生需求达70%之多，在所有学科毕业生需求中名列第一。截至2007年9月1日，全国大学毕业生实现就业人数350万，其中到县和县以下单位就业的达58万人，占已就业毕业生的16.6%，显示了稳步增长的特点。

2. 基层具有良好的成才环境

田野里成就了"杂交水稻之父"——袁隆平

袁隆平先生是在基层中成长，直到现在仍深入基层的老一代知识分子。他1953年从西南农学院农学毕业后，先在湖南偏僻的安江农村任教19年，其间进行杂交水稻研究。为了找到特质野生稻和栽培稻品种进行研究，袁隆平头顶烈日、脚踩烂泥、驼背弯腰，一穗一穗地寻找，终于培育了高产量的杂交水稻。

1981年，其成果获了国内第一个特等发明奖。1985—1988年，又连续荣获3个国际性科学大奖。2001年，袁隆平荣获2000年度国家最高科学技术奖。我国杂交水稻的优良品种现已占全国水稻种植面积的50%，平均增长20%，从推广种植杂交水稻以来，已累计增产稻谷3 500亿千克，产生了巨大的经济和社会效益。

中国已经成为世界第三大粮食捐赠国。1999年10月，经国际小天体命名委员会批准，中国科学院北京天文台施密特ccd小行星项目发现的一个小行星（8117）被命名为"袁隆平星"。

袁隆平说，农业分传统农业和现代农业，城市里长大的孩子认为农业非常落后，农民非常穷，所以不愿意学农。真正的现代农业是高科技的，传统农业比较落后、比较穷、比较苦。搞农业科技工作是很苦的，整天在太阳底下晒，在泥田里踩。但是因为有希望在那里，会出好品种，所以乐在其中。如果没有希望，漫无目的，就不会有乐趣。学农的大学生要到实验田里去，电脑等先进设备很重要，但在电脑和书本里是种不出水稻的。

（来源：《杂交水稻之父——袁隆平》，百度网）

人都生活在特定的环境中，其成功与否虽然主要取决于主观努力程度，但环境能起到重要的作用，特殊情况下，环境决定人生的成败。基层特殊的环境有利于高校毕业生成长成才。

首先，基层是毕业生职业生活的起始点。基层任务具体，事务繁杂，国情民意体现在基层，矛盾、困难初发在基层。不深入基层，不了解实情，就会说外行话，办外行事，做局外人。人才的成长都是始于基层，达于基层，这是不以人的意志为转移的人才成长规律。高校毕业生到基层就业，就是到有利于自己成才的环境中就业。

其次，基层缺乏人才，给高校毕业生提供了更多的做事做人、成长成功的实践机会。到基层，基层干部群众对大学生视为至宝，认为大学生有知识、有能力，能扶持引领他们脱贫致富，把希望寄托于大学生，把重担交给大学生，大学生得到了尊重，增添了自信，感受到了责任，增强了造福一方的内动力，就会积极去干，不断地实践、不断地思考、不断地积累经验，其知识、能力、素质在实践中迅速得到了提升，为脱颖而出，为将来的发展奠定了良好的基础。如果在人才济济的大城市、大单位，缺乏能力和实践经验的应届毕业生，只能是做些接听电话、收发文件、搞搞卫生的小事，大不了是、抄写笔记、打打文稿的帮手。虽然这些小事也是职业生活的内容，做得好也将有益于个人成长，但毕竟缺乏上讲台课、替病人做手术、领百姓改良种植的实践机会，在做人、办事、成长方面不可能与在基层经受锻炼的毕业生相提并论。

再次，基层艰苦的生活和工作环境特别能磨炼人、成就人。由于历史原因，即使现在或将来，相比于同一地区都市的现代文明，基层总是条件艰苦的地方。既有生活条件的不便，也有工作条件的欠缺，既有物质生活的清苦，更有精神生活的寂寞难耐。据有些毕业生介绍，到西部等广大基层地区做支援者，真会碰到饿体肤、劳筋骨、苦心志的体验，如果不胸怀理想，真吃不了那个苦，受不了那个累。到基层是磨炼自己的意志、锻炼体质和品质的天赐良机，他们咬牙坚持下来，克服困难，认真做好每一件事，最终战胜了困难，适应了环境，超越了自我。可有些在校大学生对基层、农村心存畏惧，把暑期到基层社会实践，毕业前到基层顶岗支教、支医等机会轻易放弃。经受过艰苦生活、艰难工作的磨炼，这是一笔无法在舒适、优越环境中获得的精神财富。党和政府、社会用人单位很看重经受基层锻炼的青年知识分子，拥有这笔财富的大学毕业生会更快成长，其中有些人将成为栋梁之才，成就一番大事业。

基层是考验人、锻炼人、成就人的地方。不少毕业生已经在这一特殊的成才环境里获得了成功。

像教育报宣传的徐本禹，就是这样一位自愿到贵州贫困的山区义务支教的华中农大的在读研究生。在乌蒙山区腹地的农村小学，他忍受着孤独和寂寞，用爱心精心栽培和呵护贫瘠土地上的花朵，用真诚和行动实践着一名当代大学生的社会责任及一名共产党员的神圣使命。他被评为2004年中央电视台"感动中国"十大人物之一。光荣出席党的十七大代表大会。

"西部计划"志愿者代表，河南中医学院毕业生，现河南某生物制药有限公司副总王一欣，2003年，放弃到北京工作的机会，赴海拔1 200多米的陕西省麟县志愿服务，帮助当地农民种植两万多亩中药材，带领他们走上脱贫致富的道路，还先后帮助当地三家制药企业通过了药品论证。服务期满回到郑州后，被一家企业聘为副总经理兼总工程师，先后帮助十多家制药企业通过国家药品 CMP 论证，后来成立了自己的公司。他深有感触地说："假如我毕业后没有做志愿者，只是到一家企业或研究所工作，可能我还是在本岗位默默地工作，不会有这么大的成就，更不会自己开公司。在艰苦的环境里，他们给我压担子，使我受到了很好的锻炼，提高了社会实践的能力，并将知识转化为实践生产力。基层是锻炼人的好地方，给我们提供了很大的发展空间，这样的经历给我的人生增加了一笔巨大的财富，终生受益。"参加西部计划，"三支一扶"计划，"一村一名大学生"计划的高校毕业生经受基层锻炼和考验，大多数人选择到理想的职业，其中一批人成长为先进英模，一批人创办了企业，一批人走上了基层领导岗位。有了这段特殊的基层经历，他们的人生态度、敬业精神和实际行为将发生历史性的变化。只要在未来的人生道路上秉持这笔精神财富、知识财富和经验财富，到基层就业的毕业生必定会有丰硕的收获，必定会有光辉的未来。

6.3　水利类专业就业形势

水是生命之源、生产之要、生态之基。古人云：治水者治天下。兴水利、除水害，事关人类生存、经济发展、社会进步，历来是治国安邦的大事。中华文明古国悠悠千年来的发展历史是一部中华民族自强不息、兴水利除水害的奋斗历史。那么，当前水利类专业的毕业生是否也遭遇了"毕业即失业"的就业危机？水利行业是否仍旧面临着"边远穷苦累"的工作环境？考大学时，考生和家长最关心的事情就是所报考学校的就业率和专业的发展前景。水利类专业的就业形势刚好和其他专业相反，最近几年毕业生就业形势喜人，就业结构也发生了巨大变化。

1. 水利行业现状及就业形势

水利行业是传统行业，对国家的建设和发展有着重要意义。我国河流众多，地下水储量也很丰富，丰富的水利资源是我国工农业发展的一个良好的条件。改革开放后，国民经济快速发展，水利行业发展速度远不能满足建设四个现代化的需求。尤其最近几年出现了生态环境、历史性电荒、洪水灾害等一系列问题，在一定程度上影响了国民经济的可持续发展，使国家对水利建设更加重视，不断加大投资力度，采取多方面优惠政策，使水利科学研究和工程建设进入了高峰期。

21 世纪水利科研和建设高潮的出现，改变了 20 世纪末水利类专业毕业生就业难问题，毕业生就业需求供求比例可达到 1:5。同时水利院校面临市场后，专业设置比较广泛，加之水利与电力、环保等部门的联系比较紧密，有很多毕业生到水利行业系统外就业也是顺理成章的。这不仅使水利类专业及相关专业需求明显增大，还很大程度地改变了毕业生的就业结构。未来的水利事业正在走向一个蓬勃发展的道路，水利类专业毕业生就业形势良好。

2. 就业现状分析

就业去向：目前水利类专业毕业生的去向主要有：业主、设计、施工、监理等单位和专升本、其他单位（行政、管理单位等）。

（1）业主单位，也就是建设单位，是指由投资方派代表组成的，全面负责项目筹资、项目建设、生产经营、归还贷款和债券本息的，并承担投资风险的管理班子。如三峡开发总公司、国电大渡河、云南华能澜沧江、华能宝兴河等单位。

这些单位就是水电工程的投资单位，所以这些单位的待遇相对较好，工作轻松，但是同样是在工程现场或者是在水电站，远离城市的。

（2）勘测设计单位，是指从事建设项目规划和勘测设计活动的各类勘测设计院。我国水利水电项目的勘测设计由六大流域管理机构（水利委员会）下属的勘测设计院和八大水电工程勘测设计院（如中南院、华东院、成勘院、昆堪院、贵阳院、北京院、西北院、东北院）分区域和条块分割进行。同时，各省区有省属水利水电勘测设计院，从事本省的水利水电工程的规划、勘测、设计工作。

这些单位一般属于事业单位，由于近几年水电开发高潮，项目较多，待遇不错，但工作较为辛苦。但设计单位对学历要求较高，对于专科生而言，要成为正式职工还需在学历提升等多方面努力。

（3）施工企业，是指从事项目建筑安装活动的各类企业。如中建国际、中水系统的工程局、中国水利电力对外总公司、中铁系统的工程局、中国人民武装警察水电部队等。

各水电工程局等施工单位也是大部分水利水电类专业毕业生去的单位，这种单位待遇较好，但工作辛苦，也是远离城市。但是由于是处在水电建设的第一线，接触到很多工程实践，所以很容易积累大量经验，而且这些具有大量工程实践经验的技术人才正是业主单位、设计单位所需求的，以后跳槽比较容易。如果继续留在这种单位做下去，几年的辛苦积累以后，上升的空间还是比较大的。

（4）监理单位，是指依法成立的从事工程建设监理业务的社会服务性企业，如监理公司、监理中心等。根据监理内容可分为设计监理和施工监理。

由于水电项目的特殊性，国家强制规定必须要有监理。监理单位的人也是常年待在工地，但是工作相比施工单位较为轻松，待遇也还可以。

（5）其他单位，如各省市县水利厅、局和长江、黄河、淮河、海河、珠江、松辽、太湖七大流域管理机构等水行政管理单位，还有部分学生毕业后专升本进一步深造。

这类单位为公务员或事业编，工作稳定、轻松，但对于专科生而言，市局以上水利（水务）局很难进（往往要本科或研究生以上学历）。大多数县级水利局因人才紧缺，认为专科生更容易留得住、做得好，愿意接收高职专科生，并可以进入事业编制，工作稳定，衣食无忧，也不失为一个较为稳妥的选择。

3. 就业意向分析

摆在水利水电类专业毕业生面前的路不过有两个大的选择：一是走水利这条路；二是不走水利这条路。先来说走水利这条路，这是大多数人的一个选择。在中国的环境下水利行业总的来讲分为两种：一是施工单位，长年在外施工；二是事业单位，分为厅局职能单位和设计院。

在施工单位工作，一般要从基层做起，在工地待上几年甚至更长的时间，如果发展得好，那么五到七年以内可能做到项目经理这个级别。若是想再达到一个更高的位置，就会走向公司的中高层管理干部，回到位于城市的公司总部。在基层，县级水利对专科毕业生的需求是很大的，这也不失为一个好的选择。

若是不走水利这条路呢？这就触及一个机缘和自身问题，取决于你所选的职业带给你的预期利润是不是大于从事水利行业所带给你的利润。目前社会上收入比较高的行业有金融、通信、销售等。要想进入这些行业都需要较深的专业知识和行业常识。若是要从事这些行业，就必须进修相关知识，从头再来，这是一个不小的挑战。当然还有更多水利以外的行业可供选择，因人而异，看自己是不是适合，有没有兴趣，有的人恰好擅长其他领域，也许会做得很好。

通过近几年来对毕业生的跟踪调查，半数以上学生选择了水利行业，有少部分学生存在非城市不去，有的甚至是非省会城市不去的想法，不愿意考虑偏远的施工单位而放弃水利行业，改行从事其他职业。

4. 水利行业就业前景预测

近年来我国频繁发生的严重水旱灾害，造成重大生命财产损失，暴露出农田水利等基础设施十分薄弱，很多水利工程已年久未修，已经引起中央的高度重视。2011年中央一号文件《中共中央 国务院关于加快水利改革发展的决定》出台，是新中国成立62年来中央文件首次对水利工作进行全面部署，把水利建设摆在了国家建设重中之重的战略地位。文件指出促进经济长期平稳较快发展和社会和谐稳定，夺取全面建设小康社会新胜利，必须要下决心加快水利发展，大力加强水利建设。文件明确规定，未来10年将投资4万亿元兴修水利。文件还提出，各级财政对水利投入的总量和增幅要有明显提高，大幅度增加中央和地方财政专项水利资金，从土地出让收益中提取10%用于农田水利建设。由此，水利行业迎来了新中国成立以来前所未有的发展机会。

20世纪以来我国加大了水利工程建设投入，修建了大量水利工程，但水资源利用率只有5%，多数江河还没有能得到治理，或没有治好；水利资源的利用率还很低，水利资源的利用与地区全面开发结合起来综合研究也很不够，需要在充分研究水利资源特点及其开发条件的基础上，根据国民经济发展的需要，加强水利资源综合利用问题的研究；同时，在我国大河流综合开发利用中还存在不少问题，如黄河的泥沙问题还未解决，华北海河流域的旱涝碱灾害尚未消除，长江及其主要支流综合利用的方案还待最后确定；随着社会经济进步和科学技术发展以及水危机的日益加剧，改善现有水利设施、加快江河治理、合理开发利用和配置水资源、大力发展水电等重任要求有更多的适合国家需求和市场经济的水利水电人才。

据专家预测，水利水电人才每年缺口在50万人以上，水利水电类专业如今成了国家最急需的紧缺专业，国家对水利人才的需求会在将来二十年内一直处于供不应求的状况，水利行业就业前景非常好，水利水电类专业毕业生就业形势非常好，且大有可为。

6.4　电力类专业就业形势

电力工业是国民经济发展中最重要的基础能源产业，是国民经济的第一基础产业，是关系国计民生的基础产业，是世界各国经济发展战略中的优先发展重点。作为一种先进的生产力和基础产业，电力行业对促进国民经济的发展和社会进步起到了重要作用。与社会经济和社会发展有着十分密切的关系，它不仅是关系国家经济安全的战略大问题，而且与人们的日常生活、社会稳定密切相关。

1. 电力行业现状及就业前景分析

中国产业市场的结构决定了人才的需求结构，我国目前的产业市场中，政府对经济的调控作用非常巨大，国有企业依仗自身的政治、经济资源优势，在市场竞争中处于比较强势的地位。那么国有企业在哪些行业、些领域具有优势地位呢？2005年，国资委对中央企业及国有企业的分布领域进行了明确界定：即要求央企在军工、电网电力、石油石化、电信、煤炭、民航、航运七大行业保持绝对控制力；在装备制造及汽车、电子信息、建筑、钢铁及有色金属、化工、勘探设计、科技九大行业保持较强控制力。

虽然当今是互联网的时代，我们仍然对电力有着持续增长的需求，因为我们发明了电脑、家电等更多使用电力的产品。不可否认新技术的不断出现使得电力成为人们的必需品。随着中国经济的发展，对电的需求量不断扩大，电力销售市场的扩大又刺激了整个电力生产的发展。全国电力供需局部地区、局部时段缺电的情况将依然存在，自国家电网获悉，近年来中国电网建设继续加快，电网开工和投产规模继续保持较快增长，国家电力市场交易电量持续增长，因此，电力行业十分火爆，电力类专业毕业生就业形势良好。

2. 电力类专业就业单位分析

从产生电的方式来看，主要有：火力发电（煤等可燃烧物）、水力发电、太阳能发电、核能发电、大容量风力发电、氢能发电及其他新能源发电等。

电力类专业就业单位主要包括：发电企业、供电企业、电力建设公司、装备制造业企业、电力设备制造公司、电力设计院、大型企业的自备发电厂以及其他与电有关的企业等。电力类专业的就业面比较宽，就业前景广阔。

我国现有的国有大型发电集团有：中国华能集团、中国大唐集团、中国华电集团、中国国电集团和中国电力投资集团；电网公司有：国家电网公司和南方电网公司；电气设备制造企业有：上海电气电站、新疆特变电工等。

（1）发电企业：比如水电站、火电厂、核电站等，往往在郊区，地理位置相对比较偏僻，但工作稳定，比较清闲，周边环境较好，待遇参差不齐，总体还不错。如果能进入前面所提的国有大型发电集团，待遇非常好。现在很多民营单位、民间资本投资开发水电，小水电非常兴旺，这些民营电站的人才需求量很大，对学历要求并不高，专科层次可以胜任，只是大多数人要上倒班，有的人可能对上晚班不适应。

（2）供电企业：能进当然是很好的选择，既稳定，待遇好自不必说，而且工作轻松。

（3）电力建设公司：如湖南省电网建设公司、浙江火电建设公司、广东火电建设公司、中国核工业二三建设公司、广东珠三角电力工程技术公司、郴州电力有限责任公司等。这也是个人才需求量大的地方，专科生能够进入，待遇也较好，只是工作环境较为艰苦，工作辛苦。但是发展空间较大，技能提升快，磨炼人，可以积累丰富的经验，将来想换工作就容易得多。

（4）装备制造企业：如三一重工、中联重科、山河智能等企业。待遇还可以，很多也在城市，只是对于专科生来说，必须从最基层做起，要经得住打磨，寻找机会脱颖而出。

第七章　自荐材料及技巧

资料阅读

就业形势日趋严峻，大学生需增强自我推销能力

有两个学生面临毕业，需要到社会上去寻找工作。其中一个学生小王学业成绩在班级名列前茅，另一学生小李学业成绩则处于中等水平。几个月后，小李主动到企业四处推销自己，终于在一家大型国有石油企业找到一份不错的工作，而小王则一来以为自己学业成绩好，找工作不成问题，二来处世不够灵活机动，缺乏与他人的沟通和交流能力，直到毕业前夕也没有找到一份工作。

从以上例子我们可以看到，推销自己也是一种能力。在许多人的眼中，好像学习知识的能力、科研能力、思维能力、动手能力、社交能力是大学生不可缺少的能力，而对推销自己的能力则缺乏应有的认识。有些人书生气十足，对社会现实知之甚少，使得自己与社会处于隔离状态，在与别人交往时显得有些笨嘴拙舌，不善于与人交流，由于缺乏基本的推销自己的能力，使得有些人尽管有些才华，但是像"茶壶煮饺子，有货倒不出"，不善于与人交流沟通，因此难以让用人单位了解、赏识，因此，寻找工作时会比较费劲。

在人才匮乏的时代，用人单位求贤若渴，学生的自我推销能力弱点儿也无所谓，学生一般不用走出校门，最后都被分配到用人单位。而在高等教育由精英化向大众化转变的今天，就业形势不容乐观的情况下，自我推销能力就显得非常重要。尤其是那些性格内向、不善于与人交往的学生更应有目的地提高自己的人际交往能力，做到取长补短。毋庸置疑，善于与人交往的人会获得比他人更多的选择机会。

有些学者认为，现在有些毕业生在制作求职简历时都很精心，有的学生为了吸引招聘者的眼球，不惜代价精心制作，使得简历看起来非常精美。但是，求职简历的精美不能说明问题，一个人除了要有真才实学外，推销自己的能力也不可忽视。这就涉及语言表达能力、沟通能力、礼仪知识、随机应变能力、谈判能力、了解不同性格的人的接受心理、掌握交际的技巧等。

同时，以社交素养为核心的自我推销能力是现代人应具备的一种基本能力，大学生也不能缺少。大学生应该有更多的实践机会，提高自己的人际沟

通、与人谈判交涉、团队合作等方面的能力。从目前的现实看，在我国大多数学生就业后都必须经过用人单位的培训，如果他们在学校就具备了这些能力，不仅求职面试容易一举获得成功，而且工作后也会很快适应工作环境，找到自己的用武之地。

"酒香也怕巷子深。"大学毕业生正一年多于一年，在就业形势短期内不可能缓和的情况下，不管学校还是学生，都要把推销自己的能力列入能力和素质培养的计划，通过开设有关公关课程、演讲与口才讲座，开设模拟招聘面试会等各种有效措施，引导学生大胆与人交往，帮助学生提高社会交际能力和自我推销能力。

7.1 自荐的一般常识

7.1.1 自荐的概念

自荐即自我推荐，就是求职者利用各种方法与途径正确地宣传、展示、推销自己，让用人单位认识、了解、选择自己的过程。

生活中少不了推销，有人推销商品，有人推销技术，也有人推销自己，从一定意义上讲，大学生求职择业的过程，就是推销自己的过程。大学生在求职择业过程中，要让用人单位认识自己、了解自己，就必须通过多种途径和方法恰当地宣传自己、展示自己、推荐自己，把自己的能力、特长等充分地展示在用人单位面前，使用人单位感觉到你有能力和潜力，从而选择你。

自荐在很大程度上决定了自己是否能够获得进一步面试的机会，只有成功地自荐，才能获得进一步面试的机会。这就要求大学毕业生在选准求职信息、决定应聘之前，一定要做好自荐的准备。

戴尔·卡耐基说过："推销自己是一种才华，是一种艺术。有了这种才能，你就会安身立命，使自己处于不败之地。"

7.1.2 自荐的种类

1. 口头自荐

口头自荐是指求职者亲自到用人单位或招聘现场，直接面对招聘人员，进行自我介绍、自我评价、自我推销的自荐形式。其优点是便于展示自己的风度和才华，容易给用人单位留下深刻印象，如果自己表现出色，可能会被用人单位现场录用。其缺点是涉及面有限，尤其对路途遥远的单位难以奏效。口头自荐更容易使那些英俊潇洒、谈吐自如、反应敏捷的求职者发挥自己的优势，新闻、外贸、外事、旅游、教育等用人单位适合用这种方式来考查求职者。

2. 书面自荐

书面自荐是指求职者通过邮寄或呈送求职材料的形式向用人单位推销自己的自荐形式。书面自荐覆盖面较宽，范围广，不受限制，有助于求职者展示自己严谨、认真的工作态度，那些学习成绩优秀，又有较好文笔和漂亮书法的毕业生多采取此种方式，科研、出版、金融单位和工矿企业等注重实际的用人单位大多乐于接受这种自荐方式。

3. 电话自荐

电话自荐是指通过电话这种方便、快捷的通信工具来实现推荐自己的一种求职方式。电话自荐一般适用于看到用人单位发布的招聘广告之后，根据其提供的联系电话和联系人咨询有关招聘事宜的情况。另外，也有的求职者在根据自己的判断确定了应聘目标单位后，通过电话了解该单位的人才需求情况，从而实现自荐目的。

4. 广告自荐

广告自荐是借助于报刊、电视等新闻传播媒介进行自我推销的自荐形式。广告自荐覆盖面广、时效性强，部分长线专业、毕业研究生和一些有特殊专长的毕业生往往乐于采用这种自荐形式。

5. 网络自荐

网络推荐是近几年新出现的一种自荐方式，它是借助互联网进行的自荐。通过网络进行自荐，不仅方便快捷、成本低，而且便于抓住先机，同时还可以更直观地向用人单位展示自己的计算机操作技术，比其他求职者又多了一种竞争手段和就业渠道，是今后自荐发展的方向。

7.2 自荐材料

求职者在自荐中需要自荐材料，自荐材料在求职择业过程中起着举足轻重的作用，它是求职者和用人单位取得联系、"投石问路"最常用的办法之一，推荐、面试、录用都离不开它，自荐材料的好坏直接影响着求职的成功与否。因此，大学毕业生在自荐前必须准备详细的自荐材料。自荐材料一般包括毕业生的自荐信、个人简历、推荐信、学校推荐表、附件（证书复印件）等内容。

7.2.1 自荐信及范文

自荐信又称求职信，就是简短的自我介绍信。自荐信是书信求职的主要材料，要根据自己的求职目标或意向，结合自己的实际情况做精心准备。

1. 自荐信的格式

一般来说，自荐信属于书信范畴，其格式和一般书信既有相同之处，又有不同之处，但主要还是包括称呼、正文、结尾、署名、日期、附件等6个方面内容。

（1）称呼。自荐信比一般书信的称呼正规一些，而不同的情况称呼又不一样，例如，写给国家机关、事业单位的领导，用"尊敬的××长"称呼；写给"三资"企业的负责人，则用"尊敬的××董事长（总经理）先生"；写给其他类企业的负责人，则可以称之为"尊敬的××厂长（或经理）"；写给大学校长或人事处的自荐信，则称之为"尊敬的××教授（或校长、老师等）"。当然，有些自荐信，也可以不写姓名，如"尊敬的负责同志""尊敬的董事长先生"等，但不要用"××老前辈""××师傅"等不正规的称呼。

（2）正文。正文是自荐信的主要部分，其形式多种多样，一般要求说明求职信息的来源、求职的愿望、本人基本情况、工作成绩等内容。

（3）结尾。一般应写明希望对方给予答复并盼望能有机会参加面试的愿望及简短的表示敬意、祝愿之类的祝词。如"祝贵公司兴旺发达""顺候安康""深表谢意""祝工作顺利"等，也可以用"此致敬礼"之类的通用词。

（4）署名。要注意与对方的称呼相一致，一般都在署名前加上"您诚恳的××""您信赖的××""您忠实的××"之类的词语，也可以写成"您的学生××"，还可以什么都不写，直接签上自己的姓名。

（5）日期。一般写在署名的右下方，最好用阿拉伯数字写明年、月、日。

（6）附件。自荐信一般都要求随函附寄一些有效证件，如外语等级证书、计算机等级证书、获奖证书的复印件以及个人简历、近期照片等。还应该写明自己的单位、通信地址、联系方式、姓名和时间。最好有附件目录，这样既方便招聘单位的审核，同时也给对方留下一个"有条不紊、很负责任、办事周到"的好印象。

2. 自荐信的内容

自荐信的主要内容应包括自己具有用人单位所需要的哪些条件、才能及自己对工作的态度等。具体地讲，大致有以下几个方面。

（1）说明本人基本情况，包括姓名、性别、出生年月、政治面貌、学历、学位、毕业院校、所学专业、特长爱好、主要优缺点等。

（2）简述求职信息的来源及自己对该单位感兴趣的原因。

（3）说明应聘岗位和能胜任本岗位工作的各种能力及自己期望能在该单位供职的意愿。

（4）介绍自己的潜力。

（5）表示希望得到面试答复的机会。

3. 自荐信的书写方法

（1）实事求是，正确介绍自己。不讲大话、假话和空话，不要过高、过度地宣扬自己，也不要把自己各方面能力讲得平平，最好的方法是用成绩和事实代替华而不实的修饰语，恰如其分地介绍自己。

（2）突出重点，有针对性。自荐信既不能过短也不要过长，一般以1 000字左右为宜，在这有限的篇幅内，一定要突出重点，有针对性，针对某一单位或某一单位的某一职位而求职，效果会更好。

（3）文字顺畅，字迹工整。用人单位通过自荐信可以了解求职者的语言修辞和文字表达能力，因此，自荐信要写得工整、清洁、美观，给人以愉悦的感觉，留下良好的印象。如果写得一手好字，就亲笔工工整整地自己写，可显示你的书法特长，因为许多单位都愿意录用一个写字漂亮的人。

（4）不要使对方反感。自荐信要让人看了舒服、愉快，不能让对方看了反感，不要给对方限定时间，如"请贵经理×月×日前复信为盼"；不要为对方规定义务，如"本人应聘贵公司的业务员，盼望获得贵公司的尊重和考虑"，这些都容易使人反感。

<h3 style="text-align:center">机械制造专业自荐信范文</h3>

尊敬的××公司领导：

　　您好！

　　非常感谢您在百忙之中翻阅我的材料，希望给我一个机会。

　　我很高兴能够在这次招聘会上谋求一个能充分发挥自己专业特长的工作单位，并能得到你们的关照是我的期盼，得力的助手有助您工作顺心，合适的工作单位，有助于我施展才华，我们会为一个共同的目标而站在一起，那就是将贵单位的辉煌历史书写得更加缤纷！我愿为贵公司工作并贡献自己的青春和才华。

　　我叫××，是××职业技术学院××届毕业生，主攻数控技术专业。主修课程有机械加工工艺学、数控编程及操作、数控工艺与装备、机械制造基础、数控机床结构、车工工艺学、车工训练基础、机械制图、机械设计基础、钳工工艺学、AutoCAD、CAXA制造工程师等。

　　本人在大学3年中对本专业的知识学得比较扎实，而且还多方涉猎，在数控车铣床进行过特别培训，懂得一般的零件编程、加工及数控加工工艺。掌握AutoCAD、CAXA等绘图软件及自动编程，可以进行数控系统FANUC及其他系统的手工编程。懂得机械制图和识图，熟练操作数控车床机的操作，了解工艺和设计以及机床的基本维护等知识。其他方面，如掌握一定程度的普通话，熟练Office、Word、Excel等办公软件操作，会基本钳工操作等。

诚然，虽然大学3年的学习生活中有一定量的社会经历，使我养成了冷静自信的性格和踏实严谨的工作作风，并赋予我参加社会竞争的勇气。然而，所学知识是有限的，大学培养的仅仅是一种思维方式和学习方法，"纸上谈来终觉浅，绝知此事要躬行"。因此，我将在今后实践中虚心学习，不断钻研，积累工作经验，提高工作能力。剑鸣匣中，期之以声。热切期望我这拳拳寸草心、浓浓赤诚情能与您同呼吸、共命运、同发展、求进步。请各位领导给我一个机会，我会用行动来证明自己。

久闻贵公司是深值信赖且有发展潜力的公司，神往已久，兹附上简历一份冒昧求职，希望贵公司能给我一个发挥能力的机会。

感谢阅读我的求职信，期待着您的答复。

祝事业兴旺发达！

此致

敬礼！

自荐人：××

××年××月××日

7.2.2 个人简历

个人简历又称个人履历表，是个人生活、学习、工作、经历、成绩的概括集锦。简历的格式相对固定，信息量全面而且集中，是用人单位分析、比较、筛选和录用应聘者的主要依据。个人简历的真正目的就是让用人单位全面了解自己，使用人单位对其经历、受教育程度、兴趣、特长和爱好等情况留下一个初步印象，从而为下一步的面试创造机会。个人简历总是和自荐信以及其他材料或附件一起呈送给用人单位。

1. 个人简历的格式

一般常用的个人简历有两种格式：一种是按年月顺序用表格列出自己的学习工作经历；另一种是根据需要有选择地列出自己的学习、工作经历，充分表达自己的技能、品德。对于刚从大学毕业的求职者来说，采用第一种格式较好，但不要照搬他人的模式，完全可以自己或请内行人进行适当的版面设计，总的要求是：美观大方，简洁明了，体现特点，适度包装。

2. 个人简历的主要内容

(1) 基本资料：姓名、性别、年龄、民族、婚姻状况、政治面貌、通信地址、邮政编码、电话号码、电子信箱等有关信息。

(2) 受教育情况。就读学校、所学专业、主修科目、所获学分（成绩）、文凭、学位、学术成就、特别奖励等。一般不包括初、中等教育经历，特殊需要除外。

（3）技能和特长：计算机、外语等级证书、职业资格等级证书，体育、音乐等特长，要如实写出最好成绩或最高纪录。

（4）工作实践经历。应届大学毕业生主要写义务劳动、勤工助学、社团活动、社会实践、实习经历和实习单位的评价等。其中要重点说明本人在以上活动中做了哪些工作，取得了什么成绩。

（5）所获荣誉：包括"三好"学生、优秀团员、优秀学生干部以及奖学金获得者等称号。

（6）自我评价：总结大学阶段的表现，并由班主任或学院主管领导填写意见。

（7）本人愿望：根据自己的爱好、兴趣和特长，申请适合从事的工作。

（8）求职照片：一般用正规的半身照即可。

如果是到国外或外资企业求职，还应准备一份英文求职简历。英文简历的结构、内容与中文求职简历大致相似。

3. 个人简历的书写方法

（1）简单明了，不可过长。简历以一页为宜，最多不超过两页；最好能用一分钟左右的时间读完，除非你有很丰富的工作经历，否则会影响你的求职效果。

（2）重点突出，富有个性。内容要精练，重点要突出，特色要明显，简历的格式应便于阅读，有吸引力，并使人对你和你的目标有良好印象。

（3）用语得体，书写工整。评价自己要客观准确，实事求是，不能用鉴定式评语，既不能过高地评价自己，也不要过分谦虚，写实为好。

（4）用于外企的求职简历不要带政治色彩。

机械制造专业个人简历范文

姓　　名　××

性　　别　×

民　　族　×

身　　高　××cm

出生年月　××年××月

政治面貌　团员

毕业学校　××××学院

所学专业　机械设计制造及其自动化

职　　称　无

现所在地　××

工作年限　1年

工作经验

2006年9月至今：在校参加车工实训（包括数控车床、数控铣床、钳工等)。在校期间,利用星期六、日的时间到广东省河源市索尼爱立信专卖店参加手机促销工作。

技能水平

能熟练地运用 Word、Excel、Powerpoint 等办公软件。

能熟练地使用数控车床、数控铣床、加工中心等专业设备。熟练使用 AutoCAD、Pro/E、Mastercam 等专业制图软件。

获得了高级数控车工、CAD 高级操作职业技能证。

培训经历

1993 年 9 月至 2000 年 7 月于×××小学就读。

2000 年 9 月至 2003 年 7 月于×××中学就读。

2003 年 9 月至 2006 年 6 月于×××高中就读。

2006 年 9 月至 2009 年 6 月于×××学院就读。

自我评价

①志向远大,有切实的人生发展规划,追求成功的干劲,富有开拓精神。

②有较强的组织管理和动手能力,集体观念强,具有团队协作精神和创新意识。

③有很强的学习新事物和创造性解决问题的能力。

④为人诚恳老实,性格活泼开朗、乐观向上,善于与人交际,生活态度积极乐观,坚韧向上,对生活充满了热情和信心。

⑤喜欢和勇于接受新的挑战,自信心强!"诚实做人,忠实做事"是我的人生准则。"天道酬勤"是我的信念,"自强不息"是我的追求!

求职意向

工程/机械绘图员、工程/设备工程师、工程/机械绘图员、数控自动化操作员、设备维修技术员、产品设计绘图员、产品销售。

7.2.3 推荐信

推荐信是推荐人对求职者能力、素质等个人情况的客观评价和介绍,是求职有力的支持文件,是到国外、外资企业求职的必备材料之一,其作用是让用人单位更客观、更全面地了解求职者的有关情况。

1. 推荐人

推荐人由求职者自己选择,一般是学术水平高、社会影响大的原任课教师、系主任或单位领导。

2. 推荐信的书写方法

(1) 推荐信的开头。推荐人表明自己的态度,说明自己乐意推荐某人,也可以同时说明与被推荐人的关系,如"我非常高兴地推荐我的学生××进人贵公司担任××职务"。

（2）推荐信的正文。正文的主要内容是介绍被推荐人的人品、能力、性格特点等，要表述得精练、客观、准确，同时体现出推荐人的个人倾向。正文末段应建议用人单位对被推荐人的申请予以重点考虑或聘用被推荐人，并对用人单位接受自己的推荐表示谢意。

（3）签名并注明自己的职称或职务。

（4）推荐信的篇幅不要过长，一般不超过一页。内容要以写被推荐人的优点、优势为主，但必须实事求是、真实可靠，绝不能无中生有、过分夸张。

3. 推荐信的写作格式

有些单位设计了统一的推荐信格式，但大部分用人单位不统一设计，由推荐人自行决定，一般与普通信件格式类似。称呼要注意以下两点：

（1）用于非特定单位和无特定阅信人的推荐信，其称呼可通用"先生/女士"或"致有关人士"，这也是国际上通用的称呼方法。

（2）对于事先已知道用人单位和阅信人，或回复用人单位的询问而写给特定阅信人的推荐信，其称呼必须是特定阅信人，如"××经理""××主任"等。

这种推荐信经被推荐人阅读同意后，由推荐人直接邮寄给用人单位，而不能由被推荐人面交对方。

7.2.4　学校推荐表

学校推荐表在自荐材料中有举足轻重的地位，可以说这是一个官方的认证，具有权威性，用人单位对此有较高信任度，把它放在自荐材料中会加大自荐材料的可信度。学校推荐表一般叫"毕业生就业推荐表"，其内容主要包括：个人及家庭的基本情况、在校期间的学习成绩及奖惩情况、自我鉴定、组织鉴定等。推荐表是统一栏目、统一格式、统一规范，因此具体内容上难以全面、具体，缺乏个性，易产生千篇一律的感觉。这就要求每个毕业生在填写"自我鉴定"栏时，在有限的版面内，用最少的文字"刻画"好真实的自我。但在其他材料中不能照搬，应适当增加内容。对于组织的鉴定意见和其他对求职有利的内容，可在其他材料中引用或复印作为求职材料的附件。

7.2.5　附件

附件即指能证实自荐材料中所列各方面情况的原始证明材料，主要包括学历、学位、各种奖励、各种技能证书、有价值的荣誉称号或证明材料，它也是自荐材料的真实性和自荐人各种能力的有力佐证，为防止邮递过程中丢失，可用复印件。一般用人单位决定录用后都要求看原件，所以原件一定要妥善保存。

7.2.6 自荐材料模板

湖南水利水电职业技术学院

就业推荐表

班　　级：

姓　　名：

联系电话：

个人简介

姓名		性别		出生年月		相片
专业名称		学制		籍贯		
民族		政治面貌		身高		
特长爱好						
通信地址				邮政编码		
联系电话			E-mail			
就业意向	
学习培训情况	
在校担任干部情况	
获奖情况	
获得职业资格证书情况	
实习实践情况	

自 荐 信

辅导员评语	
系部鉴定意见	
学工处鉴定意见	

附件1：(教务处成绩单)

附件2：（相关证书复印件）

上善若水　求真致善

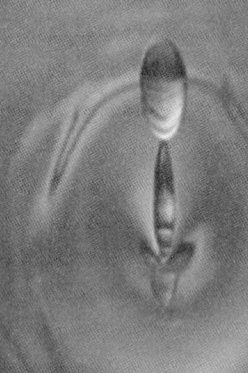

地　　址：湖南省长沙市远大二路1575号泉塘
联系电话：0731-84073612（兼传真）
邮　　编：410131
网　　址：www.hnslsdxy.com

7.3 自荐技巧

案例

2003年，小张刚到深圳，就兴冲冲地抱着简历去参加人才交流会。整个会场人如潮涌，唯有沃尔玛公司的展台前冷冷清清，与会场的气氛形成了鲜明的对比。

他好奇地走了过去，一看沃尔玛公司招聘启事上的内容，当即吓了一跳，招聘20名业务代表，却指明要名校的毕业生，并且还得有3年以上从事零售业的工作经验。条件这么苛刻，难怪没人敢贸然应聘。

他暗自揣摩了一番，虽然没有一条标准符合，可沃尔玛公司业务代表的工作对他却很有吸引力，他把心一横，决定试一试，真要被拒绝，就当是一次锻炼好了。

他径自走到应聘席前坐下，那位中年主管看了他一眼，面无表情地指了指那招聘启事问："看过了吗？"他点点头说："我看过，不过很遗憾，我既不是名校毕业生，也没从事过零售工作，只有大专文凭，还是电大。"

那位主管看了他好半天，才说："那你还敢来应聘？"

他微微一笑："我之所以还敢来应聘，是因为我喜欢这份工作，而且相信自己有能力胜任这份工作。"停了停，他又说，"如果求职者真要具备启事上所有的条件，那他肯定不会应聘业务代表，至少是公司主管了。"

说完，他把自己的简历递了过去，那位主管竟然没有拒绝，而是微笑着收下了。第二天，他接到通知，被录用了。后来才知道，那些苛刻的条件只不过是公司故意设置的门槛罢了，其实当他和主管谈完那些话之后，他就已经通过了公司的两项测试：勇于挑战条款的信心和勇气，以及分析问题的能力。

作为一名业务代表，每天都得与形形色色的商家打交道，如果那天小张没勇气去敲沃尔玛公司的门，又岂能有勇气去敲那一个个商家的大门？

只有成功地自荐，才能获得进一步面试的机会。但很多毕业生却不知道怎样自荐，以致失去了择业的机会。由此看来，大学生在自我推荐过程中，要想找到理想的职业，除了靠知识、技能等"硬实力"外，还必须重视"软包装"，重视非智力因素的表现，依靠灵活的方法和技巧取胜。

1. 从自己的实际情况出发，选择恰当的自荐方式

选择恰当的自荐方式，在自荐中无疑是十分重要的。就每一个求职择业的大学生而言，究竟采用哪种自荐方式，首先应当从自己的实际情况出发，例如，善于语言表达且有一口流利标准普通话的求职者，采用口头自荐似乎更能打动人心；如果能写一笔娟秀好字或文采出众，则选择书面自荐更能显示出求职者的魅力。

其次，选择哪种自荐方式还要看用人单位的需要，例如，对招聘播音员、节目主持人的用人单位来说，口头自荐显然更受重视；招聘文秘职员的用人单位，则可能会让求职者先呈递书面的求职材料；而对于那些应聘远程、跨省、跨国公司的求职者，采用网络求职则更明智。

2. 精心设计、包装自荐材料

（1）设计美观，杜绝错误。准备求职自荐材料的直接目的就是为了引起用人单位对自己的兴趣，并最终被录用，而用人单位出于节约人力和时间的考虑，大多数情况下，不采用直接面试的形式，而是通过某种方式收集求职材料，对这些材料进行初步的比较、筛选后，再通知部分求职者参加面试。因此，求职自荐材料的设计相当重要，整套材料无论是手写还是计算机打印，都要注重大方、整洁和美观，让人看上去觉得舒服。最好使用优质的纸张，统一进行设计排版。但最重要的一点是要杜绝错误，无论是语法错误、错别字、标点符号错误或是印刷错误，都应尽量避免。

（2）内容翔实，格式规范。自荐材料是大学毕业生对自己整个大学生活的一个全面总结，自荐信、个人简历、推荐信、学校推荐表及其证明材料要齐全、完整，要精心准备，不可以有疏漏。内容翔实，但要言简意赅，突出重点，既要全面反映自身的基本情况，又要反映自己的特长、爱好；不仅要突出自己的优点、成绩，也要说明自身存在的问题和缺点；不仅要说明自己对目标岗位感兴趣的原因，还要表达自己努力工作的决心。切忌长篇累牍、废话连篇、弄虚作假。另外，各种自荐材料都应遵循各自相应的格式。

（3）富有个性，针对性强。由于用人单位性质不同，对求职者的要求也不尽相同，所以在准备自荐材料时，要根据不同的需求而有所变化。欲到旅游公司、"三资"企业应聘，最好要准备一份中英文对照的材料；欲去少数民族地区择业，能用民族文字撰写求职材料则效果会更佳；欲到广告、建筑设计类公司应聘，则应提供个人的绘画、版面设计或计算机设计作品，自荐材料最好能体现出你的个性和创意。

（4）准备详细，精心包装。自荐材料的准备必须详细，不可遗漏。当把自荐材料的主体部分在原始材料基础上准备好之后，就要进行包装这一工序，即完成封面（主题）设计和自荐材料的装订工作。封面的设计是丰富的，但其基本原则是美观、大方、醒目、整洁。封面设计要有一个主题（标题）。一个好的主题，往往能够一下子把用人单位吸引住，促使招聘者想进一步了解自荐材料的具体内容。而且封面的设计风格与自荐材料内部的主体内容风格要一致，具有统一性、整体性。同时，封面设计中最好体现出择业者的姓名、专业、年级、学校等最基本的内容。自荐材料的装订最好采用 A4 标准纸，用计算机打印，不要用繁体字（有特殊要求除外），装帧不要太华丽，保持整洁、明快是最重要的。

3. 采取恰当的投寄方式

在竞争激烈的就业市场，必须注意自荐材料的投寄方式。投寄自荐材料一般有两种方式，一种是直接递交，另一种是间接递交（包括转交或以信函、电子邮件等方式投寄等）。无论采取哪种形式，都要求准确、便利、快捷，要在用人单位规定的时间内寄到。一般来说，邮寄的自荐材料可能不易引起用人单位的注意和重视。求职者亲自登门至用人单位或在招聘现场当面呈递自荐材料，则易于加深用人单位对自己的印象，从而提高求职者成功的概率。

投寄自荐材料要先明确投递对象，做到有的放矢；要逐一检查自荐材料，不要有遗漏与错误，特别是材料内容是否与投递对象一致，千万不要出现张冠李戴的现象，这是对用人单位的不尊重，对择业者也是个遗憾和损失；要注明双方联系方法。如果以信函方式投寄，要把投递地址写清楚，接收方若是具体人，则要把姓名写清楚、写正确，同时，职务称谓、单位地址、名称等不要写简称。此外，在自荐材料的明显位置必须有联系方式，以方便用人单位与自荐人联系。另外，要用标准信封，在信封上也可写上联系办法。注意上述几点后再经确认，就可以把一份精心编制的自荐材料投寄出去了。

4. 灵活掌握自我介绍的方法和技巧

自荐离不开向应聘单位进行必要的自我介绍，灵活掌握自我介绍的一些基本方法技巧，有助于顺利打开求职的大门。

（1）自我介绍要积极主动。自荐是求职者的主动行为，任何消极等待的态度都是不可取的。因此，自我介绍时，一定要积极主动，不等对方索要自荐材料，便主动呈送；不等对方提问，就主动向对方介绍；不消极等待对方回音，就主动询问。这样，往往给人一种态度积极、求职心切、胸有成竹的感觉。

（2）自我介绍要突出重点。在介绍自己时，应突出自己的重点，对自己的基本情况和家庭情况简单介绍即可；而对于自己的知识、专长、经验、能力、兴趣等要详细介绍；为了取得对方的信任，有时还应举例说明，例如，大学期间发表过的论文，获得的奖励，承担的社会工作或某些工作经验、社会阅历等；要突出自己的优势和闪光点，因为与众不同的东西，可能就是你的魅力所在。平铺直叙，过分谦虚，有碍于用人单位对自己进行客观、全面的了解和正确评价，容易把自己埋没在庞大的求职大军之中。

（3）自我介绍要真实全面。自我介绍既要突出重点、闪光点，也要实事求是，客观全面，不能吹嘘或夸大，尤其是在介绍自己以往学习、工作上所取得的成果时，一定要恰如其分，否则，将适得其反。同时，自我介绍材料要全面、完整，切忌丢三落四，个人基本情况、社会关系、工作简历、学习成绩、业务特长及爱好，缺少其中任何一项都会给人一种不全面的感觉。自荐信、推荐表、个人简历、证明材料一应俱全，才能给人以系统、全面的整体印象。

（4）自我介绍要有针对性。专业特长加上广泛的知识面和兴趣爱好往往会更受用人单位的青睐。因此，在进行自我介绍时，要针对用人单位的具体要求，强调自己的社会经验和专业特长，这样才能使招聘者相信你就是最理想的应聘者。例如，用人单位招聘文秘人员，你就应该介绍自己的文、史、哲等方面的知识及写作才能；用人单位招聘管理人员，你的学生干部经历及组织管理才能可能会更受重视。

（5）自我介绍时要注意礼仪。一定的礼仪是自我介绍时自荐人应该具备的，也是赢得用人单位好感的应有态度。诚恳、谦虚、礼貌是为人处世的基本要素，也是大学生应聘进行自我介绍时最起码的礼仪。大学生应以诚信为本，在介绍自己时，要讲真话，有诚意，给对方以信任感；无论是一个表情，还是一句称呼、一声感谢、一个动作，都能反映一个人的内在修养和素质，都会被招聘单位看在眼里，作为评价的标准。因此，自我介绍时要以礼待人，不能认为这都是小节，不说明什么问题。即使对方当场回绝或不太理睬你时也要表现得冷静，给自己找个台阶下，给对方留下明理的印象。

案例

求职自荐成功案例

当今职场，毛遂自荐这一求职方式越来越被人们所运用，有人如愿以偿，有人屡屡碰壁。除去主客观因素外，自荐者所采取的策略、方法是否得当决定求职的成败。所以，在运用毛遂自荐这一招时，最好能独具匠心、别具一格。

引吭高歌

世界歌王帕瓦罗蒂到北京音乐学院参观访问，很多家长都想让这位歌王听听自己子女唱歌，目的就是想拜他为师。帕瓦罗蒂出于礼节，只得耐着性子听，一直没有表态。

黑海涛是农民的儿子，凭着自己的刻苦努力考入这所著名的音乐学院，他也想得到帕瓦罗蒂的指点，但他知道自己没有背景。难道白白浪费这么好的机会吗？黑海涛不甘心，灵机一动，就在窗外引吭高歌世界名曲《今夜无人入睡》。一直茫然的帕瓦罗蒂立即有了反应："这个年轻人的声音像我！他叫什么名字？愿意做我的学生吗？"黑海涛就这样幸运地成为这位世界歌王的学生。1998 年，在意大利举行世界声乐大赛，黑海涛取得了第二名的优异成绩，由此成为奥地利皇家剧院的首席歌唱家，名扬世界。

这个成功案例说明，要取得毛遂自荐的成功，至少应具备三大要素：胆大心细，适时果断出击；表现手段能立刻吸引考官注意；要有真才实学。如果黑海涛没有真功夫，他就是唱破了嗓子，也没人理会。所以，胆量是前提，技巧是关键，水平是保证，三者缺一不可。

反客为主

阿毛应聘一家广告公司的策划主管职位。由于待遇丰厚，接待大厅被应聘者挤得水泄不通。阿毛灵机一动，走到入口处高声喊道："请大家自觉遵守秩序！前来应聘的人排成三排。"应聘者看到阿毛与公司的工作人员站在一起，以为他也是考官，便很快排好了队。阿毛又把大家的简历收在一起，把自己的简历放在最上面，这样阿毛便得到了第一个面试的机会。考官已将阿毛刚才的行为看在眼里，看了他的简历和作品后，便说："你被录用了。"

毛遂自荐的形式多种多样，像阿毛这样在考官面试前的行为也可被列入毛遂自荐范畴。因此，应聘者根据各种环境、具体情况，采取不同的方式，往往能够抢先一步取得成功。

吹毛求疵

世界首富比尔·盖茨上高中时，曾到一家软件公司应聘，因为年纪太小而遭拒绝。他没有气馁，半夜跑到那家公司的垃圾堆里，找到了公司废弃的程序资料，并逐一修正，然后毛遂自荐跑到公司求职。公司老板被他小小年纪就有这样的才华所折服，破例给他安排了一个重要职位。

有的放矢

一个曾给迪斯尼公司发了两封求职信但均遭到回绝的年轻人给迪斯尼公司发的第三封求职信单词是由从报纸上剪下的字母拼成的，随信寄来的还有卡通鼠的一只耳朵。信是这样说的："你搞清楚，耗子在我手里，用一份工作来换。"这回，这个年轻人终于得到了梦寐以求的工作；他别出心裁的创意吸引了迪斯尼。

想方设法找到自己心仪公司的"软肋"，并依靠自己的实力修正完善之，以此成果作为毛遂自荐的"见面礼"，这样的毛遂自荐可说十拿九稳。

据不完全统计，60%的管理层人士认为，在筛选应聘者时，自荐与履历同等重要，甚至更为关键。若是你的自荐信能够让雇方感兴趣，他就会详读你的履历以确认这种良好的第一印象。或者反之,一些直奔履历的雇主如果对你的材料满意,他就会回头到自荐信中去搜寻有用信息。履历是客观情况的反映,你可以发挥能动性的空间不大;但怎样去写自荐信却完全由你掌握。

第八章　面试技巧

8.1　面试的认知

> **案例**
>
> **典型的面试过程**
>
> 在一个小型会议室里，某公司正在对前来应聘并通过初选的大学毕业生进行面试。以下是毕业生小李与主考官的对话实录。
>
> 小李：各位领导、老师好！
>
> 主考官：请坐！介绍一下自己好吗？
>
> 小李：非常高兴你们到我们学校来招聘毕业生，我叫李华，是本校信息工程学院应届毕业生。我对软件开发很有兴趣，在这方面投入了不少精力；同时作为班团主要干部，我也参与组织了不少社会活动，应该说大学期间我在这两个方面都有不少的收获。这是我的成绩单和个人简历，请过目。
>
> 主考官：你了解我们公司吗？
>
> 小李：贵公司是国内著名的电信公司，我从上大学起就十分向往毕业后能到贵公司工作。我认为到贵公司工作能最大限度地展示我的才华，我不怕吃苦，就怕无事可做。
>
> 主考官：上大学时，你为什么报考计算机专业？
>
> 小李：说实话，当时报考计算机专业是老师和家长的主意。但我在学习了计算机方面的知识后就深深地爱上了我的专业。特别是随着信息时代的到来，我对自己的专业发展前景非常有信心。
>
> 主考官：你学过的课程与我们的工作有什么关系？
>
> 小李：我想，计算机技术的广泛采用是电信业的特点和发展趋势。我们计算机专业的课程设置几乎涵盖了硬件和软件技术的主要方面，这为我们打下了坚实的理论基础，同时也使我们有较强的适应能力。前面我已经说过我对软件开发更有兴趣，我想这方面的知识和能力也许是将来工作需要的。
>
> 主考官：你喜欢你们学校吗？你们老师怎么样？
>
> 小李：我非常喜欢我的母校，我也非常尊敬我的老师，因为我在母校学

到了知识，我从老师身上学会了做人。

主考官：你还有哪些特长和爱好？

小李：除了专业外我还具有一定的组织管理能力。喜欢美术和流行音乐，也喜欢背起行囊去游历名山大川。

主考官：你有哪些缺点？

小李：我得承认我还缺乏实际工作的经验，这方面的不足还需要在今后的工作实践中不断学习和弥补。再就是外语学得不够好，还需要继续努力学习。

主考官：你对加班、出差怎么看？

小李：我近几年内不会考虑婚姻的问题，没有家庭负担和拖累，加班应该没有问题。至于出差更是我所高兴的。

主考官：你是否打算将来继续深造？

小李：我想先工作几年，积累一些经验，发现自身的一些不足，然后再进一步"充电"。

主考官：你有什么问题要问吗？

小李：不知道贵公司什么时候能给我一个明确的结果？

主考官：一个星期内我们将公布此次招聘的毕业生名单。

小李：谢谢你们，我可以走了吗？

主考官：再见！

1. 面试的概念

所谓面试，即当面测试，是指招聘单位事先设计安排好的，通过与求职者以谈话为主、观察为辅的，以了解求职者素质和相关信息为目的的测试方法。

2. 面试的目的

一般来说，面试有以下几个目的：考核求职者的动机与工作期望；考核求职者的仪表、性格、知识、能力、经验等特征；考核笔试中难以获得的其他信息。

3. 面试的基本内容

（1）仪表风度；

（2）求职动机与工作期望；

（3）专业知识与特长；

（4）工作经验；

（5）工作态度；

（6）事业心和进取心；

（7）语言表达能力；

(8) 综合分析能力；

(9) 反应能力；

(10) 自控能力；

(11) 人际关系；

(12) 精力与活力；

(13) 兴趣爱好与价值观。

一般来说，用人单位面试的侧重点主要是：求职动机、特长或优势、分析能力、沟通与人际关系能力、团队精神、执行能力与适应能力、创新精神。

在大学生求职择业过程中，面试是一个必经的阶段，也是取得求职成功的关键一步。但对大多数大学生来说，由于缺乏社会实践经验，社会交往比较少，人际关系相对单一，面对面试，常常会不知所措。因此，学会面试，是大学生求职择业时面临的重要课题。

4. 面试的种类

(1) 模式化面试。模式化面试又称为结构面试，做法是先由主考官围绕选拔人才的要求，确定考查的项目和内容，列出所有题目和有关细节，再设计好面试评分细则和评分表，待面试开始后由主考官逐一发问并给出分数。最后将所有应试者按得分高低排出顺序，从而确定拟录用人员的名单或范围。其目的是为了获得有关应试者全面、真实的材料，测试和观察应试者的知识面和谈吐举止、仪表风度以及沟通能力等。

模式化面试的内容一般包括以下内容：

①应试者的学习和工作经历。这里所说的学习，主要是指应试者此前接受的课程学习。就工作经历而言，当前比较关注求职者的工作（或实习、实践、参与及组织的课外活动）经验和工作能力。

②应试者的受教育情况。这既包括正规的大学教育，也包括非正规的社会知识的学习，如参加过什么类型的培训活动，获得过什么证书等。目的是要考查应试者的学识、社会知识、社会阅历和发展潜力。

③专业知识。如专业技术水平，目的在于考查应试者的岗位工作和岗位适应能力。

④个人的兴趣、爱好和生活习惯，目的是要考查应试者的人生观、价值观和志向。

(2) 问题式面试。问题式面试是指由主考官按照事先拟定的提纲对求职者进行提问的面试。主考官提问的可能是一个问题或一项计划，其目的在于观察求职者在特殊环境中的表现，考核其知识、判断其解决问题的能力，从而获得有关求职者的第一手资料。

(3) 压力式面试。压力式面试是指由主考官有意识地对求职应试者施加压力，针对某一问题或某一事件展开一连串提问的面试。在进行压力式面试的时候，主考官提出的问题不仅详细，而且刨根问底，直至无法回答，甚至有意识刺激应试者，看其在突如其来的压力下能否作出恰当的反应，以观察其涵养、机智程度和应变能力。

（4）非引导式面试。非引导式面试又称自由式面试，是指主考官与求职者通过自由式的谈话考查求职者的面试。主考官与求职者海阔天空、漫无边际地进行交谈，气氛轻松活跃，无拘无束，双方自由发表言论，各抒己见。其目的在于通过闲聊来观察求职者的谈吐、举止、知识、能力、气质和风度，对其做全方位的综合素质考查。

（5）综合式面试。综合式面试是指主考官通过多种方式来考查求职者综合能力和素质的面试。例如，用外语与求职者会话以考查其外语水平；要求求职者即时作文以考查其文字功底；要求求职者即席演讲以考查其语言表达能力；让求职者抄写一段文字以考查其书法；要求求职者现场操作计算机等。这些都属于综合式面试。

以上是对面试种类所做的大致划分，在实际面试过程中，用人单位可能采取几种面试方式，也可能就某一方面的问题对求职者进行更广泛、更深入的考查，从而达到选拔出优秀求职者的目的。

阅读资料

诡异面试大比拼

日产公司——请你吃饭

日产公司认为，那些吃饭迅速的人，一方面说明其肠胃功能好，身强力壮，另一方面他们往往干事风风火火，富有魄力，而这正是公司所需要的。因此对每位来应聘的员工，日产公司都要进行一项专门的"用餐速度"考试。招待应聘者一顿难以下咽的饭菜，一般主考官会"好心"叮嘱你慢慢吃，吃好后再到办公室接受面试，那些慢腾腾吃完饭者得到的都是离开通知单。

壳牌石油——开鸡尾酒会

壳牌公司组织应聘者参加一个鸡尾酒会，公司高级员工都来参加，酒会上由这些应聘者与公司员工自由交谈，酒会后，由公司高级员工根据自己的观察和判断，推荐合适的应聘者参加下一轮面试。一般那些现场表现抢眼、气度不凡、有组织能力者将得到下一轮面试机会。

假日酒店——你会打篮球吗

假日酒店认为，那些喜爱打篮球的人，性格外向，身体健康，而且充满活力，富于激情，假日酒店作为以服务至上的公司，要求员工要有亲和力、饱满的干劲，朝气蓬勃，一个兴趣缺乏、死气沉沉的员工既是对公司的不负责，也是对客人的不尊重。

美电报电话公司——整理文件筐

先给应聘者一个文件筐，要求应聘者将所有杂乱无章的文件存放于文件筐中，规定在10分钟内完成，一般情况下不可能完成，公司只是借此观察应聘者是否具有应变处理能力，是否分得清轻重缓急，以及在办理具体事务时是否条理分明，那些临危不乱、作风干练者自然能获高分。

统一公司——先去扫厕所

统一公司要求员工有吃苦精神以及脚踏实地的作风，凡来公司应聘的人公司会先给他一个拖把叫他去扫厕所，不接受此项工作或只把表面洗干净者均不予录用。他们认为一切利润都是从艰苦劳动中得来的，不敬业，就是隐藏在公司内部的"敌人"。

8.2 面试的准备

为了获得所求的工作，在参加面试前进行一些必要的准备，对成功求职是必不可少的。

1. 充分了解应聘单位

面试前千万不能对将要应聘的单位和岗位一无所知。"知己知彼，百战不殆"，面试前要做好调查工作，对用人单位的性质、地址、业务范围、经营业绩、历史、发展前景，以及应聘岗位职务及所需的专业知识和技能等有一个全面的了解。单位的性质不同，对求职者面试的侧重点就不同。一位资深的人力资源主管说："面试时，我们都会问求职者对我们公司了解多少，如果他能很详细地回答出我们公司的历史、现状、主要产品，我们会认为他很重视我们公司，对我们公司也有信心。"

可以通过下列途径了解应聘单位的情况：

（1）学校辅导人员。你认识的教师以及教师为你推荐的有关的专业教师。

（2）父母、朋友、同学或亲戚。亲友的社会经验可能比你丰富，信息来源可能更多、更广。向他们咨询，必定会得到热心的帮助。

（3）用人单位的从业人员。他（她）们对本行业、本职业可能已驾轻就熟，是最好的咨询对象。

（4）各种信息渠道。一般来说，图书馆、职业介绍所、劳动人事等部门都备有各行各业详尽的档案材料，并有一定专业人员负责，向这些部门咨询定能有所收获。另外，还可以通过网络、新闻报道、广告、杂志、企业名录及其他书籍找到应聘单位的资料。

同时，还应该通过熟人、朋友或有关部门了解将要对你进行面试的考官的有关情况和面试的方法、过程，以及面试时间安排，索取可能提供给你的说明材料。

2. 把自己的资料准备妥当

（1）检查自己是否具有应聘必备的条件。有些行业、职业在学历、能力、年龄、性别等各方面都有一定的限制。事先核查自己的条件是否符合，不要抱着碰运气的念头，这是对己、对人认真负责的态度，于己于人都有利。如果觉得自己符合应聘条件，还得确定自己可以胜任哪种职位。

（2）准备好自己的有关证明材料。面试前，要把自己的毕业证书、学位证书、专业资格任职证书、获奖证书、身份证、照片、推荐信、推荐表等材料准备好。面试时，应把这些资料井井有条地放在一个公文包里随身带去，以便主考官随时查看。公文包里除了放置上述个人资料外，还可以装一些有关工作或有助于谈话的资料，说不定这些资料在面试中会发挥意想不到的效果。另外，还可以准备一本大一点的书或杂志放在公文包里。如果应试人数较多，而自己又被安排得比较靠后，那么等待的时间就会较长，这时便可以把书或杂志拿出来看，让自己安静镇定。如果主考官迟到了，自己手上有书或杂志，正好可以全神贯注地看，显出丝毫没注意到的样子。

（3）背熟自己的求职履历。由于不少毕业生的求职太过频繁，而求职履历又是经过精心包装的，所以往往导致轮到面试时已记不清自己的履历究竟是怎样排列组合的，因此，必须背熟自己的求职履历。

3. 准备好可能遇到的问题

（1）面试前将有关自己的情况进行浓缩提炼，拟好提纲性腹稿，以便在很短时间内较完整、流利地介绍自己，重点突出，以免在面试现场手足无措，词不达意。因为主考官往往将询问求职者的有关情况作为面试的切入点。这个问题看似简单，其实往往不是所有的人都能应付自如的。

（2）面试前应该预测并练习可能被问到的应聘问题，这项准备有助于认清自己真正的想法，有助于在面试的现场清晰地自我表达。

（3）准备好业务知识和有关技能。要熟知与应聘岗位相关的专业知识、业务技能等。如果获得了面试通知，而所谋求的职业需要某种特殊的知识或技能，那么，最好事先温习这方面的知识，练习有关的技能，因为在面试时极有可能被问到某一方面的问题，或者进行当场测验，以衡量应聘者的知识或能力，如打字的速度、操作机器的能力、用算盘计算的准确性和速度等。

4. 面试中常见的问题

（1）关于个人情况。

①请简要介绍一下你自己。

通常作为第一个问题提出，为你消除紧张心理。回答这个问题关键是要有条理,即你想告诉对方哪些有用信息,回答要求言简意赅。

②请介绍一下你的家庭情况。

主考官提出这个问题的目的可以有多个出发点,回答这个问题关键是要简明扼要。

③你有什么爱好和特长?

这个问题要据实回答,要把自己爱好广泛、多才多艺的特点和优势表现出来,但切忌无中生有,也不可过分谦虚。

④你有什么优缺点?

这是一个比较难以回答的问题,但也是非常有可能被问到的问题。在谈这个问题时态度尤为重要,其重要性甚至超过回答的内容。

⑤你最大的理想和愿望是什么?

回答这个问题一定要务实,那些听上去就虚无缥缈的所谓理想或愿望只会减少被录用的概率。

(2)关于应聘动机。

①你了解我们单位吗?

②你为什么会应聘这个岗位?

③你为什么喜欢这种工作?

④你找工作首先考虑的因素是什么?

⑤到本单位上岗之前,让你先到基层锻炼两年,你愿意吗?

回答这些问题要求事先进行准备。应该对用人单位和进行面试的人的情况做一些调查研究。对相关情况了解得越多,招聘单位会越认为应聘者有诚意。同时要站在人生高度上来回答此类问题。

(3)关于专业和学习情况。

①你为什么选择学这个专业?

②你所学专业与你应聘的这个岗位有什么关系?

③你最喜欢或最不喜欢什么课程?为什么?

④你对自己的学习成绩是否满意?

⑤除了学习本专业外,你还学习过哪些课程或知识?你都读过哪些课外书?

回答这些问题,要根据自己的专业知识和技能水平、个人志趣、特长等进行正确评价,恰如其分地回答。

(4)关于工作能力。

①上了几年大学,你最大的收获是什么?

②你组织过或参加过哪些社会实践活动或集体活动?

③你在大学里曾担任过何种职务?

④请你对自己的工作能力做评价。

⑤你感觉自己能充分胜任这项工作吗？为什么？

回答这些问题要实事求是，突出重点，富有条理。要让主考官充分了解你的社交能力和工作能力。

(5) 关于人际关系。

①你交友的原则是什么？你的朋友多吗？

②你喜欢与什么样的人交往？

③你喜欢独立完成工作还是与人合作？

④你喜欢什么样的领导？

良好的人际关系是团结合作的基础。一个单位需要良好的人际关系，人际关系好，单位同事及上下级之间会齐心协力，工作高效而且气氛愉快；反之，人际关系紧张，必然内耗增加、人心涣散、缺乏生气。所以，到一个单位一定要搞好人际关系。在回答这些问题时，主考官会考查出应聘者的为人处世原则。

(6) 关于工作态度。

①领导经常让你加班，你会怎么办？

②你想怎样取得成功？

③你认为在本单位能实现个人理想和价值吗？

④如果为了某事你受到批评怎么办？

⑤怎样对待面临的困难？

在回答这些问题时要表现出你具有竞争进取、顽强拼搏的精神。

(7) 其他问题。

①你喜欢你的学校吗？

②你还有继续学习的打算吗？

③你恋爱了吗？

④你喜欢玩电脑游戏吗？为什么？

⑤如果你上网聊天，那你聊天的目的是什么？

⑥你有哪些工作经验？

⑦你觉得学历和工作经验哪个更重要？

对刚毕业的大学生来讲，没有什么工作经验的优势，回答这些问题要针对自己的兴趣、爱好等，从自己在大学期间所从事的各项社会工作来谈，如组织或参加过的社会实践、实习、课外活动以及打工经历等，如果再聊点体会和感受效果会更好些。面试内容广泛，绝不仅限于上述内容。因此，大学生们应广泛涉猎政治、经济、文化及国际国内社会各方面的知识，用科学的世界观和人生观武装自己的头脑，来应对考官提出的各种问题。

⑧你还有什么疑问？

这预示着面试即将结束。面试者应主动抓住这个机会，通过咨询问题或表明态度等方式，来进一步强化给主考官的印象。但是表述的内容不宜过多，应力求思路清晰，语言精练，主题鲜明，要点突出。

5. 心理准备

面试就好比是一场考试，在测试每个人的能力的同时，也在测试每个人的心理素质和临场发挥水平。心态对于面试来说太重要了，紧张的心态会抑制思维的活力，不利于面试。放松而平静的心态有助于稳定思绪，使面试者发挥出本来就具备的水平，甚至还会创造性地应答好准备之外的问题。因此，要成功面试，就必须保持正常心态。具体来讲，有如下几个方面：

（1）要充满信心，保持良好的状态和快乐的心情。

（2）要正确分析自我，根据自身的特长，选准适当的就业位置，保持积极主动的择业心态，敢于竞争、敢于自荐，增强心理承受能力。

（3）要有充足的睡眠，保持清醒的头脑，对预测到可能出现的问题，要策略地做好通盘考虑，以良好的心态从容应试。

（4）最后，在进入面试房间前，先深吸一口气，使自己镇静而有信心。

案例

一位专科毕业生在应聘东莞某商城有限公司之前，先到该公司设在学校附近的超市进行了一番考察，从公司的宣传栏里了解到了比较详细的背景资料，对公司的经营理念、市场定位、目前规模和发展目标等都有了总体的了解。接着，又上网查阅了许多关于该公司以及其他国内外连锁经营的管理知识。在此基础上还认真总结出一份"管中窥豹，我对公司的几点建议"。面试由该公司人力资源部总监主持。第一个问题便是：你对我公司有多少了解？考场内鸦雀无声，他却暗自庆幸："头筹非我莫属。"果然，当他对公司状况做了一番陈述并递交了自己的总结报告时，招聘考官对他连连点头，最终他从20多个应聘者中脱颖而出。

【点评】对应聘企业有真实的了解，有成功的信念和信息，精心准备证明自己能成为企业发展的有用之才的有用材料。求职目的明确，能从招聘方的需求角度展示自己的实力。

8.3 面试的礼仪

用人单位在招聘过程中除了重视文凭以外，更加重视通过面试对人才的综合素质进行考查，而面试的时间是有限的，常常只有十几分钟甚至几分钟，许多面试都是"三分钟定乾坤"。在面试中常常是温文尔雅、服饰得体、仪表端庄、彬彬有礼的大学生更能获得用人单位的青睐。因此，大学生必须懂得面试的基本礼仪。

1. 面试的仪容礼仪

（1）衣着要得体。服装的选择要根据自己的求职定位衣着，既要表现出有教养、职业化的面貌，又要表示出对面试方的尊重。要依据自身的条件，如身材、肤色、气质、年龄、身份等特点选择服装。

①服装的质料。应选择不易皱褶、裁剪合体的衣服。最好事先将衣服熨烫平整，如果学校里没有条件熨烫衣服，可以在面试前一夜把衣服挂起来，这样也可以保持衣服的平整。

②服装的款式。以朴素、简练、精干、不扎眼为原则。

③服装的色彩。讲究"三色原则"，全身的服装及鞋、包的色彩要控制在三色以内，最好以黑、白、灰、蓝、咖啡为主，太过花哨的颜色可能会引起面试人员的反感。

④男士服装。男士最佳面试服装是两件套西装，但在穿着西装时要遵循西装的礼仪规范。例如，黑色的皮鞋要搭配深色、长及小腿中部的袜子；西装袖口的商标一定要拆除；皮鞋、皮包与皮带要同色；西装纽扣的扣法要合乎规范等。

⑤女士服装。对女生而言，职业化的套装搭配中跟皮鞋会更好。女生穿套裙时尤其要注意袜子的搭配。穿长筒袜时，袜边不能露在裙边下面；最好选择肤色或灰色的袜子，尽量不穿黑色及带花纹的长袜；不要穿脱丝的袜子，可在包里准备一双长袜备用。要避免穿太亮或花色的衣服、紧身衣裤或牛仔装。切忌穿过于紧身、暴露、薄透的衣服。

（2）头发、面容要整洁。面试前要注意面部、头发、手部的清洁，头发应整齐、干净、有光泽，选择合适的发型，不要把发型搞得过于新奇而引人注目。要保持口腔清洁和口气清新，面试前，必须把身上的怪味除掉，忌吃洋葱或大蒜等带异味的食品。男生应养成每天剃须的良好习惯，注意修剪鼻毛；女生则可化一个清新、自然的面试妆。化妆也要遵守礼仪，例如，不要当众化妆、不要化浓妆、妆面出现残缺要及时补妆等。另外，面试时最好不要使用香水，特别是香味过浓的香水。

（3）附带修饰要适当。佩戴的首饰，如项链、戒指、手链、胸针等，数量不要超过三件，款式越简单越好，色彩、款式尽量统一。面试时最好带一个文件夹或公文包，不仅可以衬托职业气质，而且很实用，可以把个人资料，如简历、证书以及文具等都放进去，切忌面试时向主考官借用纸张和笔，这样会显得自己没有训练有素的工作习惯。

2. 面试的举止礼仪

举止是指人的表情和动作,是一种无声的语言,内涵极为丰富,主要包括日常生活中的目光、表情、站、坐、行、握手、手势、进出房间、致意、鞠躬、介绍和自我介绍、递物接物等内容。在面试中应该使自己成为举止优雅的人。

(1) 目光。应正视对方脸部由双眼底线和前额构成的三角区域,同时应将目光放虚,切忌聚焦,对方会感到你的诚意。交谈时要将目光转向交谈人,以示自己在倾听,一般连续注视对方的时间要把握在几秒以内,否则会引起对方的反感和不安。另外,还要善用目光的变化,灵活使用目光来表达自己内心的感情。

(2) 表情。要面带微笑,谦和热情。微笑贯穿求职面试的全过程,在跟对方见面时要带着微笑,在跟对方交谈时要面带微笑,在跟对方打招呼时要点头微笑,在跟对方告别时要握手微笑。微笑必须真诚、自然、适度、得体。笑得有分寸,不出声,含而不露,不能哈哈大笑,更不能捧腹大笑;得体就是要恰到好处,当笑则笑,不当笑则不笑。否则会适得其反,给对方留下不好的印象。

(3) 站姿。要求做到头正目平,微收下颌,挺胸收腹,两手自然下垂或叠放在身体前面,两腿立直并拢,脚跟相靠,脚尖张开约60°,给人以挺拔、优雅的印象。

(4) 坐姿。入座时动作要轻而缓,坐椅子时最好只坐2/3,背部不靠椅背,女生必须两腿并拢,男生可稍微分开,双手叠放或平放在大腿上,身体保持挺直并可稍稍前倾,自然放松,给人端庄、大方的感觉。

(5) 行走。注意协调稳健,轻松敏捷;双目向前平视,面容平和自然;双肩平稳,双臂前后自然摆动,摆幅以30°~35°为宜;上身挺直,收腹,立腰,重心稍前倾;注意避免内外八字,步幅要适当。

(6) 握手。握手时讲究"尊者优先",一是不能主动伸手,二是对方伸手后要热情友好,要把握好握手的力度和时间。标准的握手姿势(纯礼节意义上的握手姿势)是:伸出右手,手指稍用力握住对方的手掌(手掌应与地面垂直),持续1/3秒,双目注视对方,面带笑容,上身要略微前倾,头要微低。

(7) 手势。打招呼、致意、告别、欢呼、鼓掌等都属于手势范围,应该注意其力度的大小、速度的快慢、时间的长短,不可以过度。例如,鼓掌时应用右手掌轻拍左手手掌心;在任何情况下,不要用大拇指指自己的鼻尖和用手指点他人;介绍某人,为某人指示方向,请人做某事时,应该手心向上,手臂伸平,手指自然并拢,以肘关节为轴,指示方向,上身稍向前倾,以示敬重；在生活中要避免出现令人反感的动作，如当众搔头皮、掏耳朵、搓泥垢等。

（8）进出房间。进入他人房间或办公室，都应轻轻叩门，得到允许后方可进入，切不可贸然闯入。叩门时应以指关节轻叩；进入房间脚步要轻，如果需要关门的话，要回身把门关好。走出房间应该回身把门带上，不能扬长而去。

（9）致意。表示问候之意，是一种常用的礼节，其方法有起立致意、举手致意、点头致意、欠身致意等，致意要注意文雅，态度必须诚恳。

（10）鞠躬。如果要表示对他人敬重，可以向其鞠躬，方法是首先立正站好，保持身体的端正，同时双手在体前搭好（右手搭在左手上），面带微笑；然后以腰部为轴，整个腰及肩部向前倾斜15°~30°，目光应该向下，同时问候"您好"等。

（11）介绍和自我介绍。为他人作介绍时，应先把晚辈介绍给长辈，把地位低者介绍给地位高者，把男士介绍给女士；接待客人，把客人介绍给主人后，一般是把晚到的客人介绍给早到的客人，介绍时，注意要把手掌伸开（手心向上），向着被介绍一方，作为被介绍者，应当表现出结识对方的热情，双目应该注视对方，不可东张西望。而在进行自我介绍时，举止要庄重、大方，可将右手放在自己的左胸上，不要慌张，表情坦然、亲切，眼睛应看着对方或是大家，不要显得不知所措，面红耳赤。

（12）递物和接物。递物、接物时要双手接送。递名片时，面带微笑，双目注视对方，将名片下端对着对方，用双手的拇指和食指分别持握名片上端的两角恭敬地送给对方。接受他人名片时，应恭恭敬敬，双手捧接，接过后要仔细看一遍。递面试材料时，应面带微笑，注视着对方，将材料的正面朝向对方，双手送交对方或放在桌上。

（13）手机。面试前要将手机关机或者设置为震动、静音。在面试中旁若无人地使用手机接听电话或查看、发送短信是非常不礼貌的行为。另外，务必要克服不文明的行为举止习惯，一定要记住：走动、就座、开门、关门时要尽量保持安静，回答问题时不要指手画脚、手舞足蹈，不做与面试无关的动作，进出房门的时候始终面对面试人员等。面试时切忌嚼口香糖、抽烟等。

3. 面试的语言礼仪

面试时要注意谈吐文明、礼貌，尽量多用敬语、尊称，以示对主考官的尊重。

（1）称呼。称呼是当面招呼对方，以表明彼此关系。国内最普遍使用的称呼是"同志"，不论是何种职业、年龄、地位的人均可以称为"同志"；知识分子在其工作场合或与之有关的场合，可以直接称其职称并在职称前冠以姓氏；新结识的人，对年长于自己的，可以称之为"老师"；要注意"您"和"你"的使用区别，做到尊重对方，不伤感情。

（2）礼貌用语。礼貌用语主要包括问候、感谢、道歉、征询、赞美、慰问等用语。常用的有：表示问候时用"您好！""你好！""早上好！""晚上好！"等；表示感谢时用"谢谢！""麻烦你了，非常感谢！"等，并注意说明感谢的原因；表示道歉用"对不起，实在抱歉！""真过意不去！""真是失礼了！"等；征询语有"您有什么事情吗？""我能为您做些什么吗？"等；赞美语有"很好！""很不错！""太好了！"等；慰问语有"您辛苦了！""给你们添麻烦了！"等；要特别注意"请"字的运用，如"请您指教"等。

此外，在面试前，对要面试的场所和时间一定要了然于胸，并在约定时间的5~10分钟前到达，切不可迟到。尽量避免和父母、朋友及其他亲戚同去面试，以免给主考官造成一种信心不足、缺乏独立行事能力的不良印象。

案例

细节决定成败

小D到一家日资企业面试。那天应聘的人很多，一个个踌躇满志地进去，高深莫测地出来。小D心中没底地进了接见室，不经意地看到地上有一张白纸，随后将纸捡起来，送到日本老板手上。接下来，老板只问了他几个简单的问题，就让他回去等候消息。小D从来没遇到过这么容易的面试，心想多半第一印象已经不好，对方只是出于礼貌问两句，这份工作看来九成吹了。一个星期后，他意外地接到了聘用通知，理由是他拾起了那张许多人注意到了却没有想到捡起来的白纸。

同样是一家外企，急需一名业务主管。面试内容也很简单，只是让应聘者随便在公司内走上一圈，然后发表个人对公司的看法。不少应聘者大谈特谈公司规模、前景和自己的抱负等。而最后获得录用的人朴实无华，仅仅因为他在参观洗手间时将一只正在滴水的水龙头牢牢关好了。

【点评】文凭学历、经验履历、形象风度等在面试时固然重要，但过程中的一些小细节、小事情，却能反映出个人的整体综合素质，同样不容忽视。一些对待细节的处理方式，会让求职者在招聘关口败下阵来。中国有句古话叫"一屋不扫何以扫天下"，求职者切记：凡事从小做起，莫以善小而不为。

8.4 面试的技巧

1. 掌握面试的基本程序

掌握了面试的基本程序，可以使求职者从容准备面试和应对面试，做到心中有数。面试的基本程序主要包括下列步骤：

（1）招聘单位对求职者的申请材料进行审核，确定面试名单。

（2）招聘单位向求职者通知面试时间、地点。面试地点一般按照就地、就近和方便的原则进行安排。通常有两种情况：学校或其附近的场地；招聘单位或其附近的场地。通知面试的方式大致有两种：一是招聘单位先通知学校就业主管部门，由学校通知学生；二是用人单位直接通知学生本人。

（3）求职者做好面试的准备。

（4）到达面试场所。面试时，无论何种情况，千万不能迟到，最好提前几分钟到达指定地点等候，以表示求职的诚意，增加对方的信任感，同时也可调整自己的心态，做一些简单的仪表准备，以免仓促上阵，手忙脚乱。为了做到这一点，一定要牢记面试的时间、地点，有条件的学生最好能提前去一趟，一来可以观察熟悉环境，二来便于掌握路途往返时间，以免因一时找不到地方或途中延误而迟到。

（5）正式面试。正式面试的过程一般是：自我介绍、主考官提问、应试者回答问题、应试者提问、双方交谈等。面试自我介绍应大体包括本人的姓名、籍贯、学历、工作经历、兴趣等。进行自我介绍一定要力求简洁，尽可能地节省时间。通常以半分钟左右为佳，如无特殊情况最好不要长于1分钟。面试的其他环节则根据具体情况而定。

（6）面试结束。面试时间的长短要视面试内容而定。主考官认为该结束面试时，往往会说一些暗示的话语，例如，"我很感激你对我们公司这项工作的关注""谢谢你对我们招聘工作的关心，我们一作出决定就会立刻通知你""你的情况我们已经了解了""你知道，在作出最后决定之前我们还要面试其他几位申请人"。求职者听了诸如此类的暗示语之后，就应该主动提出告辞。告辞时要礼貌再见，因为面试结束时的礼节也是公司考查录用的一个因素，因此，求职者不要在主考官结束谈话前表现出浮躁不安、急欲离去的样子。另外，告辞时应感谢对方花时间同你面谈。

2. 应试者语言运用的技巧

在面试中，求职者能恰当地运用语言来表达，标志着其成熟程度和综合素养。因此，对求职应试者来说，掌握语言表达的技巧无疑是重要的。

（1）口齿清晰，语言流利。交谈时要注意发音准确，吐字清晰。要注意控制说话的速度,以免磕磕绊绊,影响语言的流畅。为了增添语言的魅力,应注意修辞美妙,忌用口头禅,更不能有不文明的语言。

(2) 语气平和,语调恰当,音量适中。面试时要注意语音、语调、语气的正确运用。打招呼时宜用上语调,加重语气并带拖音以引起对方的注意。自我介绍时,最好多用平缓的陈述语气,不宜使用感叹语气或祈使句。声音过大令人厌烦,声音过小则难以听清,音量的大小要以每个主考官都能听清讲话为原则。

(3) 语言要含蓄、幽默、机智。说话时除了表述清晰以外,适当的时候可以插进幽默的语言,为谈话增加轻松愉快的气氛,这会展示自己的优越气质和从容风度。尤其是当遇到难以回答的问题时,机智幽默的语言会显示自己的聪明智慧,有助于化险为夷,给人留下良好的印象。但使用也要适度,避免给对方留下"随意调侃"的印象。

(4) 注意对方的反应。求职面试不同于演讲,它更接近于一般的交谈。交谈中,应随时注意听者的反应,例如,听者心不在焉,可能表示他对自己这段话没有兴趣,必须设法转移话题;侧耳倾听,可能说明由于自己音量过小使对方难以听清,需要提高音量;皱眉、摆头则可能表示自己言语有不当之处。根据对方的这些反应,要适时地调整自己的语音、语调、语气、音量、修辞等,包括陈述内容,这样才能取得良好的面试效果。

3. 应试者身体语言运用的技巧

人们在日常生活交往中,都在自觉或不自觉地运用各种身体语言来帮助自己表达意愿。因此,在面试中也要注意身体语言的运用。

(1) 保持恰当的坐姿。要让对方感觉到你对他的发言很关注,要表示出你在认真倾听,这样他才能愉快专心地与你交谈,并对你产生好感。这时最好是把双手交叉,身体前倾。切忌坐在那儿大大咧咧,如果是坐在椅子上,更忌身体后仰,跷起二郎腿。

(2) 面带微笑,身体动作舒缓大方。要让对方感觉到你的热情和自信,关键是要在交谈过程中避免过分紧张和拘谨,要尽量面带微笑,动作尽量舒缓、大方。

(3) 适当借助手势来表达意思。如果表示关注,双手应交合放在嘴前,或把手指搁在耳下,或双手交叉,身体前倾;如果想表现出对所述主题的把握,可先将一只手伸向前,掌心向下,然后从左向右做一个大的环绕动作,就好像用手"覆盖"着所要表达的主题;如果想吸引听者的注意力或强调很重要的一点,可以把食指和大拇指捏到一起,以示强调。

4. 应试者回答问题的技巧

(1) 把握重点,简洁明了,条理清楚,有理有据。面试时间有限,回答问题时要力求言简意赅。长篇大论，会让人不得要领；多余的话太多，容易把自己绕在问题堆里，造成跑题，反倒会将主题冲淡或漏掉。一般情况下，回答问题要结论在先，议论在后，先将自己的中心意思表达清晰，然后再作叙述和论证。

（2）讲清原委，避免抽象。在面试中，主考官是想通过提问来了解求职者的一些具体情况，因此，求职应试者在回答问题时，切不可简单地仅仅以"是"或"否"作答。针对所提问题的不同，有的需要解释原因，有的需要说明程度，不讲原委、过于抽象的回答，往往不会给主考官留下具体的印象。

（3）确认提问内容，切忌答非所问。如果在面试中对主考官提出的问题一时摸不着头脑，以致不知从何答起或难以理解对方问题的含义时，可将问题复述一遍，并先谈自己对这一问题的理解，请教对方以确认内容。对不太明确的问题，一定要搞清楚。这样才会有的放矢，不至于答非所问。

（4）有个人见解，有个人特色。主考官每年接待的应试者无数，同样的问题已经问了无数遍，相似的回答也听了无数遍。因此，主考官会有乏味、枯燥之感。只有具有独到的个人见解和个人特色的回答，才会引起对方的兴趣和注意。

（5）知之为知之，不知为不知。面试中遇到自己不知、不懂、不会的问题时，回避闪烁、默不作声、牵强附会、不懂装懂的做法均不足取，诚恳坦率地承认自己的不足之处，反倒会赢得面试者的信任和好感。

（6）回答难题要避其锋芒，转移话锋，含蓄低调，避重就轻。在面试过程中要仔细地聆听、观察，判断考官喜欢什么样的回答。有的人喜欢听工作经历中的实例，有的人希望知道面试者的工作能力，有的人喜欢简单的自我介绍，有的人则喜欢听详尽的阐述。尽可能从考官的言谈举止中发现什么是他们喜欢的回答，然后投其所好，准确地回答问题。当遇到难回答的问题时，原则是：避其锋芒，转移话锋，含蓄低调，避重就轻。关键是要变被动为主动，把问题转到可以主动操纵的方面来。

5. 消除过度紧张的技巧

由于面试成功与否关系到求职者的前途，所以大学生面试时往往容易产生紧张情绪。紧张是求职者在考官面前精神活动过度的一种心理状态。初次参加面试的求职者都会有紧张的感觉。有些大学生可能由于过度紧张导致面试失败。因此，求职者在面试时必须设法消除过度紧张情绪。

（1）要保持平常的心态。一个求职者在面试时如果能保持平常的心态，一般就不会产生紧张感，起码不会过于紧张。要使自己保持平常平静的心态，可以采取的办法有：一是不要顾虑过多，坦率地接受紧张这一客观事实，认识到面试时求职者紧张是一种较普遍的现象，自己紧张，其他求职者也会紧张，如果想到这些，心情也许会平静下来；二是在面试前阅读一些幽默故事，翻看轻松、有趣的书籍杂志，或听听音乐，和朋友们平静交谈等，这样可以较好地转移注意力，调整情绪；三是在面试中进行自我暗示，提醒自己"镇静""放松"，把面对的主考官当作熟人来对待。

（2）不要把面试的成败看得过重。在求职面试中，要把注意力集中在谈话和回答问题上，不要总是想着"面试失败了怎么办"这样的问题，应该想到这次机会不行，还有下次机会；这个单位不聘用，还有别的单位；这次求职不成，自己也没有失去什么，相反地，自己得到了锻炼，获得了面试的经验教训。如果能这样来看待面试，那么，求职者紧张的情绪就比较容易被缓解了。

（3）要增强自信心。求职者在面试中产生紧张情绪的一个重要原因就是自信心不足，需要增强自信心，求职者应该做到：一是正确地认识自己的优势，确认自己的优势，不要低估自己的优势；二是不要用自己的劣势与求职竞争者的优势相比，否则，越比越会使自己失去信心，应当想到自己与他们的共同点；三是充分展示自己的气质和风度。

案例

紧张的克服和自信的树立

张同学的求职意向首选是深圳市知名会计师事务所，经过层层筛选，他如愿进入普华永道和安永华明的最后一轮面试，也就是要去见事务所的合伙人。能在数千大军中杀到见合伙人已经实属不易。然而，在见合伙人的时候，他特别紧张。在见普华的合伙人时，他叫错了合伙人的名字，并且临走时把包忘在了合伙人的办公室里；在见安永的合伙人时，由于是英文面试，他重复一个英文单词数遍，唯恐对方听不清楚，直至那位合伙人亲自打断并说明他已经明白了张同学的意思，他才明白该适可而止。结果是两家国际一流的会计公司都在最后面试时将他拒之门外。

李同学面试中信集团总部时，面试官问他对中信了解多少。他想了半分钟然后说道："我接到面试时还没来得及查看中信的资料，所以不太了解。"面试官对他说："我们招人自然希望他能了解中信。你还是回去再多了解一些吧。"

赵同学在面试人民银行时，面试官问他为什么想来人民银行。赵同学心里想：还不是因为你们人民银行权力大。但是碍于不方便直白地说这样的话，他一时没了主意。吭哧吭哧中和人民银行说了再见。

【点评】从上面的三个小案例中可以看出张同学精神紧张，缺乏自信，跌倒在自己最想去的公司前；赵同学和李同学对用人单位缺乏了解，回答不出常规问题。要想在面试中脱颖而出，给招聘人员留下深刻的印象，就要克服紧张，建立自信。要想自信，就必须知己知彼，对自己和用人单位都有客观的认识。求职应聘，是一个了解自己、了解用人单位，向用人单位展示自己能力与素质的面对面的接触。只有做好了充分的准备，才能用特色和真才实学为自己铺就成功之路。

（4）不要把主考官看得过于神秘。人人都是平等的，每个人都各有所长，并非所有的主考官都知识渊博，洞察一切，经验丰富。

（5）有意识地把握谈话节奏。在进入面试场所致礼落座后，先不要急于说话，应集中精力听完问题，再从容应答。一般开始谈话时可以有意识地放慢讲话速度，等自己进入状态后再适当增强语气，增加语速。这样，既可以稳定自己的紧张情绪，又可以扭转面试气氛沉闷的局面。

（6）回答问题时，目光可以停留在提问者的额头。有的人在回答问题时眼睛不知道往哪看，有的魂不守舍、目光不定，有的眼睛下垂，有的两眼直盯着提问者，往往造成自己的紧张。要消除这种紧张情绪，面试时可以把目光集中在提问者的额头上，既可以给对方以诚恳、自信的印象，也可以鼓起自己的勇气，消除自己的紧张情绪。

6. 正确对待面试中的失误

第一次参加面试难免因紧张而出现失误，实际上也不可能通过一次面试就取得成功。此时，切不可因一时的失误而丧气。要记住，一时失误不等于面试失败，重要的是要战胜自己，不要轻易地放弃机会。要明白被用人单位拒绝几乎是所有求职者必然的经历，求职失败是最终求职成功的必要组成部分。在面试时，即使感到自己有失败的苗头，也不要轻言放弃，要有不到最后关头誓不罢休的决心。面试失败了要分析具体原因，总结经验教训，以新的姿态迎接下一次面试。

案例

不断总结，成功在望

梁同学在求职之初，屡试屡败。他回忆前几次面试中的经历：在农业银行的面试中他过于紧张，说话没有条理；在华达集团面试中他没有说好为什么要加盟该公司；在信息产业部的面试中，他没有回答好业余爱好是什么（他回答的是喜欢和朋友们喝酒、聊天）。在反思以前面试中的不当之处后，他准备在下一次面试时，除了专业知识的准备，还要做到：事前，自己以正常说话口吻给出简短的两分钟自我介绍；对简历中的每一方面的内容都要做到心中有数；对所应聘的公司要做到大致了解，并且一定要想"我为什么要来，我来了能做什么"这样的问题；面试时注意说话的语速和音调，以保证让面试官听清楚。一周后，他参加了人民保险公司的面试，在11位主考官面前，他神态自若，回答流利，有理有据，得到了面试官的一致好评。一个星期后，他被人民保险公司录取了。

【点评】从这个例子可以看出每一次经历都是一次成长的好机会。经历了失败能及时总结经验，在实力不断增强的基础上不断增强自信心，才能不断增加成功的砝码，达到成功的彼岸。

8.5　经典面试问题回答思路

面试过程中，面试官会向应聘者发问，而应聘者的回答将成为面试官考虑是否接受他的重要依据。本节对面试中经常出现的一些典型问题进行了整理，并给出相应的回答思路和参考答案。读者无须过分关注分析的细节，关键是要从这些分析中"悟"出面试的规律及回答问题的思维方式，达到"活学活用"。

1. 请你自我介绍一下

思路如下：

（1）这是面试的必考题目。

（2）介绍内容要与个人简历相一致。

（3）表述方式上尽量口语化。

（4）要切中要害，不谈无关、无用的内容。

（5）条理要清晰，层次要分明。

（6）事先最好以文字的形式写好，背熟。

2. 谈谈你的家庭情况

思路如下：

（1）家庭状况对于了解应聘者的性格、观念、心态等有一定的作用，这是招聘单位问该问题的主要原因。

（2）简单地罗列家庭人口。

（3）宜强调温馨和睦的家庭氛围。

（4）宜强调父母对自己教育的重视。

（5）宜强调各位家庭成员的良好状况。

（6）宜强调家庭成员对自己工作的支持。

（7）宜强调自己对家庭的责任感。

3. 你有什么业余爱好

思路如下：

（1）业余爱好能在一定程度上反映应聘者的性格、观念、心态，这是招聘单位问该问题的主要原因。

（2）最好不要说自己没有业余爱好。

（3）不要说自己有那些庸俗的、令人感觉不好的爱好。

（4）最好不要说自己仅限于读书、听音乐、上网，否则可能令面试官怀疑应聘者性格孤僻。

（5）最好能有一些户外的业余爱好来"点缀"你的形象。

4. 你最崇拜谁

思路如下：

（1）最崇拜的人能在一定程度上反映应聘者的性格、观念、心态，这是面试官问该问题的主要原因。

（2）不宜说自己谁都不崇拜。

（3）不宜说崇拜自己。

（4）不宜说崇拜一个虚幻的或是不知名的人。

（5）不宜说崇拜一个明显具有负面形象的人。

（6）所崇拜的人最好与自己所应聘的工作能"搭"上关系。

（7）最好说出自己所崇拜的人哪些品质、哪些思想感染着自己、鼓舞着自己。

5. 你的座右铭是什么

思路如下：

（1）座右铭能在一定程度上反映应聘者的性格、观念、心态，这是面试官问这个问题的主要原因。

（2）不宜说那些易引起不好联想的座右铭。

（3）不宜说那些太抽象的座右铭。

（4）不宜说太长的座右铭。

（5）座右铭最好能反映出自己的某种优秀品质。

（6）参考答案："只为成功找方法，不为失败找借口。"

6. 谈谈你的缺点

思路如下：

（1）不宜说自己没缺点。

（2）不宜把那些明显的优点说成缺点。

（3）不宜说出严重影响所应聘工作的缺点。

（4）不宜说出令人不放心、不舒服的缺点。

（5）可以说出一些对于所应聘工作"无关紧要"的缺点，甚至是一些表面上看是缺点，从工作的角度看却是优点的缺点。

7. 谈谈你的一次失败经历

思路如下：

（1）不宜说自己没有失败的经历。

（2）不宜把那些明显的成功说成是失败。

（3）不宜说出严重影响所应聘工作的失败经历。

（4）所谈经历的结果应是失败的。

（5）宜说明失败之前自己曾信心百倍、尽心尽力。

（6）说明仅仅是由于外在客观原因导致失败。

（7）失败后自己很快振作起来，以更加饱满的热情面对以后的工作。

8. 你为什么选择我们公司

思路如下：

（1）面试官试图从中了解你求职的动机、愿望以及对此项工作的态度。

（2）建议从行业、企业和岗位这三个角度来回答。

（3）参考答案："我十分看好贵公司所在的行业，我认为贵公司十分重视人才，而且这项工作很适合我，相信自己一定能做好。"

9. 对这项工作，你有哪些可预见的困难

思路如下：

（1）不宜直接说出具体的困难，否则可能令对方怀疑应聘者不能胜任工作。

（2）可以尝试迂回战术，说出应聘者对困难所持有的态度——"工作中出现一些困难是正常的，也是难免的，但是只要有坚韧不拔的毅力、良好的合作精神以及事前周密而充分的准备，任何困难都是可以克服的。"

10. 如果我录用你，你将怎样开展工作

思路如下：

（1）如果应聘者对于应聘的职位缺乏足够的了解，最好不要直接说出自己开展工作的具体办法。

（2）可以尝试采用迂回战术来回答，如"首先听取领导的指示和要求，然后就有关情况进行了解和熟悉，接下来制订一份近期的工作计划并报领导批准，最后根据计划开展工作。"

11. 与上级意见不一致时，你将怎么办

思路如下：

（1）一般可以这样回答"我会给上级以必要的解释和提醒，在这种情况下，我会服从上级的意见。"

（2）如果面试你的是总经理，而你所应聘的职位另有一位经理，且这位经理当时不在场，可以这样回答："对于非原则性问题，我会服从上级的意见，对于涉及公司利益的重大问题，我希望能向更高层领导反映。"

12. 我们为什么要录用你

思路如下：

（1）应聘者最好站在招聘单位的角度来回答。

（2）招聘单位一般会录用这样的应聘者：基本符合条件，对这份工作感兴趣，有足够的信心。

（3）如"我符合贵公司的招聘条件，凭我目前掌握的技能、高度的责任感和良好的适应能力及学习能力，完全能胜任这份工作。我十分希望能为贵公司服务，如果贵公司给我这个机会，我一定能成为贵公司的栋梁！"

13. 你能为我们做什么

思路如下：

（1）基本原则上"投其所好"。

（2）回答这个问题前应聘者最好能"先发制人"，了解招聘单位期待这个职位所能发挥的作用。

（3）应聘者可以根据自己的了解，结合自己在专业领域的优势来回答这个问题。

14. 你是应届毕业生，缺乏经验，如何能胜任这项工作

思路如下：

（1）如果招聘单位对应届毕业生的应聘者提出这个问题，说明招聘单位并不真正在乎"经验"，关键看应聘者怎样回答。

（2）对这个问题的回答最好要体现出应聘者的诚恳、机智、果敢及敬业。

（3）如"作为应届毕业生，在工作经验方面的确会有所欠缺，因此，在读书期间我一直利用各种机会在这个行业里做兼职。我也发现，实际工作远比书本知识丰富、复杂。但我有较强的责任心、适应能力和学习能力，而且比较勤奋，所以在兼职中均能圆满完成各项工作，从中获取的经验也令我受益匪浅。请贵公司放心，学校所学及兼职的工作经验使我一定能胜任这个职位。"

15. 你希望与什么样的上级共事

思路如下：

（1）通过应聘者对上级的"希望"可以判断出应聘者对自我要求的意识，这既是一个陷阱，又是一次机会。

（2）最好回避对上级具体的希望，多谈对自己的要求。

（3）如"作为刚步入社会的新人，我应该多要求自己尽快熟悉环境、适应环境，而不应该对环境提出什么要求，只要能发挥我的专长就可以了。"

16. 你在前一家公司的离职原因是什么

思路如下：

（1）最重要的是：应聘者要使招聘单位相信，应聘者在过往单位的"离职原因"在此家招聘单位里不存在。

(2) 避免把"离职原因"说得太详细、太具体。

(3) 不能掺杂主观的负面感受，如"太辛苦""人际关系复杂""管理太混乱""公司不重视人才""公司排斥我们某某的员工"等。

(4) 但也不能躲闪、回避，如"想换换环境""个人原因"等。

(5) 不能涉及自己负面的人格特征，如不诚实、懒惰、缺乏责任感、不随和等。

(6) 尽量使解释的理由为应聘者个人形象添彩。如"我离职是因为这家公司倒闭。我在公司工作了三年多，有较深的感情。从去年开始，由于市场形势突变，公司的局面急转直下。到眼下这一步我觉得很遗憾，但还要面对现实，重新寻找能发挥我能力的舞台。"

以上面试问题的回答思路仅供参考，同一个面试问题并非只有一个答案，而同一个答案并不是在任何面试场合都有效，关键在于应聘者掌握了规律后，对面试的具体情况进行把握，有意识地揣摩面试官提出问题的心理背景，然后投其所好。

案例

学习成绩不高的毕业生应聘

面试官：根据你所提供的成绩单来看，你的成绩似乎并不怎么稳定？

求职者：的确，我在一二年级的时候成绩并不怎么好，但是我的成绩的提高趋势是非常好的。

面试官：除了成绩单以外，你还有什么可以证明自己的学习能力的吗？

求职者：很多人都说，大学教育是一种素质教育而并非单纯的知识性教育。我在一二年级的时候学习成绩并不好，是因为我所学的专业与我自己的职业规划并不相符。因此，我将自己的时间更多地放在参加学校的社团活动上，锻炼了自己的组织能力和协调能力。而到了三年级，我意识到了很多工作单位都比较注重奖学金的获得，所以我加强了自己学习方面的投入时间。能够在认识到学习成绩的重要性的情况下迅速提高自己的成绩，也从侧面证明了我的学习能力。

【点评】面试考官的第一个问题其实已经暗指求职者的成绩不尽如人意，但是该求职者能从趋势上做文章，是比较有力度的。而第二个问题的回答更是强有力的例证。

用专业知识为求职"加分"

小王是某职院机电专业应届毕业生。在2009年找工作的大学生中，小王算是比较幸运的，投的简历不算多，却已有了回音。一家机电集团让小王去实习，还达成了就业意向。现在回头想想，这么快能定下来工作去向，小王觉得这与他的专业基础知识扎实有很大的关系。

小王的专业主要以自动化、机械领域的工作为求职方向。起初，他还以为自己的就业范围会很窄，可在听了几次校内宣讲会，看过许多单位的招聘广告后，心里有了数：由于专业课学习范围比较广，像机械原理、电子技术、工程力学等非专业课程都有涉猎，找工作的范围相对宽泛一点。

小王认为对工科生来说，专业对口还是很重要的，否则读了几年的书，无法学以致用总有些遗憾。2009 年 1 月，他投的一份简历有了消息：某机电集团邀请他参加面试。这家公司主要做建筑配套设计，如制冷设施、自动化设施等，和他的专业十分吻合。面试官在看了他的简历和学科成绩后，开门见山便问："干球温度是多少？湿球温度是多少？"因为他平时专业书看得很多，所以对答如流。面试官接着问了一连串专业问题，有的答案他了如指掌，有的却有点懵，不过经面试官的指点，他很快有了"方向"。一场面试下来，他觉得自己所学的专业知识都用到了，要是平日不努力，临时抱佛脚，还真不行。一周以后，这家机电集团打来电话，要他去实习。

其实，小王的许多同学也有同感：专业知识扎实的毕业生很"吃香"，有时用人单位恰好缺一个空位，亟须毕业生顶岗，这就离不开日常的用功积累。

大型企业面试失败经历

南方某知名职院热门专业的应届毕业生小张，接到国内一所大型企业研发部门应聘系统技师职位的面试通知。小张大学三年成绩优秀，并且在国内一些技能竞赛中获奖，动手操作能力较强，很适合从事研发工作。尽管如此，由于竞争者众多，小张对面试并没有十足的把握。

公司人力资源部的两位主管先问小张是否了解这家公司，然后就问小张身高多少、有无女朋友等与职位无关的问题。出身名校且略显孤傲的小张，态度由尊敬转化为轻视，神情中不觉流露出来。

随着面试过程的深入，小张逐渐放松下来，他习惯地撸起袖管，"嘎吱嘎吱"地捏着手中的塑料水杯，双腿不停抖动，好几次碰响了桌子。两位考官似乎略有分工，人事主管问完后，由招聘专员单独与小张交流。

突然，那位人事主管暂时离场，小张认为主管对他失去了兴趣，心思有点乱了，好几次需要对方重复提问。轮到小张提问了，小张问了一些与系统技师职位有关的问题，考官似乎不太了解，用略显厌烦的语气敷衍小张。

整个面试过程，小张一直低着头，回答问题时，才偶尔抬一下头。

小张又参加了商务英语笔试。由于小张没学过商务英语，看了 3 分钟以后，什么也没有写，便交了试卷，脸色阴沉沉的，也没有和考官道别。

考官对小张的面试评价："……有较强的动手能力和较大的发展潜力……面对压力心理素质较差，在人际交往方面有较大缺陷……对公司不够重视……"

用人单位"求贤若渴"，毕业生"心仪已久"，理应一拍即合，结果却面试失败，原因何在？

第九章 笔试技巧

> **案例**
>
> 小刘所学为电力系统自动化专业，学习成绩和其他方面条件都很优秀，准备应聘一家大型外资企业，这家公司的招聘流程分为笔试和面试两个环节，小刘自以为自身条件很好，没有过多准备笔试内容，甚至对该公司的背景也只有一个大致了解。在笔试当天，考试内容除了专业知识以外，还有更多的综合能力测试和对公司及应聘的岗位认识。结果小刘答得非常不理想，最终没有进入面试环节。
>
> 机会只留给有准备的人，俗话说："机不可失，时不再来。"像小刘这样对自己应聘的岗位没有做足够的准备，当机会来临时，他只能与其擦肩而过。

9.1 笔试的常识

所谓笔试，是指用人单位采用书面形式对求职者的基本知识、专业知识、文化素养和心理健康等综合素质进行考核和评估的方法。

笔试是求职择业中常用的一种考核方法，是考核应聘者学识水平的重要途径。这种方法可以有效地测量应聘者的基本知识、专业知识、管理知识、综合分析能力和文字表达能力等素质及能力的差异，对求职者来说是相对公平的一种考核方式，因而被越来越多的用人单位所采用。

笔试考核主要适用于两种情况：一是应聘者人数较多，需要考核的知识面较广；二是考核一些应聘特殊岗位的求职者，如文秘、广告、公关等。现在，大企业大单位大批量用人、国家机关选聘公务员，往往采用此种考核形式。

笔试的种类：

1. 心理测试

心理测试是指用事先编制好的标准化量表或问卷要求被试者完成，根据完成的数量和质量来判定其心理水平或个性差异的方法。一些特殊的用人单位常常以此来测试求职者的态度、兴趣、动机、智力、个性等心理素质。

2. 专业考试

专业考试是指为了检验求职者担任某一职务时是否能达到所要求的专业知识水平和相关的实际能力，对求职者进行的文化知识和相关的实际能力的考试。很多用人单位只要看学校提供的推荐表、成绩单以及所附的自荐材料，就可以了解毕业生基本的知识能力等情况，所以一般都免予笔试。但也有一些特殊的用人单位，需要通过笔试的方式对求职的大学毕业生进行专业知识的再考核。这种考试方式现已被越来越多的用人单位所采用。例如，外贸、外资、合资企业招聘雇员要考外语；公检法机关录用干部要考法律知识等；招聘行政管理、秘书方面工作的单位对求职者进行文字能力的测试；部分单位对某种计算机语言有较高的要求时，会测试求职者应用特定语言编程的能力；为检验毕业生实际工作能力或专业技术能力，通常还要进行专业技术能力考试。

3. 论文笔试

论文笔试是指用人单位通过论述题或自由应答型试题的形式来检验求职者分析、综合、比较、归纳、推理等思维能力的笔试方法。论文笔试的最大长处是有利于考查求职者的思考能力，从而能够了解求职者思想认识的深刻程度。这种测试往往会导致种种不同的答案，易于发现人才，促进智力发展，远比简单的测验题更能判断一个人的水平。

4. 命题写作

命题写作是指由用人单位给出范围或特定要求，通过让求职者写作来考查其知识、思维、文字表达能力的一种考核形式。例如，限时写出一份会议通知、请示报告或某项工作情况总结，或者提出一个论点，要求应试者予以论证或批驳等。

5. 国家公务员录用考试

国家公务员录用考试，是指国家行政机关为补充担任主任科员以下非领导职务的公务员，按照规定的条件和程序，采用考试和考核的方法从社会上选拔优秀人才到政府机关工作的一种办法。

国家机关录用公务员，"逢进必考"。中央国家机关的各公务员招考按性质和权责不同分为A、B两类。A类职位主要包括在中央、国家机关和中央国家行政机关派驻机构与中央垂直管理系统所属机构中，从事政策、法律法规、规划等的研究起草工作和其实施中的指导、监督检查工作，以及从事机关内部综合性管理工作的职位（如国家发改委综合司从事经济形势分析和政策研究的职位）。B类职位主要包括在中央、国家机关和中央行政机关派驻机构与中央垂直管理系统所属机构中，从事机关内的专业技术工作、对机关的业务工作提供专业技术支持的职位（如某些机关内部的财务会计职位）。报考A类职位的考生笔试公共科目为"行政职业能力测验（A）"和"申论"两科。报考B类职位的考生笔试公共科目为"行政职业能力测验（B）"一科。与以前相比，最大的变化是两类考试都取消了较为死板的"公共基础知识"科目，并取消了考试指定用书。国家机关考试录用工作人员和国家公务员的报名时间为每年11月的第一个星期六。公共科目笔试时间为每年12月的第三个星期六。

世界500强企业笔试智力急转弯问题

◆有一个长方形蛋糕，切掉了长方形的一块（大小和位置随意），你怎样才能直直地一刀下去，将剩下的蛋糕切成大小相等的两块？

答案。将完整的蛋糕的中心与被切掉的那块蛋糕的中心连成一条线。这个方法也适用于立方体！请注意，切掉的那块蛋糕的大小和位置是随意的，不要一心想着自己切生日蛋糕的方式，要跳出这个圈子。

◆有三筐水果，一筐装的全是苹果，第二筐装的全是橘子，第三筐是橘子与苹果混在一起。筐上的标签都是骗人的（比如，如果标签写的是橘子，那么可以肯定筐里不会只有橘子，可能还有苹果），你的任务是拿出其中一筐，从里面只拿一个水果，然后正确写出三筐水果的标签。

提示：从标着"混合"标签的筐里拿一个水果，就可以知道另外两筐装的是什么水果了。

◆你有八个球，其中一个有破损，因此比其他球轻了一些。你有一架天平用来比较这些球的重量。如果只称两次，如何找出有破损的那个球？

◆为什么下水道的井盖是圆的？

提示：方形的对角线比边长！

其他答案：①圆形的井盖可以由一个人搬动，因为它可以在地上滚。②圆形的井盖不必为了架在井口上而旋转它的位置。

◆美国有多少辆车？

◆你让一些人为你工作了七天，你要用一根金条作为报酬。金条被分成七小块，每天给出一块。如果你只能将金条切割两次，你怎样分给这些工人？

◆一列时速15英里①的火车从洛杉矶出发，驶向纽约。另外一列时速20英里的火车从纽约出发，驶向洛杉矶。如果一只鸟以每小时25英里的速度飞行，在同一时间从洛杉矶出发，在两列火车之间往返飞行，到火车相遇时为止，鸟飞了多远？

提示：想想火车的相对速度。

◆你有两个罐子，分别装着50个红色的玻璃球和50个蓝色的玻璃球。

---

① 1英里=1 609.35米。

随意拿起一个罐子,然后从里面拿出一个玻璃球。怎样最大程度地增加让自己拿到红色球的机会?利用这种方法,拿到红色球的概率有多大?

◆假设你站在镜子前,抬起左手,抬起右手,看看镜中的自己。当你抬起左手时,镜中的自己抬起的似乎是右手。可是当你仰头时,镜中的自己也在仰头,而不是低头。为什么镜子中的影像似乎颠倒了左右,却没有颠倒上下?

◆你有5瓶药,每颗药丸重10克,只有一瓶受到污染的药丸重量发生了变化,每颗药丸重9克。给你一个天平,你怎样一次就能测出哪一瓶是受到污染的药呢?

思路:①给5个瓶子标上1、2、3、4、5。②从1号瓶中取1颗药丸,2号瓶中取2颗药丸,3号瓶中取3颗药丸,4号瓶中取4颗药丸,5号瓶中取5颗药丸。③把它们全部放在天平上称一下重量。④现在用 $1 \times 10 + 2 \times 10 + 3 \times 10 + 4 \times 10 + 5 \times 10$ 的结果减去测出的重量。⑤结果就是装着被污染的药丸的瓶子号码。

◆如果你有一个容量为5夸脱①的水桶和一个容量为3夸脱的水桶,怎样准确地量出4夸脱的水?

◆在开汽车的锁时,应该往哪个方向旋转钥匙?

◆如果你可以移动50个州中的任何一个,你会挑哪个,为什么?

◆有4条狗(4只蚂蚁或4个人)分别在一个广场的4个角落里。突然,它们同时以同样的速度追赶在自己顺时针方向的一个人,而且会紧追这个目标不放。它们需要多少时间才能相遇,相遇地点在哪里?

提示:它们将在广场中央相遇,所跑的距离与它们跑的路线无关。

9.2 笔试的准备

1. 了解笔试题型,做到心中有数

不同的笔试类型,有不同的考试内容,求职大学生在考前应进行详细的了解,针对不同情况做相应的准备。现在求职考试的题型越来越强调用学过的知识来解决问题的能力。从考试准备角度讲,知识分为两大类:一类是主要靠记忆掌握的知识;另一类是通过不断运用而掌握的知识。实际上,现在求职考试主要是考求职者对知识的运用能力。因此,在准备过程中必须始终突出一个"用"字,通过各种实践,把学得的知识运用到工作实际中去解决各种具体的问题。

---

① 1夸脱=1.136 5升。

常见的笔试题型如下。

（1）政论类。

①你对当前的改革有何见解？

②请你谈谈对当前国际形势的看法。

③试用马克思主义的基本原理说明一两个具体问题。

（2）公文类。

①某单位要采购一台复印机，请你写份报告。

②某省人事厅将举办大、中专毕业生招聘会，请拟一份会议通知。

（3）技能类。

①翻译（英译汉或汉译英）一篇短文。

②请用C语言编写一段程序。

③请把一段文字录入计算机并打印出来。

（4）综合类。

①据所提供数据，对某种产品作市场分析和预测，并写出分析报告。

②参加一次主题讨论会，会后，请应试者就本次讨论会写出一份会议纪要和英文提要，并用计算机打印出来。

③结合给出的一组数据，论述当前高校大学生就业难的症结所在及应对策略。

④某外商要来公司洽谈合作事宜，来电话告知有关日程安排，要求应试者用相应的语种接电话，并打印电话记录呈报有关领导。

⑤材料显示某地发生了洪涝灾害，请结合秘书工作的特点写出一份情况汇报。

（5）专业类。

由于专业不同，具体的笔试题型也不同。

2. 了解笔试重点，进行认真复习

对大学专业知识进行必要复习是笔试准备的重要方式。在知识与能力这二者中，知识无疑是基础，没有扎实的基础知识，也就无从谈能力的培养和提高，掌握知识的一个有效方法就是把零散的知识化为系统知识。但是求职笔试的题目往往范围大、内容广，使考生在复习时无从着手，存在着一定的随意性和盲目性。因此，在着手准备笔试的复习时，应首先打破各学科的界限，认真梳理各科要点，整理成一个条例化、具体化的知识系统总纲目，然后按照这个总纲目有计划、有步骤地进行复习。凡是与求职有关的一些知识，如文史知识、科技知识、经济知识、法律知识和一般的计算机知识，均要系统地复习一遍。一般说来，笔试都有大体的范围，可围绕这个范围翻阅一些相关的图书资料，复习巩固所学过的课程内容，温故知新，做到心中有数。

一些用人单位的笔试则相对灵活，范围也比较广，没有明确相关的参考书，毕业生可围绕用人单位划定的大致范围翻阅一些有关的图书资料。

3. 熟悉考试环境，做到有备无患

提前熟悉考场环境，有利于消除应试时的紧张心理。还应仔细阅读考场注意事项，尽量按要求做好。除携带必备的证件外，一些考试必备的文具（钢笔、橡皮等）也要准备齐全。

4. 保持良好的身心状态

笔试怯场，大多是缺乏信心所致。要客观冷静地对自己进行正确评估，克服自卑心理，增强信心。临考前，一要适当减轻思想负担，二要保证充足的睡眠，三要适当参加一些文体活动，从而使高度紧张的大脑得到放松休息，以饱满的精神去参加考试。

9.3 笔试的技巧

笔试成绩的高低，不仅与自己的实际水平和考前复习有关，还与自己的答题技巧有关。

1. 保持良好的考试心理状态

（1）保持适度紧张的考试心理。没有一点紧张情绪，抱着无所谓的懒散心态，就考不出最佳成绩。过于紧张，情绪慌乱，更考不出最佳成绩。只有适度紧张，情绪稳定，认真审题，努力回忆学过的知识，先易后难，迅速答题，才能考出最佳成绩。

（2）要相信自己的实力。求职笔试同高考不同，高考是"一锤定音"，而求职应聘考试则有着多次机会。只要了解考试的规则，了解各类考试题目的特点和解答各类题目的方法，充分运用自己已掌握的知识，充分发挥自己的真实水平，就一定能考好。如果试卷中出现特殊的试题，考生也千万不要慌张，应该相信大家的水平相近。

2. 掌握科学的答卷方法

（1）通览全卷，确定答题步骤。笔试题型多，内容多，又要限时答好，必须合理安排答题时间。拿到试卷后，先要看清注意事项和答题要求，然后从头到尾大略看一下试题，了解题目类型、题目数量、分量轻重、难易程度，根据先易后难、先简后繁的原则确定答题步骤和答题的速度。

（2）先易后难，先简后繁。按先易后难的原则排出答题顺序，先攻相对简单的题，后攻难题。这样就不会因为攻难题而浪费太多时间，而没有时间做会答的题。遇到较大的综合题或论述题，则应先列出提纲，再逐条撰写。

（3）仔细审题，认真作答。在具体进行作答时，必须认真审题，切实弄清题目要求，逐字逐句分析题意，按要求进行回答。

（4）全面复查，防止遗漏。在答完试卷后，要尽量挤出时间，进行一次全面复查，要特别注意不要漏题，更不能跑题或出现错别字、语法不通、词不达意等错误。

3. 了解正确的答题方法

要从各科考题的特点出发，熟悉各科考题的题型，了解每种题型的答题方法，防止出现不必要的差错。常考的题型有填空题、选择题、判断题、问答题、再生题、应用题、作文题等。

（1）填空题是一般试卷中不可缺少的题型，用以检查考生对各种知识的掌握情况。答题必须看清题目要求，是填词、填句，还是填符号。

（2）选择题一般由题干和几个备选答案（即选项）组成，要求从给出的几个备选答案中，选择一个或几个正确、恰当的答案。要答好这种题型，可用经验法，根据已掌握的知识经验答题；可用排除法，对题目中的所有备选答案采取逐一排除的方法，最后确定正确的答案；可用假设法，假设某备选答案正确，代入验证，以获取正确答案；也可用计算法，通过计算来确定正确答案。

（3）判断题是对所给的命题做出明确的是或非的回答。一般判断题只有一个误点，最多两个，较多出现在易混淆、易误解的常识性知识部分。问答题要求考生对试题提出的问题做出回答，较多的是要求用简单的语句回答简单的问题。答题前先理清思路，按要求顺序回答。答题时要对准中心，抓住重点，开门见山，简明扼要。

（4）再生题是指通过默写、听写、记录等方法来检验考生对某些知识的掌握程度和应用能力的题型。答题时要明确这类题目的内容是所学课程的重点和精华，解答的基础在于平时对字、词、句、段、篇的理解和记忆。

（5）应用题是要求考生运用所学的知识、原理来解决实际问题的题型。要根据题目的要求，选择适当的方法予以解决。解题时先找出关键词，理解题意，再认真仔细地作答，确保正确无误。

（6）作文题是给出范围或特定要求，在规定的时间和空间内完成答题。审题要果断、正确，迅速抓住作文题目的关键词，确定写作中心。写作提纲应简略，不要太费时间，只要能反映文章的基本思路、段落层次即可。行文时要正确计时，合理分配时间，对需要修改加工的词句，可先跳过去，留待最后解决。

4. 笔试应该注意的问题

（1）注意考场纪律。应试者一定要注意按规定的时间到场，不能迟到。

（2）答题要注意字迹工整，卷面整洁。因为有些用人单位并不特别在意应试者考分的微弱差距，而是看重应试者认真的态度和细致的作风。因此，书写时，卷面应力求字迹清楚，格式、标点正确，没有错别字。

（3）考试绝对不能作弊或搞小动作。用人单位对这一点也尤为关注。因为求职笔试不同于其他专业考试，"醉翁之意不在酒"，有时招聘单位并不特别在意应试者考分的高低。

案例

另类求职笔试

实发投资贸易公司准备招聘既懂业务又头脑灵活、看问题全面的总经理助理一名，广告见报后仅仅一天时间，应聘材料便如雪片般地飞来。公司人事经理在斟酌挑选后，近30人有幸被通知参加笔试。

笔试那天，众考生个个踌躇满志，成竹在胸，都显出志在必得的信心。很快，考试开始，人事经理把试卷发给每一位考生，只见试卷上试题是这样写的：综合能力测试题（限时两分钟答完），请认真阅读试卷。

（1）在试卷的左上角写上姓名。
（2）写出三种热带植物的名称。
（3）写出三座中国历史文化名城。
（4）写出三座外国历史文化名城。
（5）写出三位中国科学家的姓名。
（6）写出三位外国科学家的姓名。
（7）写出三本中国古典文学名著。
（8）写出三本外国古典文学名著。
……

不少考生眼睛匆忙扫了扫试卷，马上就动笔"沙沙沙"地在试卷上写起来，考场上的空气都因紧张而显得有些凝固。

一分钟，两分钟，时间很快就到了，除了有四五个人在规定的时间之内答完起身交试卷外，绝大多数人都还忙着在试卷上答题。人事经理宣布考试结束，未按时交试卷的一律作废，考场上顿时像炸开了锅，未交卷的考生纷纷抱怨："时间这么短，题目又那么多，怎么可能按时交卷呢？""对了，试题又出得很偏。"

只见人事经理面带微笑地说："非常遗憾，虽然在座的各位不能进入本公司接下来的面试，但不妨都把你们手上的试卷带走，做个纪念。再认真看看，或许会对你们今后有所帮助。"言毕，人事经理很有礼貌地告辞了。

听完人事经理的话，不少人拿起手中的试卷继续往下看，只见后面的试

211

题是这样的。

……

（14）写出三句常用歇后语。

（15）如果阁下看完了题目，请只做第一题。

【点评】耐心、定力、细心、镇定是大多数公司、工作所需要和所首选的，因此无论参加怎样的面试或者笔试，应聘者都应保持良好的心态和沉稳的作风，不应心浮气躁。

案例

揭秘名企招聘怪题

又是一年的春天，又是一年高校毕业生求职应聘酣战的时刻。国内外的知名企业，依旧是众多毕业生理想职业的圣地。名企所以为名企，的确有着一般企业不能相比的独特之处，就连招聘考试也不例外。除了专业知识，他们往往更看重的是一个人的聪明程度，作为一个"社会人"的整体素质。所以，那些看似古怪刁钻的题目便一个个地冒了出来，这个考你的快速反应能力，那个考你的逻辑思维能力，甚至连谜语、脑筋急转弯的题也有可能"粉墨登场"一番。因此，应聘名企，对这些看似"不起眼儿"的题目也不能掉以轻心。前一段时间，网上大为流行的微创怪题，成了最近学子们议论的重点。

东方明珠关我啥事

"希望明天早上起来的时候发现信箱里已经有几个Offer在等着我；希望身边的朋友们都不再失望，有的只是快乐；希望家人身体健康；希望每天都是艳阳天！"这几行字是小陈特意为自己在校园BBS上设计的签名，想来是像他这样的大三学生的共同心声吧。

"我啊，参加的应聘考试多的是，但满意的Offer却还是没出现，"当被问到"怪怪题"的时候，小陈马上接上了话头，"是呀是呀，我对一些企业招聘考试中会出现非常规的怪题早就听说了，不过还是没有太放在心上。结果，上个月的微创考试，有道东方明珠的题，栽了！"

上海微创软件是每个有着"比尔·盖茨"式梦想的学子的心仪之地。2008年3月初，微创在上海某高校举行了一场校园招聘，第一轮的笔试题目只有两道，一道是常规的考查专业知识的编程题，一道就是令和小陈一样的应试者头疼并困惑不已的"东方明珠"题，原题是："请估算一下东方明珠电视塔的质量"。

小陈略有些尴尬和自嘲地笑了一笑，"很遗憾，我没有通过。像这样的题目，他们肯定不是仅仅要你给个结果出来就可以的，他们出题的意图，很难揣摩，所以大家都很糊涂，在 BBS 上疯狂讨论。"有人说这题很无聊，也有人说，有没有学过曹冲称象？切成一块一块的再称，哈哈。还有人建议：你可以告诉他，东方明珠和对面的金茂大厦一样重。如果对你这个答案有疑问，欢迎他们去实地勘测一下，指出你的错误。其实我觉得这个问题和天上的星星有几颗一样，可以回答天上的星星和牛身上的毛一样多，他无法对你的回答说不，因为他也不知道呀！甚至有人猜正确答案是：唐骏说多重就多重（注：唐骏为微创总裁）。

快速估算东方明珠

"东方明珠"这道难题难坏了有东方之珠之称的上海的大学生们。那么，像这样的题目，以及有异曲同工之妙的其他智力推理、谜语等题目，出题企业的初衷是什么？这样的题目在整个招聘考试中的作用和地位怎样，到底要通过它们考核应聘者什么能力？什么样的回答才能赢得招聘企业的"芳心"？带着学生们的众多迷惑和不解，记者采访了上海微创软件有限公司直接负责这次招聘考试试题的软件研发部经理蔡锫先生。

面对提问，蔡锫经理露出了理解的微笑，"其实，有同学认为这个题目刁钻古怪，也在情理之中，毕竟目前这类型的试题在国内还不太多，所以，难免大家都有些摸不着头脑。"

"就东方明珠这道题来说，它和一般的谜语或智力题还是有区别的。我们称这类题为'快速估算题'，主要考的是快速估算的能力，这是开发软件必备的能力之一。当然，题目只是手段，不是目的，最终得到一个结果固然是需要的，但更重要的是对考生得出这个结果的过程也就是方法的考查。"蔡经理为记者举例说明了一种比较合理的答法，他首先在纸上画出了东方明珠的草图，然后快速估算支架和各柱的高度，以及球的半径，算出各部分体积，然后和各部分密度运算，最后相加得出一个结果。直到这时，记者才有所明了，原来出题人的初衷并非那么刁钻，非要难倒大家的。

这一类的题目其实很多，如"估算一下长江里水的质量。""如果你是上海市市长，请估算一下治理好苏州河的污染需要多长时间。""估算一下一个行进在小雨中的人 5 分钟内身上淋到的雨的质量。"

蔡经理接着解释道："像这样的题目，包括一些推理题，考的都是人的 Problem Solving（解决问题的能力），不是哪道题你记住了答案就可以的。我们在上海交大和南京、杭州的高校也进行了类似的招聘，虽然题目有所不同，但要考核的宗旨是一致的。"

对于公司招聘的宗旨，蔡经理强调了四点，这些是有创造性的公司普遍注重的员工素质，是想要到知名企业实现自己的事业梦想的人都要具备的素质和能力。

要求一：Ram Smart（纯粹智慧），与知识无关。

要求二：Long-term Potential（长远学习能力）。

要求三：Technic Skills（技能）。

要求四：Professionalism（职业态度）。

对于校园 BBS 上的幽默讨论，他也表示理解，表示即使在考卷上有这么玩笑的作答，公司也不会太介意，但前提是在认真地做好题目后，如果是纯粹的不负责任的态度或仅仅是耍几句贫嘴，结果还是会"没戏"。

跳出怪题这个"圈"

怪题不是唯一，怪题不是标准，做了怪题井底的青蛙，可就不妙了。虽然有备无患是谁都明白的道理，也是谁都想达到的境界，但千万不要盲目置信，钻牛角尖儿，要知道，自身的素质才是求职的最大法宝。

先把身体锻炼好

进入一家知名企业并非易事，竞争之激烈，面试之残酷，不仅是对脑力的一个考验，也是对身体素质的挑战。对微软或微创来说，五六轮面试，长达 5 个小时，数名考官的轮流轰炸都是平常之事，难怪他们的总裁曾经戏称："能够成功进入我们公司的人，身体素质都很好。"所以，加强耐力锻炼也很有必要，何况，体育锻炼带给我们的不仅是良好的身体素质，还有健康向上的精神气质，这在面试过程中，也是能为你"加分"的！

学会活学活用

微创的蔡经理对在校学生专业技能的学习提出了一点建议就是千万要注重实践能力的运用，切忌死记硬背。软件开发是这样，其他的专业也莫不如此。"授之以鱼不如授之以渔"，我们的先人就有这样明智的思想了，所以，学好"捕鱼"的技术才是最重要的！

诚实最基本

千万不要拿自己的基本人格开玩笑！这些大公司对人的职业态度和个人品德都非常之注重。一旦发现你的简历弄虚作假，夸大其词，后果可是不堪设想哦！

自信很重要

就算你没答出那道怪题又能怎样呢？也许没几个人能答出呢？不必耿耿于怀，让失败情绪影响了自己的自信心可就不好了。如果一场招聘考试没过，只能说明你有可能不太适应他们公司的专业活计，并不能说明你就是不优秀的。所以，继续自信地向梦想进军吧！

脑筋转弯考推理

怪题其实不怪，无非是考考我们的素质和能力，所以应试中保持"处乱也不惊"的良好心态是最重要的。像"烧一根不均匀的绳要用一个小时，如何用它来判断半个小时""为什么下水道的盖子是圆的",解答这样的题目,天生聪颖固然重要,但平时的积累和练习也很重要哦,大脑要时常转转,才会越发地灵活。而且,一道智力题没有做好,并不会实行"一票否决",一般都会看你的综合表现,不会让你其他方面的"精彩"白白付之东流的。下面,练一下你的大脑,看看是不是长久不用转得慢了?

微创智力题

一楼到十楼的每层电梯门口都放着一颗钻石,钻石大小不一。你乘坐电梯从一楼到十楼,每层楼电梯门都会打开一次,只能拿一次钻石,问怎样才能拿到最大的一颗?

(2011年应聘到微创的S小姐面试遇到的就是这道智力题。她的回答是:选择前五层楼都不拿,观察各层钻石的大小,做到心中有数。后五层楼再选择,选择大小接近前五层楼出现过最大钻石大小的钻石。她至今也不知道这道题的准确答案,"也许就没有准确答案,就是考一下你的思路。"她如是说。)

微软智力题

(1) U2合唱团在17分钟内得赶到演唱会场,途中必须跨过一座桥,四个人从桥的同一端出发,你得帮助他们到达另一端,天色很暗,而他们只有一只手电筒。一次同时最多可以有两人一起过桥,而过桥的时候必须持有手电筒,所以就得有人把手电筒带来带去,来回桥两端。手电筒是不能用丢的方式来传递的。四个人的步行速度各不同,若两人同行则以较慢者的速度为准。Bono需花1分钟过桥,Edge需花2分钟过桥,Adam需花5分钟过桥,Larry需花10分钟过桥,他们要如何在17分钟内过桥呢?

(有个学生写文章说他当时在微软面试时就是碰到了这道题,最短只能做出在19分钟内过桥,微软的人对他讲,这样的结果已经是不错的了!)

(2) 烧一根不均匀的绳要用一个小时,如何用它来判断半个小时?

(参考答案:两边一起烧。)

(3) 为什么下水道的盖子是圆的?

(从某一位计算机系教授那里听来的答案:因为如果是方的、长方的或椭圆的,那无聊之徒拎起来它就可以直接扔进地下道啦!但圆形的盖子,就可以避免这种情况了。)

(4) 有7克、2克砝码各一个,天平一个,如何只用这些物品三次将140克的盐分成50克、90克各一份?

215

第十章　网络求职技巧

> **案例**

　　毕业生蔡志刚针对严峻的就业形势，决定参加专升本插班考试。然而，他这一决定是在大三的第二学期快结束时经过一番激烈的思想斗争后才做出的，由于动手比较迟，小蔡心里没有十足的把握。因此，他决定在为专升本插班考试做准备的同时，让网络帮忙他求职，两不耽误。小蔡平时就是一条"网虫"，由于对计算机感兴趣，也算得上一个计算机高手。利用几个晚上，他在网上精心地建立了自己的求职网页，把自己的求职信息和求职意向罗列其中，然后把自己的主页挂在学校就业指导中心网站上的毕业生信息栏里；另外，他还精心选择了几个著名的、可靠的求职网站，也将自己的个人主页挂了上去。用他自己的话说，他这样做就好像"在池塘里放好了几根上好了饵的钓竿，自己当起了姜太公，只等'愿者上钩'了"。当然放好了钓竿无人看守，也会失去机会的。为了专升本插班考试，小蔡虽然没有时间在网上闲逛了，但他还是每周上网两次：星期三和星期六。他规定自己每周上网不能超过一小时，主要的任务就是看一看有没有"上钩的鱼儿"，瞧一瞧学校就业指导中心网站有没有公布新的需求信息，搜一搜网上有关毕业生就业方面的信息。然后该回的信息就回，该发的求职函就发。这天他又在网上搜索，忽然发现某著名公司将进行网上招聘，他仔细阅读了他们的招聘信息，选择了一个自己感兴趣的职位，并有针对性地给该公司发了一封求职信，还附上了自己的求职主页。该公司对他表示了兴趣，但由于当时已临近考试，他要一心对付考试，只好对公司实情相告，希望公司谅解。然而，专升本插班考试后他的自我感觉不太好，于是求职的愿望也就越来越强烈。这时虽然他也陆陆续续地收到了一些公司的面试通知，参加了一些面试，但他仍对那家著名公司"痴心不改"，他再次点击了该公司的网站，更加详细地了解有关情况，发现该公司的招聘工作并没有完全结束，有些职位仍然空缺。"这次的机会可得充分把握。"他心想。为了保险起见，他又郑重其事地给该公司的人力资源部打电话，强调自己已参加了该公司的网上招聘，希望能给予面试机会。不久，他终于欣喜地接到了该公司的面试通知。这时专升本插班考试的结果也出来了，正如他所预感的，他的分数没有上线。由于专升本插班考试失利，促使他更加全力以赴地准备这次面试，果然在面试中因表现出色，最终被该公司正式录用。

10.1 就业信息网站一览

随着网络信息时代的到来，通过网络求职成为近年来在大学毕业生中比较流行的求职方式。用人单位和毕业生将招聘信息与求职信息上网公开，双方可以通过网络互相选择、直接交流。网上求职最大的优势在于即使毕业生身在异地也能获得大量招聘信息及就业机会，它跨越时空界限，突破了造成人才信息与招聘信息难以沟通的种种限制，打破了单向选择的人才交流传统格局。随着我国就业工作信息化进程的加快，网上搜寻就业信息已成为如今大学毕业生最常用的求职手段之一。毕业生不仅可以自由地从互联网上取得各种就业信息，而且还能利用互联网介绍自己的个人情况。网络传递信息所具有的"多、快、好、省"等特点，是其他求职方式所不能比拟的。

1. 国家或地方政府人事部门主办的人才信息网站

一般人才信息网站以省市或区域冠名，诸如"湖南人才网""长沙人才网"。

这类网站的招聘对象一般以有工作经验的人士居多，对毕业生而言，往往要仔细搜寻才能找到适合的就业信息，同时有些网站对毕业生在网上投递简历还存在收费的问题。

近几年以来，许多地方人事部门的人才网站也开始考虑其对毕业生求职的针对性问题，纷纷单独开辟了"毕业生就业"的专栏。对广大高校学生来说，这是一件很好的事情。但这种网站往往把高校毕业生和流动人才的简历收到一个数据库里去。

例如：

中国国家人才网：http://www.newjobs.com.cn

中国南方人才网：http://www.job168.com

湖南人才网：http://www.hnrcsc.com/

2. 大型门户网站、电信 ISP 服务商网站上的就业专栏

一般称为"……热线人才频道""……人才热线"。

例如：

搜狐网求职频道：http://career.sohu.com

21 世纪求职频道：http://job88.21cn.com

这类网站可为毕业生提供访问其他相关网站的通道，也有部分针对毕业生求职的信息服务内容。

3. 人力资源开发单位、民营咨询公司、中介机构主办的人才网站

一般称为"……人才网""……人力资源网"。

此类网站社会化、市场化程度较高，主办者具有较强的服务意识和品牌意识，针对不同的求职对象，开辟有不同的信息服务内容，在大学生和用人单位中的影响也较大。

例如：

前程无忧网：http://www.51job.com

中华英才网：http://www.chinahr.com

智联招聘网：http://www.zhaopin.com.cn

4. 国家或地区级教育主管部门主办的网站

这类网站的主办者一般是国家教育部门、主管高校毕业生就业的政府机构，就业信息和政策的权威性较强。

例如：

中国大学生网：http://www.chinadaxuesheng.com

中国高校毕业生就业服务信息网：http://www.myjob.edu.com

湖南省毕业生就业网：http://www.hunbys.com/

5. 高校就业部门自己主办的网站

一般以学校冠名，称为"……大学生就业网""……大学就业信息网"，也有以学校简称命名的。目前，全国几乎90%的高校都建立了本校的就业网站，用于发布就业政策、招聘信息，并进行就业咨询和指导。

例如：

湖南水利水电职业技术学院就业网：http://www.hnslsdxy.com/jyxx/first.asp

这类网站往往挂在本校校园网内，域名是本校网站的子域名。一般针对本校的毕业生使用，对外校的毕业生来说，访问其他学校网站可以起到查找招聘信息的补充作用。

6. 专业性毕业生就业信息网站

这类网站是由重点高校或高校毕业生就业协作机构主办的毕业生就业信息网站。这些网站不仅服务面广、信息量大，而且具有很强的针对性，对毕业生来讲最适用。

例如：

中国高校就业联盟网：http://www.job9151.com

新职业：http://jyb.w2.hycollege.net

7. 用人单位网站上的"人才招聘"专栏

世界500强等大型跨国公司往往热衷于在网上进行"数字化招聘"，在中国建立的网站上均有人才招聘专栏，发布本公司的人才政策和招聘信息。目前，国内较为知名的大中型企业也均设有"人才招聘"专栏。

据有关部门的一项统计表明：国内的百强企业中，也有近七成开展了网上招聘。

例如：

联想公司的人才招聘栏目：http：//appserver.com/About/Join

TCL集团公司的人力资源栏目：http：//www.tcl.com.cn/china/job/index.jsp

10.2 网络求职准备

1. 互联网收集信息易犯的错误及注意事项

（1）互联网收集信息易犯的错误。大学毕业生在网上收集信息时，通常容易犯以下几个错误。

①漫无边际地四处收集。许多毕业生由于事先不知道哪些求职网站比较权威，也不清楚自己到底要找什么，便漫无边际地在网上乱逛，四处收集就业信息。只要见到是与自己专业有点关系的或自己感兴趣的信息就下载，不管信息渠道是否可靠，信息是否真实有效，结果把自己搞得毫无头绪、晕头转向，浪费了许多时间和精力不说，最令人担忧的是被一些颇具诱惑力的虚假信息所蒙骗。近年来，毕业生由于轻信网上信息，导致钱财被骗、求职落空的事例屡屡发生。

②漫不经心地到处粘贴简历。一些毕业生喜欢尽可能多地在网上粘贴自己的简历，以为这样可以"广种薄收"，最大限度地"引"来雇主。这种行为看似"聪明"，实际上并无益处。因为在某些网上求职服务站，任何人都可以随意浏览简历库，所以在你四下张贴简历时，往往会有一些网络骗子收集你的求职信息，伺机进行诈骗活动，而真正需要招录员工的单位，则很难这样"撞到"。

③把所有的希望都寄托在网络上。网络能为毕业生提供大量的求职信息，其"无所不包，无所不有"的内容令广大毕业生着迷，导致了部分毕业生对网络的过分崇拜和依赖，以致把所有的希望都放在网络上，而忽视了其他更权威、更有效的信息渠道。毕业生必须清醒地认识到，利用网络求职，是为了提高获取信息的效率，但是，如果一头扎进网上信息的"汪洋大海"中出不来，实际上恰恰降低了自己的求职效率。

④同时在一家公司应征数个职位。用人单位往往会在一个站点同时"贴"出数个职位的招聘广告，一些毕业生也往往会同时在这家用人单位应征数个

职位，错误地以为这样可以让用人单位有更多的挑选余地，以为"好歹有我一个职位吧"。这看起来颇有点像填报高考志愿时的"服从专业调剂"，但其实二者并不相同。用人单位并不是这样的思维方式，他们认为，应征者同时应聘数个职位，重复阅读相同的简历不仅浪费时间，而且觉得应聘者其实根本不知道他到底想做什么。

（2）利用互联网收集信息的注意事项。为避免发生以上错误，我们提醒毕业生在网上求职时应注意以下几点。

①有选择地进入适合自己情况的正规、权威的网站。目前，人才招聘类专业网站不下数百个，但相当一部分招聘网站是"滥竽充数"，有效信息量少得可怜，所谓的"最新招聘"常常是一个月前的信息。所以，首先要找到那些信息量大、更新速度快的权威性人才招聘网站，不要太介意网站是否免费服务。其实，有的收费项目服务质量确实很好。另外，现在政府教育、人事部门所属的人才机构和高校就业指导机构纷纷上网，为毕业生提供了大量的就业信息，这些正规网站发布的信息比较可靠，值得毕业生留意。在找到理想网站后，最好把它放进"收藏夹"，以便下次能迅速查询。

②及时下载重要信息。在求职招聘的高峰期，招聘网站上的内容特别多，岗位、条件罗列一大堆。为了既防止遗漏，又节省时间，最好是把网页上的内容先分门别类地下载到自己建立的专用文件夹的各目录中，等下线后再细细"品味"，然后整理、处理下载信息。

③仔细分辨，谨防受骗。参加网上招聘活动，一定要提高警惕、认真辨析。与其他信息载体比较而言，网络招聘信息的可信度存在很大局限。一是"偷工减料"，一些人才网站，特别是小型网站，招聘信息是从大网站上下载过来的。虽然信息内容是真实的，但这些网站在下载、处理、制作等过程中，却充当了"筛子"的作用：或只有用人单位提供的招聘职位中的一部分，或删掉了用人单位的情况介绍，或将招聘单位的地址、电话、E-mail 等漏掉，等等。二是信息滞后，网络信息本来是以速度见长的，但是一些网站只有二手信息，为了充数，便不顾信息的时效，把过时的信息也拿来冒充"更新"。三是毕业生特别要提防虚假信息。有的是网站被不良之徒利用，有的是网站本身别有所图，故意制造信息"陷阱"，骗人骗财，而这类信息往往又在单位类型、名称、用人条件、待遇等方面特别具有诱惑力。

为此，求职者一定要认识到虚拟世界与现实世界的差异，首先，要把握就业信息的特征，学会分析辨别信息的可信度和有效性。其次，要对网上信息进行网下求证。一般应先致电招聘单位，确认其真实性后，再发送求职简历。再次，要树立网上安全意识。要把粘贴个人简历的范围限制在那些应征职位有密码保护、限制公开私人资料的网站。同时，毕业生应多参加由政府有关部门和学校组织、推荐的正规网上招聘活动。

2. 网上求职的准备工作

（1）知己知彼，明确目标。在求职前对自己要有一个充分、全面、客观的认识，从而能对招聘岗位有准确的认同，这是对"要做什么，想做什么"之后的"能够做什么"问题的自问自答。应了解自己的专业，弄清自己适合做哪一类工作，确定一个方向，并写在纸上。同时，还要明确求职区域，也就是以后上班的地区，不然，再好的机会也会因为不能千里迢迢赶到而失去。

（2）用记事本写一份纯文本格式的个人简历。个人简历在网上求职中起着至关重要的作用，它是用人单位了解应聘者的主要手段之一。那么如何设计求职简历呢？以下有一些技巧可供参考：

①注意设定主页边距，使文本的宽度在16厘米左右，这样简历在多数情况下看起来都不会错误换行。

②尽量用较大的字体。

③如果一定要使自己的简历看起来与众不同，可以用一些星号（＊）、特殊字母（如O）、加号（＋）等分隔简历内容，这些符号不会像版式符号（如列表符号等）那样被转换成不可识别的记号。

3. 网上自荐误区

如今不论是个人想找一个适合自己发展的好企业，还是企业想寻求一个能为自己创造效益的人才都很不易。于是，网上自荐和招聘成为人才求职和企业招聘人才的重要方式。尽管现在上网求职的人数越来越多，但仍有为数不少人在网上求职的过程中犯着不同程度的错误。这些错误主要有以下方面：

（1）随意四处粘贴简历。

（2）把简历贴在附件里发给公司。这样做虽然非常简便，然而由于计算机病毒的流行，招聘根本不愿意冒着被染病毒的危险打开邮件的附件，而只希望在正文或申请表后面直接看到简历。

（3）冗长的电子邮件和自荐信。应聘者开始都是通过电子邮件与用人单位接触的，所以邮件要短小精练、直奔主题。

（4）在网上迷路。网上有很多有趣的站点可以访问，因此搜索网站时注意力很容易被分散，甚至下线时才发现上网几个小时却没有真正找工作。所以，应随时看看已确定好的具体目标。

（5）把所有希望放在网络求职上。虽然求职网站能够提供给应聘者大量有用的信息，但网上求职只是推动个人事业前进的方法之一，千万别把它作为唯一的选择。在利用网络的同时，也应充分利用传统的求职方式，然后把精力放在效果最好的一种方式上。

（6）同时在一家公司应征数个职位。

（7）随意在简历上列出证明人。在当今竞争如此激烈的人才市场，证明人对招聘时遇到困难的企业来说，是一种可利用的资源，所以只有当你确定公司已经将你列入考虑人选并且明确提出要求时，再提供证明人的姓名。

案例

拥有机遇、小心陷阱

毕业生小东在某人才网上得知一家企业广告部正在招聘，曾经在报社实习过一段时间的小东感觉很适合，就将自己的简历通过电子邮件发了过去。几天后，对方就回信说基本同意小东的应聘申请，但得经过考察后，才能签订协议，小东欣喜不已。过了几天，小东又收到该企业的 E-mail，并被告知，按照招聘程序，他需要先期缴纳存档费、培训费、工装费等各项费用。为不失去这个不错的就业机会，心存犹豫的他最终还是将钱寄了出去，但在此以后，小东再也没办法与该公司取得联系。200 元对小东来说不是个大数目，却还是很心疼。他找到了当时求职的那家网站，却被告知该网站只负责登载招聘广告，不负责确认广告的真伪，甚至工作人员还问小东："你的学历，我们不是也无法确认吗？"网络是未必真实的，但是小东那个时候才发现，原来虚幻是离自己这么近。

【点评】多管齐下了解公司的可信度。网上招聘为毕业生提供了更广阔的就业选择空间，但是网上也存在着诸多陷阱，如虚假信息、垃圾信息等，这些都令涉世未深的大学生难以识别。对此，毕业生首先借助"多管齐下"的方式判断公司招聘的诚意，有些公司不只采用一种招聘方式，在网站、报纸、人才市场同时进行招聘，一般这类招聘的规模大，比较可信。其次在应聘时，一定要对公司的地址进行核实，以辨别是否是"皮包公司"。最后在应聘时不仅要反复看清楚公司的营业执照，还需牢记不掏钱的原则。

10.3　网络求职技巧

1. 择时而动

上网的高峰一般集中在中午和下午 5 点到午夜，这段时间内上网传输速度极慢，填写有关求职表格还会出现错误信息，实在是事倍功半。因此要避开这段时间，特别是上午 6 点到 8 点。

2. 多开窗口

由于现在使用的 Windows 操作系统都支持多任务功能，求职者可同时打开几个浏览器窗口，这样有助于节省传输时间；也可以在一个窗口输入个人信息，在另一个窗口查看就业信息。

3. 留意首页

一般每个网站都会在首页放上"最新消息"，而很多求职者却往往忽略了这一点。其实"最新消息"里往往包含了最新的招聘信息和政策信息。另外，首页上的网站内部结构与索引也十分重要，如果时间允许，最好不要错过。

4."New"诀窍

在网站上，不少标题旁都标有"New"字样，表示最近更新过。对于首次访问该网站的求职者来说，"New"的意义并不大，但当你下次再访问时，只要留意"New"最近更新的栏目就可以了，这样可以省下大量的时间。

5. 关心政策

许多政府人事网站都有"政策法规"专栏。求职者在初步确定求职地域后，应关注当地的人事政策，对于应届大学毕业生就业政策、户口迁移等相关内容，要有一个大致的了解。

6. 随时下载

有些招聘页面的内容较多，岗位、条件罗列一大堆，而求职者又担心来不及看和漏看，这时最好的办法就是下载网页。可以先建一个名为"求职"的文件夹，在工具栏"文件"下点"另存为"，把选中的网页下载到自己计算机硬盘上的"求职"文件夹目录下，等离线后再细细查看。

7. 注意保密

建议求职者在登记时使用英文名字（最好不要用汉语拼音，那等于没有保密）。但学历、工作经验等必须真实，不然你就有被网站内部"封杀"的可能。同时应注意，在接到面试通知时，要告诉招聘单位你的真实姓名。

8. 订阅邮件

部分网站还提供信息邮件，求职者只要打开电子信箱就能得到最新消息，既方便又快捷。目前，越来越多的求职网站开辟了这项业务，所以如果网站上有可订阅的求职信息邮件，就别错过。

9. 及时联系

招聘岗位的空缺往往是暂时的，一旦发现条件符合的岗位就要及时联系，因为"机不可失，时不再来"。许多招聘单位都注明了自己的E-mail地址和联系电话，要尽快采取适当的联系方法，发送电子信件，并随信寄去自己的简历。有些单位还要求求职者自报薪酬，这时不用客气，实事求是地提就行了。不然对方会以为你是在待"天价"，从而使你丧失大好机会。

10. 友情网站

求职网站上的"其他网站""友情网站""友情链接"栏目里可能存在有

用的内容，至少一般都会有许多相关招聘、应聘站点，很值得一看，特别是不同区域的人才网站，常常会让你有"柳暗花明又一村"的欣喜感觉。

11. 分清主次

互联网就像一个万花筒，上网者往往会在其中迷失方向。既然上网的主要目的是求职，就先不要去看与求职无关的内容。在许多求职网站上还有其他相关的信息，有些甚至是小型的职介所、留学站点，这些同样十分诱人，但最好浏览完求职网站内的主要信息后，再看其他内容，以免陷入"乱花渐欲迷人眼"的境地。

12. 积累网站

目前国内的求职网站并不算很多，但在浏览时也会让你无从下手。所以，找到理想的网站后，最好把它收到"收藏夹"内，以便下次能迅速查询。

13. 整理信息

从互联网上下载的信息往往杂乱无章，所以下载后立即整理有关信息，这对日后的帮助会很大。

14. 保持联络

有相当一部分网上求职不是一蹴而就的，持之以恒是十分有效的办法，在接到录取通知后，也要写信或发 E-mail 表示感谢，以便下次联络。

15. 建立个人主页

为让有关单位全面了解你的情况，最好建立个人主页，在个人主页中把你的有关情况都介绍出来，使人一目了然。目前，免费的个人主页可以向你所在学校提供 ISP 或"网易""飞捷主页""广州视窗"等申请，但主要靠自己制作完成。"宁波人才市场"网站（http://www.nbrc.nbip.net）提供个人求职主页的有偿制作与存放，经济实惠，也是省时省力的好办法。采用各种主页制作技术制作版面精美、内容丰富的"个人主页"，可以充分展示自身特色，吸引用人单位的目光。一个制作精美的个人主页往往能体现求职者相当高的计算机综合应用能力，包括文字处理能力、图像处理能力及信息综合处理能力。用人单位根据个人主页的制作情况，便可对其计算机水平做出初步的评判，这比"口头自述"要真实、准确、直观得多。

由于是求职性主页，"自我介绍"是"重头戏"。个人求职主页除要表现图像、动画、声音等多媒体技术，更重要的是内容要丰富。因此，个人主页要对有关的资料进行整理，做系统的设计，除了"自我介绍"，还要有求职信、推荐信等，可能的话，可以将自己的专业介绍、学校概况、详细履历、家庭背景，以及自己的实验报告、论文、作品甚至求职日记等内容全面上网，以便用人单位对自己有一个更为全面、深入的了解。目前，国内许多人才网站纷纷开通了此类业务，"个人主页"成为网上求职的新时尚。虽然建立个人网站很费事，但从长远眼光来看，是有多方面好处的。如可以极大提高自己在 IT 方面的动手能力。做一个网站需要用到很多方面的技能，这些技能可以在制作的过程中不知不觉地熟练掌握。可以提高自己在设计、文字、编辑等其他方面的能力，还会扩大自己的交往层面，不仅可以增加求职的机会，还可以结交很多网友。

案例

网上"广种"竟是"薄收"

刚刚毕业于某职院工商管理专业学生叶新认为上网求职比起传统的"赶会"递自荐书，不仅查询方便、信息量大、选择面广，且不受时间、地点的限制，而且还可节省一大笔打印、印制自荐书的费用，也免去了奔波之苦。因此，她选择在网上投简历。为了能在网上找到自己满意的工作，叶新用搜索引擎找到许多网上求职站点。在上面看到许多用人信息，按地区、按工种都可查询，相当方便。叶新发简历时秉承"多多益善"的原则，对自己心仪的公司从经理级别的职位到业务员级别的职位一个不落地"全面发送"，觉得这样就可以增加保险系数，如果遇到特别中意的公司，在第一次发出简历没有面试消息后，她总会将简历重复发送一遍。一转眼，叶新上网求职已有一个多月，她遗憾地说："我每天都上网查看我的电子邮件，但落花有意流水无情，我只是害了'单相思'，好长时间过去了仍杳无音信。有时信箱里虽然也躺着几封回函，但这都是一些人才培训信息以及公司广告之类的无用信息。"

【点评】有针对性地发送简历。

许多求职者与叶新一样认为网上的信息来得方便，所以"拉到篮里都是菜"，频频向招聘单位发简历。殊不知，只求量的"广种"的结果往往会是"薄收"，效果并不好。一方面，如果不合"硬"条件的话，在第一轮过滤条件时就会被刷下；另一方面，这样就会让 HR 认为你不明确自己的定位，缺乏明确的求职意向，不具备职业素质。所以，请把自己最好、最适合的一点加以突出表现，有针对性地发送简历。另外，尽量避免在三天之内重复发送简历至一家公司，这种行为很可能引起对方公司的反感从而过滤掉你的邮件。请记住每个公司招聘流程不尽相同，有些公司给出的回应较快，而有些公司可能会在 1~2 个月内甚至更长时间才能给出回应。

大学生网上求职成了人脑与电脑的博弈？

李树生被同学称为"小面霸"，在找到一个银行卡检测中心的职位前，半年时间里，他投了七八百份求职简历，国内外稍有名气的公司他几乎都投过一遍。在这几个月里，每天 10 个小时，除了一两个小时去听宣讲会，剩余的时间他几乎都坐在宿舍的电脑旁"网申"。如今，足不出户找工作成了李树生和他的同学们的一项"绝活儿"。他说,主要的手段就是投递电子简历和"网申"。

像赛跑一样投简历

"这个职位几乎是为我量身定做的啊!居然不让我过简历关!"某高校的小韩极度愤懑。小韩说的职位是"myspace中国"的编辑助理。这个职位是他找工作以来觉得最没有悬念的,觉得自己无论如何都能拿到笔试机会。但他却很惊讶地发现自己直接收到了拒信,连笔试机会都没有。不仅是小韩,在各个大学的BBS上,各种"哀号"不绝于耳:为什么我被鄙视了?为什么我没有笔试通知?为什么我音信全无?为什么我简历关没过?

很多自认为很优秀的同学,却往往被卡在了简历关上,连招聘公司的大门都没有踏进去。

一位已毕业的某高校大学毕业生说,一些较有名的单位,收到几百万份简历是正常的。几个G的邮箱都会被塞满,很多后发的邮件因此无法收到。还有一些单位设置了邮箱接收邮件大小的限制,简历邮件超过一定大小就自动拒收。

"前三天收到的简历中,人才的比例有50%,而后三天只有10%。这成为一些HR的经验之谈。"应届生求职网CEO曹洪涛说。

像抢占高地一样在招聘单位邮箱里抢占一个靠前的位置,成了很多求职者的信条,开完宣讲会马上就把一份简历发到公司邮箱。曹洪涛赞成这种做法,"通过E-mail收到的简历,在前几天发的,企业通常是每份都看,但在后面的就未必了。"

曾经在一家公司人力资源部门实习的张明却不认为"快"是唯一的窍门,"还要择机而动"。上网高峰一般在中午至午夜,这段时间传递速度非常慢,而且还会出现错误信息,发送电子简历时要错过高峰期。

"以防万一,在申请同一公司的不同职位时,最好能发两封不同的电子简历。"他说,由于电脑会受到病毒的侵害和威胁,企业担心带有病毒而往往将Word格式的简历直接删除。所以,尽量用纯文本格式,不要出现字词及语法类的错误。许多公司不去打开邮件的附件。所以,发简历时最好免用附件。

像打仗一样网申

"俺英语过了四六级,成绩不错,奖学金拿过,计算机二级考了,代理过诉讼,在法院、公司实习过,学生干部也担任过,咋就没有一个回音呢?愤慨!"在某高校BBS上,一位网友在某著名招聘网站上网申很多简历不中后这么感叹。他因此质疑:是不是猎头网站设定了几个关键词,然后进行机器筛选,凡是没有达到硬性指标的人都会被刷下去。

"是有一些硬性标准的。"国内一家银行的人力资源部经理肯定了这种现象的存在。他解释说,由于应聘者数量实在过于庞大,人力资源的工作人员不可能把每份简历都看一遍。有些企业有自己的招聘系统,也有自己的操作后台,接收到简历后,工作人员可以根据公司的要求设定一些指标,如"身高160厘米以上""过国家英语四级",这样就由电脑软件直接把不符合要求的应聘者筛掉了,这些简历就不可能出现在人力资源负责人的面前。

"我们就这样被机器给轻而易举地踢了出去。"张明告诉记者,一些公司看似宽松的软性要求,实际上都有严格的操作标准。

"在中国英才网上有300万的注册人数,企业平均接收简历在五六万份,越大的企业接收的越多,多时会有十几万份。"中华英才网校园招聘事业部经理丁衣透露,肯定会有简历筛选系统,大企业有严格的筛选标准,而专业招聘网站则提供了这种筛选的技术支持。

"这么多人投简历,他们只会要最尖端的人才,有那么多人可供挑选难道还选那些中不溜的人?"他说,企业会提炼自己的用人标准,包括院校、英语、工作经验等硬性的标准,这些指标会用技术的手段来实现,但企业不会对外公布这些标准。

据介绍,企业不会宣称它只要十几所名校的学生,而是广撒网,把尽量多的人才吸纳进来,然后逐一挑选。企业招聘时会对外宣称没有门槛,要求都是软性的。因为这些企业很有名气,每年只需要招聘那几个职位,它一方面要完成招聘任务,一方面还要保持企业良好形象,招聘也是企业宣传自己、扩大影响的一个平台。

"对于有些招聘网站来说,筛选简历是企业要求的一项服务。"应届生求职网CEO曹洪涛介绍,招聘网站的网申系统经常会收到几万份简历,企业会要求招聘网站筛选出最好的几千份。

"争议特别大的一点,就是筛选标准不透明。"他承认,招聘网站采用关键词搜索的方法,有时是不负责任的。例如,会以"六级通过"为关键词搜索,而填"六级优秀"或"CET6"的简历就会被筛掉。

应届生招聘网CTO张义力从技术角度解读了招聘网站的筛选过程。他举例说,中华英才网的校园招聘网申系统叫Campusys,到2007年已经升级至第7代,前台供应聘者申请的只是这个网申系统的一部分,后台专业的处理流程、邮件、公告、短信、校园招聘助理等与求职者联系沟通的方式、各种统计数据的显示及导出、笔试面试安排、搜索功能(模糊搜索和高级搜索)等是这套网申系统的核心组成。

"这简直像是个黑匣子。"张义力说,每套网申系统都有一套简历筛选标准,例如,在一家公司的标准里,完全匹配专业给30分,相关专业给10分,不相关专业则直接淘汰;重点目标学校给15分,重点学校给10分,一般学校给 5 分。包括实习经历、学生会干部、项目经验等都有相应的分数。最后，根据计算出的总分来决定简历是否通过筛选。

游走在诚信边上的网申技巧

"我们也考虑到了这样会筛掉一些很适合我们的人才，但是没办法，要在众多应聘者中手动挑选到合适的人，花费的成本实在过大。"那位银行人力资源部经理叹了口气说，若确实有过硬的才能但却没有相应证书时，完全可以在证书一栏填写上，等面试的时候再和 HR 说明，一般都是能获得理解的。

不过，中华英才网校园招聘事业部经理丁衣却不赞同这种做法，"不要给学生这种影响，有这些硬性指标就是有，没有就是没有，即便欺骗了机器，过了第一轮，但也通不过后期审查。"丁衣说，求职者这样做会降低自己的诚信度，不但进不了公司，还浪费了大量的时间，而且这些公司之间会互通有无，以后想在这个行业找到好工作都很难了。

然而，学生们想到了更好的对策，既不违反诚信，又能出现关键词。徐妍君说，即便自己不是"三好学生""优秀学生干部"，可以这样描述："我的表现已经达到'三好学生'水平""虽然我没担任过学生会主席，但是我有××××经历。"

一些外企招聘时会看重应聘者在一些知名公司如"IBM"或者"宝洁"实习工作的经历，而大部分人是不可能得到这样的机会的。于是，有求职者的简历拼了命也要跟这些企业扯上关系，有的人就写上一句"在某某公司的工作使得宝洁在该地区市场份额降低"。

如果不确定公司使用的关键词是"六级"还是"CET6"，就干脆把两个都写上。

网申中有时候还会出一些问题让应聘者作答，以考验应聘者的各项能力。一位毕业生告诉记者，在网申碧桂园的时候，会弹出一个"测评问卷"，要求在提交简历前一定要做完相关测评，而且必须在 30 分钟之内做完。中间有不少数学题和逻辑题，短时间内很难完成。于是，应对办法出现了：寝室三个人一同做，一人做几道，很快就搞定这个测评。"后来我们还发现了这个测评系统的一个漏洞，把题都看一遍之后退出来，刷新，就会重新开始计时。最后花不到 10 分钟就能做完。"她说。

第十一章 就业须知

11.1 就业协议书与劳动合同

> **案例**
>
> 就业协议的性质是民事合同，不是劳动合同
>
> 大学毕业前夕，曾某和 A 公司、学校三方签订了全国普通高等学校毕业生就业协议书，对工作条件和劳动保护、劳动报酬、福利待遇及三方的违约责任做了详细的约定。在此之前，A 公司为曾某办妥了人事等相关手续，代曾某缴交了人事代理服务费和流动服务费合计 3 500 元。毕业后的第二天，曾某就到 A 公司上班，双方约定曾某试用期月薪 2 000 元，试用期三个月。但曾某刚工作了一个月，就提出辞职。A 公司没有发给曾某工资。
>
> 对此法院判决，就业协议不是劳动合同，在试用期内，劳动者可以随时通知用人单位解除劳动合同。因此，判决解除双方的劳动关系，A 公司应在 30 日内为曾某办理解除劳动关系手续并支付曾某一个月的工资，曾某须返还公司垫付的人事代理服务费和流动服务费 3 500 元。

1. 普通高等学校毕业生就业协议书的性质

如今，大学毕业生就业必须与用人单位签订高校毕业生就业协议书，即我们俗称的"三方协议"。所谓三方，一方是毕业生、一方是用人单位，第三方是学位。"三方协议"内容大概包含三部分：第一部分主要规定的是三方当事人的基本情况，包括甲方用人单位的名称、性质及接收毕业生的使用安排意图；乙方毕业生的基本情况；丙方毕业生所在学校的名称、联系人等。第二部分主要规定的是协议的基本内容，包括甲方和乙方均已相互了解，自愿达成协议，丙方经审核同意乙方到甲方工作；三方中有一方要变动协议，需提前一个月征得另外两方同意，并承担违约责任，向另两方交纳违约金（数额在 5 000 元以内）；所有未尽事宜及甲乙丙三方的其他承诺应附材料注明，视为协议书的一部分。第三部分主要是三方的签名和盖章。就是这样的一份内容简单的协议书，对大学生的就业却起着至关重要的作用。同时，三方协议在实践中也产生了很多问题。诸如，用人单位利用三方协议简单、原则的

特点，待大学生来本单位报到后，他的工作岗位、工资、住房等福利待遇与先前的承诺大相径庭，使得大学生有一种被欺骗的感觉为此而产生争议。但此种争议的解决往往又很难寻求法律依据来维护大学生的合法权益等。因此，非常有必要明确三方协议书的法律性质到底如何？一方承担责任的性质到底是什么？

第一，三方协议不是劳动合同。根据劳动法及其相关规定，劳动合同是劳动者和用人单位确立劳动关系、明确双方权利和义务的协议。劳动合同应当以书面形式订立，并具备以下条款：（一）劳动合同期限；（二）工作内容；（三）劳动保护和劳动条件；（四）劳动报酬；（五）劳动纪律；（六）劳动合同终止的条件；（七）违反劳动合同的责任。劳动合同除前款规定的必备条款外，当事人可以协商约定其他内容。三方协议从表面来看，似乎与劳动合同非常接近。有三方当事人、书面的形式和当事人自愿协商达成等。但三方协议仍然不是劳动合同。一方面，三方协议的内容只是表明双方自愿达成的乙方到甲方工作的意思表示。至于劳动合同的期限、劳动报酬等内容是不涉及的。尽管，三方协议中允许将诸如此类的事项在备注部分讲明。但事实上，在当今就业压力比较大的情况下，几乎没有毕业生有机会将他们比较关心的这类事项写明。另一方面，三方协议在毕业生到用人单位报到后，就自动失效。由用人单位和毕业生签订劳动合同来取而代之。所以，三方协议根本不是劳动合同，它只是国家在计划经济体制下对高校就业工作的一种管理手段，充其量是劳动者和用人单位签订劳动合同过程中的一个阶段。

第二，既然三方协议不是劳动合同，为什么一方当事人不按照协议内容履行还要承担责任呢？承担责任的性质是什么呢？

在实践中经常会出现某一大学生与某用人单位签订了三方协议后，又联系了一个新的用人单位。于是，他想解除与前单位的协议而和后单位签订协议。在这种情况下，原单位就依三方协议要求大学生承担违约责任，支付违约金。或者大学生到用人单位报到后，用人单位没有兑现先前双方达成的协议，为此而产生纠纷。我们说，虽然三方协议不是劳动合同，但它是劳动者和用人单位在缔结合同的过程中达成的一个确认书。双方一旦进入缔约阶段，尤其是签订确认书阶段，相互之间就产生了先合同义务。所谓先合同义务是指在订立合同的过程中，合同成立之前，所发生的由缔约双方当事人承担的义务。主要是依据诚实信用原则所发展的诸如用人单位应诚实地发布招聘信息，合理地确定面试者和实际招聘人数的比例及面试地点等；应聘者应诚实地提供真实的学历证书、工作简历，不得伪造等。如果劳动合同缔约人故意或者过失的违反先合同义务时依法承担的责任被称为缔约过失责任。具体在大学生就业中，体现在：用人单位由于信赖与劳动者签订的三方协议而没有再继续招聘其他人员,一旦劳动者不履行三方协议,用人单位不仅损失了时间、差旅费还丧失了与其他大学生签订协议的机会。同理,大学生由于信赖与用人单位签订的三方协议能够得以实现,他停止了继续寻找工作的活动。一旦用人单位不能履行他的承诺,大学生已错过了就业的最佳时期。无论哪种情况,对双方当事人的可得利益都是一种严重的损害。因此,要求对方承担责任是无可厚非的。只不过,这里一方当事人所承担的是缔约过失责任而不是违约责任。因为这时,真正意义上的"约"还未真正缔结。

三方协议中规定如果一方想要变更协议,要向其他两方承担违约责任。假如大学生违约,他不仅要向用人单位承担责任还要向培养他的学校承担责任。同理,假如用人单位违约,既要向大学生承担责任又要向学校承担责任。

根据民法的相关理论,民事法律行为生效的要件是主体合格、意思表示真实、内容合法。就业协议是普通高校毕业生在就业阶段通过与用人单位的平等协商自愿签订的确定单位愿意接收、学生愿意去此单位工作、学校经审核同意派遣的协议。因此,就业协议一经签订对三方当事人都有法律约束力。

2. 就业协议书的作用

高校毕业生就业协议书是明确毕业生、用人单位和学校在毕业生就业工作中权利和义务的书面表现形式。高校毕业生就业协议书一般由国家教育部或各省、市、自治区就业主管部门统一制表。作为学校列入派遣计划依据的全国普通高等院校毕业生就业协议书,由学校发给,毕业生签字,用人单位盖章,毕业生本人保存一份作为办理报到、接转行政和户口关系的依据。

3. 就业协议书与劳动合同的不同

高校毕业生就业协议书与劳动合同是用人单位录用毕业生时所订立的书面协议,但两者分处两个相互联系的不同阶段,表现在:

(1) 高校毕业生就业协议书是毕业生在校时,由学校参与见证的,与用人单位协商签订的,是编制毕业生就业计划方案和毕业生派遣的依据,劳动合同是毕业生与用人单位明确劳动关系中权利义务关系的协议,学校不是劳动合同的主体,也不是劳动合同的见证方,劳动合同是上岗毕业生从事何种岗位、享受何种待遇等权利和义务的依据。

(2) 高校毕业生就业协议书的内容主要是毕业生如实介绍自身情况,并表示愿意到用人单位就业,用人单位表示愿意接收毕业生,学校同意推荐毕业生并列入就业计划进行派遣。劳动合同的内容涉及劳动报酬、劳动保护、工作内容、劳动纪律等方面,劳动合同规定的劳动权利义务更为明确。

(3) 一般来说高校毕业生就业协议书签订在前,劳动合同订立在后,如果毕业生与用人单位就工资待遇、住房等有事先约定,亦可在高校毕业生就业协议书备注条款中予以注明，日后订立劳动合同对此内容应予认可。

（4）高校毕业生就业协议书是毕业生和用人单位关于将来就业意向的初步约定，对于双方的基本条件以及即将签订劳动合同的部分基本内容大体认可，并经用人单位的上级主管部门和高校就业部门同意和见证，一经毕业生、用人单位、高校主管部门签字盖章，即具有一定的法律效应，是编制毕业生就业计划和将来可能发生违约情况时的判断依据。

4. 毕业生就业协议书管理办法

（1）毕业生与用人单位达成一致意见以后，均须签订高校毕业生就业协议书。

（2）高校毕业生就业协议书由教育部高校学生司制定，学校招生就业工作处统翻印，各学院集体到招生就业工作处领取，或者由毕业生持本人学生证到招生就业工作处领取。每位毕业生只有一套高校毕业生就业协议书，每套一式四份。

（3）任何单位或个人均不得复印、复制、翻印高校毕业生就业协议书；在签订高校毕业生就业协议书书时，如果高校毕业生就业协议书因破损等情况而不能使用时，可持原件到招生就业工作处申请更换；高校毕业生就业协议书不得挪用、转借、涂改，否则视为无效。

（4）毕业生在协议书上签署个人意见之后，用人单位或学校两方之中只要有一方在协议书上签字，毕业生即不得单方面终止协议的签订工作。毕业生违约时，必须办理完毕与原签约单位的解约手续，然后将原协议书交还招生就业工作处，并换取新的协议书。

（5）毕业生如果不慎将协议书遗失，学校原则上不再补发，到毕业派遣时，毕业生回生源地参加二次分配。若因特殊情况需要补发时，毕业生必须以书面形式提出申请，由所在学院主管毕业生就业工作的负责人签署意见，经招生就业工作处调查并研究之后酌情处理。同时具备以下四个条件时，招生就业工作处方予受理：

①经核查，协议书确实属于遗失者。
②招生就业工作处收到毕业生的申请书两个星期以上。
③毕业生须交纳相当于违约金数额的费用。
④必须登报声明协议书遗失。

（6）凡是通过地方或部委毕业生就业工作主管部门与用人单位签订高校毕业生就业协议书的毕业生，签约时可使用他们提供的毕业生就业协议书，但是毕业生回校后，必须与学校补签高校毕业生就业协议书。毕业生如果另有选择，则必须与原签约单位解除所签订的协议。

5. 就业协议签订程序

毕业生与用人单位达成一致后，签约程序是：

（1）毕业生认真如实填写基本情况及应聘意见，并签名。
（2）用人单位、主管部门及人事调配部门签订意见。
（3）用人单位一定将档案详细转递地址填好。
（4）各院系签意见。
（5）学校就业指导中心签意见。
（6）省就业指导中心签证。

需要说明的是：按程序最后到学校签章，由学校作最后把关，更有利于维护毕业生合法利益。有些毕业生图方便，要求学校先签章，再交用人单位，容易写上有损毕业生权益的条款，产生不利后果。学校把关，意义还在于确认签约手续是否完备，否则由于手续不齐等原因，导致报方案时通不过，或派走后到用人单位无法报到，会加大毕业生心理负担。

6. 关于违约

（1）违约责任及后果。高校毕业生就业协议书一经毕业生、用人单位、学校签署即具有法律效力，任何一方不得擅自解除，否则违约方应向权利受损方支付协议条款所规定的违约金，从实际情况来看，就业违约多为毕业生违约。

毕业生违约，除本人应承担违约责任、支付违约金外，往往还会造成其他不良的后果，主要表现在：

①用人单位花人力、物力、财力，参加人才交流会等，做了大量工作，录用人员的后期工作已考虑、安排，一旦违约，一切工作付之东流，全得重新开始，造成工作被动。

②用人单位往往将毕业生违约当成是学校管理不严，影响学校和用人单位的长期合作关系，由于对学校怀疑，以后可能不会再到学校挑选毕业生。现在买方市场竞争激烈，没有需求，也就没有毕业生的就业。随着高校扩招，毕业生将成培增加，学校作为签字方之一不会为极个别人的利益影响到明年乃至今后就业工作的整体利益和声誉。

③对其他毕业生有影响。一个单位，你不去，别人可以去，用人单位不录用你，完全可录用别人，录用你，就不能录用其他毕业生，日后违约，当初想去的毕业生也不一定能补缺，造成信息浪费。高校大学生应是讲诚信、讲法制的践行者，因此学校再次强调毕业生在签约过程中要做到慎重选择，认真履约。

（2）对违约处理的规定。"违约"特指"三方签约"，学校强调毕业生要讲诚信、讲法制、认真履约。但毕业生一旦违约必须承担违约责任，在征得用人单位同意并交纳违约金后才可重新签约。毕业生违约时，必须办理完毕与原签约单位的解约手续（有原签约单位的书面退函，交纳完毕违约金），然后将原协议书交还招生就业工作处，并换取新的协议书。

11.2 劳动争议的内涵及处理机构

1. 劳动争议的概念

劳动争议，是指劳动关系当事人，即用人单位与职工之间就劳动权利、义务所发生的纠纷。具体来讲，首先，发生争议的双方当事人必须是用人单位和与其有劳动关系的职工，也就是说，当事人必须是通过一定的法律事实（如签订劳动合同）建立劳动关系的用人单位及其劳动者；其次，彼此争议的内容，是有关劳动权利、义务方面的，只有当涉及劳动关系双方当事人之间的权利和义务时，才是劳动争议。

例如，试用期已过，用人单位以不符合录用条件为由解除劳动合同；用人单位支付的工资待遇不符合劳动法规或劳动合同的规定；用人单位任意延长劳动者的试用期等，都属于劳动争议。

2. 劳动争议的特征

（1）劳动纠纷是劳动关系当事人之间的争议。劳动关系当事人，一方为劳动者，另一方为用人单位。劳动者主要是指与在中国境内的企业、个体经济组织建立劳动合同关系的职工和与国家机关、事业组织、社会团体建立劳动合同关系的职工。用人单位是指在中国境内的企业、个体经济组织以及国家机关、事业组织、社会团体等与劳动者订立了劳动合同的单位。不具有劳动法律关系主体身份者之间所发生的争议，不属于劳动纠纷。如果争议不是发生在劳动关系双方当事人之间，即使争议内容涉及劳动问题，也不构成劳动争议。例如，劳动者之间在劳动过程中发生的争议，用人单位之间因劳动力流动发生的争议，劳动者或用人单位与劳动行政管理中发生的争议，劳动者或用人单位与劳动行政部门在劳动行政管理中发生的争议，劳动者或用人单位与劳动服务主体在劳动服务过程中发生的争议等，都不属劳动纠纷。

（2）劳动纠纷的内容涉及劳动权利和劳动义务，是为实现劳动关系而产生的争议。劳动关系是劳动权利义务关系，如果劳动者与用人单位之间不是为了实现劳动权利和劳动义务而发生的争议，就不属于劳动纠纷的范畴。劳动权利和劳动义务的内容非常广泛，包括就业、工资、工时、劳动保护、劳动保险、劳动福利、职业培训、民主管理、奖励惩罚等。

（3）劳动纠纷既可以表现为非对抗性矛盾，也可以表现为对抗性矛盾，而且两者在一定条件下可以相互转化。在一般情况下，劳动纠纷表现为非对抗性矛盾，给社会和经济带来不利影响。

3. 劳动争议的分类

劳动争议按照不同的标准，可划分为以下几种：

（1）按照劳动争议当事人的人数划分。可分为个人劳动争议和集体劳动争议。个人劳动争议是劳动者个人与用人单位发生的劳动争议；集体劳动争议是指劳动者一方当事人在3人以上，有共同理由的劳动争议。

（2）按照劳动争议的内容划分。可分为因履行劳动合同发生的争议；因履行集体合同发生的争议；因企业开除、除名、辞退职工和职工辞职、自动离职发生的争议；因执行国家有关工作时间和休息休假、工资、保险、福利、培训、劳动保护的规定发生的争议等。

（3）按照当事人国籍的不同划分。可分为国内劳动争议与涉外劳动争议。国内劳动争议是指我国的用人单位与具有我国国籍的劳动者之间发生的劳动争议；涉外劳动争议是指具有涉外因素的劳动争议，包括我国在国（境）外设立的机构与我国派往该机构工作的人员之间发生的劳动争议、外商投资企业的用人单位与劳动者之间发生的劳动争议。

4. 劳动争议的处理机构

根据劳动法律有关规定，目前处理劳动争议的机构为三种：企业劳动争议调解委员会、各级劳动争议仲裁委员会和地方人民法院。

（1）企业劳动争议调解委员会。企业劳动争议调解委员会是在职工代表大会领导下负责调解本企业内劳动争议的群众组织。调解委员会由职工代表、企业行政代表和企业工会委员会代表组成。没有建立工会组织的企业，可以设立类似调解委员会的劳动关系协调组织，由职工代表和企业代表协商决定。调解委员会处理劳动争议不是必经程序。

（2）劳动争议仲裁委员会。劳动争议仲裁委员会是处理劳动争议的专门机构。县、市、市辖区人民政府设立仲裁委员会，负责处理本辖区内发生的劳动争议。设区的市、市辖区仲裁委员会受理劳动争议案件的范围由省、自治人民政府规定。各级仲裁委员会由劳动行政主管部门的代表、工会的代表、政府指定的经济综合管理部门的代表组成，主任由劳动行政主管部门的负责人担任，其办事机构设在同级的劳动行政主管部门。

（3）人民法院。人民法院是国家审判机关，也担负着处理劳动争议的任务。劳动争议当事人对仲裁委员会的裁决不服、进行起诉的案件，人民法院民事审判庭负责受理。

11.3　劳动争议的处理原则和基本程序

根据《中华人民共和国企业劳动争议处理条例》规定，劳动争议处理应遵循以下重要原则。

1. 依法处理劳动争议原则

在处理劳动争议过程中，劳动争议处理机构和劳动争议当事人，必须在查清事实的基础上依法协商、依法解决劳动争议。

要查清事实，首先，当事人应积极就自己的主张和请求提出证据；其次，劳动争议处理机构应及时调查取证，两者有机结合，才能达到查清事实的目的。

依法处理争议，就要依据法律规定的程序要求和权利、义务要求去解决争议，同时要掌握好依法的顺序，即有法律依法律，没有法律依法规，没有法规依规章，没有规章依政策。另外，处理劳动争议还可以依据依法签订的集体合同、劳动合同及依法制定并经职代会或职工大会讨论通过的企业规章。

2. 当事人适用法律上一律平等原则

劳动争议双方当事人虽然在其劳动关系中，存在行政上的隶属关系，但其法律地位是平等的，也就是说，不管用人单位大小如何，也不管职工一方职位高低，双方在法律面前都是平等的。适用法律时不能因人而异，不能因为某单位是重点企业，或者是当地创利、创汇大户，而对其侵害职工劳动权益的行为进行袒护。

3. 着重调解劳动争议原则

处理劳动争议，应当重视调解方式，调解既是一道专门程序，也是仲裁与审判程序中的重要方法。着重调解原则，首先，有利于增加当事人之间的相互理解，使其在今后的工作中能够相互支持和配合；其次，可以简化程序，有利于及时、彻底地处理劳动争议。

实行着重调解的原则应注意如下方面：

（1）必须遵守自愿原则。当事人向企业劳动争议调解委员会申请调解，必须经争议双方当事人同意，否则调解委员会不予受理。三种劳动争议处理机构进行调解必须是当事人真正自愿和解和自愿达成调解协议，不得对争议案件强行调解，也不得采取强迫或变相强迫的方法进行调解。

（2）必须坚持合法、公正原则。调解是建立在查明事实、分清责任的基础上，通过说服教育，使当事人在法律许可的范围内达成和解协议，并不是无原则进行的。

（3）必须与及时裁决或及时判决结合起来。对于当事人不愿调解或调解不成的，不应久调不决，以免拖延时日，有损于当事人的合法权益，甚至造成不良后果。

4. 及时处理劳动争议的原则

首先，劳动争议发生后，当事人应当及时协商或及时申请调解以至申请仲裁，避免超过仲裁申请时效，丧失申请仲裁的权利。其次，劳动争议处理机构在受理案件后，应当在法定结案期限内，尽快处理完毕。劳动争议往往涉及当事人尤其是职工一方的切身利益，如果不及时加以处理，势必会损害劳动者合法权益，甚至使矛盾激化。因此有关劳动争议法规对争议处理规定了严格的时间限制，以免"案无定日""久拖不决"的现象。最后，对处理结果，当事人不履行协议或决定的，要及时采取申请强制执行等措施，以保证案件的顺利处理和处理结果的最终落实。

5. 基层解决争议原则

劳动争议案件应主要由企业设立的调解委员会和当地县、市、市辖区仲裁委员会解决。向法院起诉，也是按法定管辖权由当地基层法院受理。基层解决原则方便当事人参加调解、仲裁和诉讼活动，有利于争议的及时处理和法律文书的送达与执行，有利于就地调查，查明事实真相。劳动争议发生后，当事人应当按照下列基本程序请求解决：

（1）双方自行协商解决。双方通过协商方式自行和解，是当事人应首先争取解决争议的途径。

（2）调解程序。当事人可以向用人单位劳动争议调解委员会申请调解。当事人可不经过调解而直接申请仲裁。

（3）仲裁程序。若经过调解双方达不成协议，当事人一方或双方可向当地劳动争议仲裁委员会申请仲裁；当事人也可以直接申请仲裁。仲裁程序是强制性的必经程序，也就是说，只要有一方当事人申请仲裁，且符合受案条件，仲裁委员会即予受理；当事人如果要起诉到法院，必须先经过仲裁程序，未经过仲裁程序的劳动争议案件，人民法院将不予受理。

（4）法院审判程序。当事人如果对仲裁裁决不服的，可以向用人单位所在地的基层人民法院起诉。目前法院是由民事审判庭依民事诉讼程序对劳动争议案件进行审理，实行两审终审制。也就是当事人若不服一审判决，仍可向上级法院上诉。法院审判程序是劳动争议处理的最终程序。

案例

毕业生与企业引发的劳动合同效力之争

即将毕业的学生用学校发的双向选择就业推荐表，与聘用的公司签订劳动合同后上班途中遭遇交通事故，毕业生在申请工伤待遇的同时，要求公司按照法律规定缴纳工伤保险和各种社会保障。公司以在校学生不具备劳动者资格为由，宣称劳动合同无效，遂引发了一场劳动合同效力纠纷。

2008年4月3日，江苏省南通市中级人民法院对此案作出终审判决。

学生与企业签约

2006年2月，江苏省海门市一家空调设备公司招聘一名办公室文员。

即将从江苏徐州某学院毕业的陈某得到招聘信息后，便持所在学院发给的"2006届毕业生双向选择就业推荐表"前去招聘会上报名应聘。公司审核完陈某的求职材料和面试后，遂约她几天后到公司签约。

2006年2月27日，陈某如约来到空调设备公司，双方签订劳动合同协议书约定：陈某担任职务为办公室文员；合同期限为一年，从2006年2月27日至2007年2月27日止；其中试用期三个月，从2006年2月27日至2006年5月27日止；试用期月薪为500元；试用期满后，按陈某技术水平、劳动态度、工作效益评定，根据评定的级别或职务确定月薪。

此时，陈某尚未毕业属在校生，正在撰写毕业论文。合同订立后，陈某便到公司上班，其间利用业余时间完成毕业论文。

发生纠纷仲裁

2006年4月21日，陈某去公司上班途中遇交通事故，被送往医院救治。陈某在治疗、休息期间，经学校同意以邮寄方式完成了毕业论文及答辩，于2006年7月1日拿到毕业证书。

2006年8月，伤愈后的陈某多次向公司交涉，认为双方既然签订了劳动合同，其身份属于公司员工，应该享受工伤待遇，但遭到公司拒绝。

2006年11月8日，陈某向海门市劳动部门提出认定劳动工伤申请。公司得知陈某提出工伤申请后，也于同日向当地劳动争议仲裁委员会提出仲裁申请，认为陈某在签订劳动合同时仍属在校大学生，不符合就业条件，要求确认双方的劳动合同无效。

陈某针对公司的仲裁申请，请求确认双方劳动合同约定试用期为三个月、月薪500元的条款违法，要求其月薪按社会平均工资标准执行，同时要求公司为其办理社会保险，缴纳各种保险金。

2007年4月20日，劳动争议仲裁委员会作出裁决：陈某在签订劳动合同时仍属在校大学生，不符合就业条件，不具备建立劳动关系的主体资格，空调设备公司与陈某于2006年2月27日签订的劳动合同协议书无效。

双方争议焦点

2007年5月28日，陈某不服仲裁裁决，向海门市法院提起诉讼。

2007年6月19日，一审法院开庭审理此案。

原告陈某诉称：我已年满18周岁，具有就业的权利和行为能力，学校已经向其发放了就业双向选择推荐表，具有到社会上就业的资格。

推荐表中已载明了原告的情况，包括尚未正式毕业的事实，被告空调设备公司录用时予以了审查，原告不存在隐瞒和欺诈行为，法律也没有禁止在校大学生不得就业的规定。

劳动争议仲裁委员会裁决认定原告不具备劳动主体资格不当,请求法院确认双方签订的劳动合同有效。

被告空调设备公司辩称：原告陈某在签订劳动合同时仍是在校大学生,不具有劳动关系的主体资格,陈某作为自然人不能同时拥有职工和学生两种身份,所以双方签订的劳动合同是无效的。

原告陈某要求确认劳动合同有效,其目的是因为发生交通事故后要求认定工伤和办理劳动保险,而根据有关法律规定,劳动部门不可能为学生办理劳动保险。

劳动争议仲裁委员会的裁决正确,双方签订的劳动合同无效,请求法院驳回原告的诉讼请求。

一审判决

海门市法院认为双方存在的争议焦点是：原告陈某是否具备劳动主体资格,双方签订的劳动合同协议是否有效。

法院认为：原告陈某已年满18周岁,符合劳动法规定的就业年龄,其在校大学生的身份也非劳动法规定排除适用的对象。

原告陈某已取得学校颁发的2006届毕业生双向选择就业推荐表,完全具备面向社会求职、就业的条件。被告公司在与原告陈某签订劳动合同时,对原告陈某的基本情况进行了审查和考核,对陈某2006年6月底方正式毕业的情况也完全知晓。在此基础之上双方就应聘、录用达成一致意见而签订的劳动合同应是双方真实意思的表示,不存在欺诈、隐瞒事实或威胁等情形,双方签订的劳动合同也不违反法律、行政法规的有关规定。因此,该劳动合同应当有效,对双方具有法律约束力。

劳动部《关于贯彻执行〈中华人民共和国劳动法〉若干问题的意见》第十二条规定："在校生利用业余时间勤工助学,不视为就业,未建立劳动关系,可以不签订劳动合同。"但本案原告陈某作为行将毕业的大学生,持2006届毕业生双向选择就业推荐表实施应聘就业活动,并到被告公司工作,此情形不属于利用业余时间勤工助学。因此,劳动争议仲裁委员会据此认定原告不符合就业条件,继而确认劳动合同协议书无效不当,应予纠正。

原告持2006届毕业生双向选择就业推荐表与被告签订的劳动合同协议书不具备法定无效情形,原告陈某的诉讼请求法院予以支持。

2007年11月15日,海门市法院依照劳动法有关规定作出一审判决：确认原告陈某与被告空调设备有限公司于2006年2月27日签订的劳动合同有效。

终审判决

空调设备公司不服一审判决，向江苏省南通市中级法院提起上诉。

2008年2月29日，南通市中级人民法院二审开庭审理本案。

空调设备公司诉称：①陈某在签订劳动合同时系在校大学生，其行为还需受所在学校的管理，完成学校交给的学习任务，与社会上的其他求职者存在差别，其并不具备劳动关系主体资格。②劳动主管部门也就大学生在校期间，利用课余时间参加社会实践的行为作出了相关认定，认为在校大学生并不是合格的劳动关系主体。一审法院判决认定劳动合同有效明显不当，请求二审法院依法改判双方签订的劳动合同无效。

陈某称：认定一个大学生是否具备毕业生资格，是高等教育法赋予高等院校的职权，而非劳动争议仲裁委员会的职权。学院发给毕业生双向选择就业推荐表，说明学校已依法确认我具备了毕业生资格，已不再是公司所说的在校大学生。而且，我国的法律、法规也没有禁止在校大学生不得就业。

法院另查明，空调设备公司系招录办公室文员，对应聘者的年龄、打字技能提出具体指标，但对学历、年龄并无具体要求。

公司对陈某的身份有全面的了解，知晓其已完成学业，可以正常上班工作，但尚未毕业等情形，双方当事人在订立劳动合同过程中意思表示真实、明确，无欺诈、威胁等情形。案涉劳动合同约定的工作任务、劳动报酬等权利义务内容不违反法律法规，亦不存在显失公平的情形。因此，比照我国劳动法律的规定，案涉劳动合同不存在无效情形，依法应为有效合同。

二审法院认为陈某具备订立劳动合同的主体资格，其与空调设备公司所订劳动合同依法有效。

2008年4月3日，南通市中级法院作出终审判决：驳回上诉，维持原判。

【点评】法院认为本案争议焦点有三。

焦点一，陈某是否具备签订劳动合同的主体资格。原劳动部《关于贯彻执行〈中华人民共和国劳动法〉若干问题的意见》规定："公务员和比照实行公务员制度的事业组织和社会团体的工作人员，以及农村劳动者（乡镇企业职工和进城务工、经商的农民除外）、现役军人和家庭保姆等不适用劳动法。"并未将未毕业的大学生包括在内。陈某与公司订立劳动合同协议书时，已年满21周岁，具备与用工单位建立劳动关系的行为能力和责任能力。作为高等院校的学生，陈某虽尚未从学校毕业，但其亦为劳动力市场的自由劳动者，学生身份并不当然限制其作为普通劳动者加入劳动力团体。只有在教育管理部门及高校本身为履行教育管理职责，督促学生圆满完成学业，明确禁止大学生在学习的同时与用人单位建立劳动关系的情况下，大学生才不得与用人单位订立劳动合同,建立劳动关系。在教育管理部门及高校本身因学生已完成或基本完成学业,从而对学生已不作此要求时,大学生参与劳动关系应不受限制。本案陈某已基本完成学业,并持有学校为促进学生就业而发给的"毕业生双向选择就业推荐表",其应聘求职的行为受到管理部门与高校本身的鼓励,应认定为适格的劳动合同主体。

焦点二,原劳动部《关于贯彻执行〈中华人民共和国劳动法〉若干问题的意见》规定:"在校生利用业余时间勤工助学不视为就业,未建立劳动关系,可以不签订劳动合同。"该规定仅针对利用学习空闲时间打工补贴学费、生活费的在校学生,不仅包括大学生,也包括中学生。所涉情形仅指在校学生不以就业为目的,参加短期或不定期劳务工作以获取一定劳务报酬的情况,这与本案情形迥然不同。本案中,陈某持就业推荐表应聘公司办公室文员职位,就业目的明确,客观上做出了与单位建立劳动关系的意思表示,并已实际订立了劳动合同,其法律行为与大学生未完成学业时的勤工助学行为显然非同一性质。

大学生临近毕业时确实有实习任务,但大学生实习是以学习为目的,到机关、企业、事业单位甚至是农村参加社会实践,巩固、补充课堂知识,没有工资,甚至还要由学校或个人向实习单位交纳实习费,不存在由实习生与单位签订劳动合同,明确岗位、报酬、福利待遇等情形。显而易见,陈某的情形不属于勤工助学或实习,应属于就业行为。

焦点三,空调设备公司作为依法注册登记的有限责任公司,具有当然的用工主体资格,而陈某具有劳动权利能力和劳动行为能力,亦已基本完成学业,不再受限于教育管理,相反却是鼓励就业的对象,其具有劳动合同主体身份资格。在招聘过程中,公司对陈某应聘的办公室文员一职并无学历方面要求,陈某尚未拿到毕业证书不影响合同生效,何况陈某已于2007年7月取得毕业证书。公司对陈某的身份有全面的了解,知晓其已完成学业、可以正常上班工作,但尚未毕业等情形,双方当事人在订立劳动合同过程中意思表示真实、明确,无欺诈、威胁等情形。案涉劳动合同约定的工作任务、劳动报酬等权利义务内容不违反法律法规,亦不存在显失公平的情形。因此,比照我国劳动法律的规定,案涉劳动合同不存在无效情形,依法应为有效合同。

案例

毕业生求职看清劳动合同

临近毕业,很多毕业生经过努力都落实了自己的工作或是与用人单位确定了意向。对于初涉职场的毕业生来说,就业之前还有一个关键的环节马虎不得，那就是与用人单位签订劳动合同，如果当时麻痹大意，就有可能对今后的发展产生障碍。指导专家声称："劳动合同≠劳务合同。"

有些用人单位会用劳务合同代替劳动合同，这二者的差别是相当大的。劳动合同中必须写明对劳动者的义务，如必须为劳动者交纳各种保险、明确最低工资标准等，而劳务合同则仅仅是一方提供劳务，另一方给付报酬的一种约定形式，一般不受劳动法的制约。

用人单位违反劳动合同可能承担行政责任、民事责任甚至刑事责任，而违反劳务合同一般只承担民事赔偿责任。

对不平等条约说不

由于用人单位在劳动合同关系中处于强势地位，在签订劳动合同过程中，有些单位会利用这种优势，制定一些不公平的格式条款，如规定不合理的服务年限、苛刻的劳动纪律以及劳动者解除合同时的惩罚性补偿措施等，强迫劳动者接受。毕业生在签订劳动合同之前要特别注意审查类似的条款，对其中有失公平的地方要及时提出异议。

试用期规定要明确

劳动法中对劳动者的试用期有较明确的规定：一是试用期内也应当参加社会保险；二是试用期应当包含在劳动期内；三是试用期的最长期限不得超过6个月，其中合同期在1年以上2年以下的，试用期不得超过60日，依次类推。

合理确定岗位条款

一些用人单位往往故意在劳动合同中避开工作岗位条款，从而随心所欲地变更劳动者的岗位，无限扩大其管理权，这样在合同履行过程中，用人单位便可以任意变更合同内容，甚至故意进行刁难，劳动者却无以应对，最后只有无奈辞职。同时，对劳动合同中的工资补助和奖金条款、培训条款、保密和禁止同业竞争条款等，都需要详细审查。如工资数额是否确定及有无增资的条件，补贴及奖金的发放有无明确的计算依据和标准。至于劳动合同中的工作时间、社会保险、休息休假和劳动保护等内容，劳动法中都有明确的强制性规定，发生纠纷时直接引用相应的规定即可解决。

违约条款要慎签

劳动合同中，对违约行为的补偿主要是通过支付违约金来实现的，主要包括提前解除劳动合同、违反培训协议以及因失职造成损失等情形下发生的违约金。

最明确清晰的违约条款应当包括如下内容：构成违约的条件、赔偿损失的范围、违约金的计算方法及数额等。上述内容应合法、公平，特别对其中关于提前解除合同及因培训而产生的违约金，在签订合同时，一定要审视自己的经济承受能力，避免日后无力承担巨额赔偿陷入困境。

经验之谈

王超毕业一年，现为外企职员，他认为在与公司签订劳动合同的时候有以下两点要注意。

一是不要轻信公司的口头承诺。我所在的公司经历了一次大的变动，原来的老板把公司转让给现在的法国老板，新公司给我们的合同中写着工资总计700元，人力资源负责人向我们承诺这是暂时的，很快能达到1 500元，有的同事就签了这份合同。事实上根本达不到公司承诺的数目。只有写在合同中的，有明确约定的才能更好地得到履行，否则很难落实。

二是要选择适合自己的合同期限。我在和公司签订劳动合同的时候，有两种合同期限可以选择，一种是一年的，还有一种是9个月的。我考虑我签合同的时间是在9月份，如果签一年的劳动合同，到下一年9月份跳槽，找工作的机会不是很好。如果签9个月的合同，到第二年五六月正好和应届生一起找工作，就业机会多一些，于是选择了后者。

李雪妮毕业两年，现在一家民营公司工作，当初她签合同的时候，已经被试用了大半年，没有任何底薪和保险，终于等到签合同了，因为不太明白劳动合同，没怎么仔细看合同就签了。现在才发现当初签的合同不合理。因为按照合同法的规定，最长试用期不能超过半年，而且应该从进入公司的时间开始算。

签了合同之后，她发现其中没有明确说明如果违约了要怎么赔偿。她打算在续签合同的时候把这一项补充上去，不然，将来出现纠纷就不好办了。

11.4 报到证

报到证由原来派遣证转化而来，是毕业生到就业单位报到的凭证，也是毕业生参加工作时间的初始记载和凭证。毕业生到就业单位报到时，须持报到证。学校相关部门依据报到证为毕业生办理档案投递、组织关系转移和户籍迁移等手续，就业单位所在地公安部门凭报到证为毕业生办理落户手续，就业单位凭报到证为毕业生办理相关工作手续。

1. 报到证的作用

（1）报到证是毕业生到单位报到的证明。毕业生到工作单位就业时，须持报到证。用人单位凭报到证为毕业生办理手续。

（2）当地公安部门凭报到证为毕业生办理落户手续。

（3）学校相关部门依据报到证为毕业生办理档案投递、组织关系转移和户籍迁移等手续。

（4）报到证一式两页，正本为蓝色由毕业生本人持有，到单位报到时交给单位。副本为白色，由学校负责装入毕业生本人档案。

（5）报到证正页由毕业生到用人单位报到时交给用人单位，是毕业生参加工作时间的初始记载和凭证，上面的日期是工龄的开始年限，与退休年龄和养老保险交纳年数都有关。

（6）报到证是毕业生就业的证明。报到证中的姓名须与毕业生身份证中的姓名一致，单位的名称也必须准确。报到证的有效期一般为毕业后两年内（即2008年毕业到2010年6月30日有效，2009年毕业到2011年6月30日有效，依次后推）。

（7）报到证是毕业生，报考公务员必备的资料。

（8）报到证可以改派，改派手续为：

① 用人单位在毕业生改派表或就业协议书上盖章。

② 用人单位上级主管部门在毕业生就业协议书上盖章。

③ 学生处审核后，报省教育厅审批。

2. 派遣原则

报到证的派遣原则是：

（1）落实到省直和中央驻各省单位就业的毕业生直接派往接收单位。

（2）落实到市、州所属单位就业的毕业生，派到单位所属市、州大中专毕业生就业指导办公室（师范类专业的毕业生，派往单位所属市、州教育局）。其备注栏内注明接收单位名称。

（3）落实到省外单位就业的毕业生，原则上按接收单位所在省毕业生就业主管部门的要求办理，并准确确定就业报到的受理单位。

（4）毕业时未落实就业单位的生源地为本省的毕业生，本人要求回生源市、州择业的，可派回生源市、州大中专毕业生就业指导办公室（师范类专业的毕业生，派往单位所属市、州教育局）。

（5）生源地为外省的毕业生，毕业时落实了就业单位且要求回生源地择业的，将其派回生源所在省的毕业生就业主管部门。

（6）如果两年择业期满毕业生仍未落实就业单位，省教育厅毕业生就业主管部门也将办理报到证，将毕业生派回其生源所在地自主择业。

所以大家注意一般情况下只要有毕业证就有报到证，无论有没有签就业协议（四联单）都是有报到证的，但是升学（包括专升本、读硕、读博）的没有报到证（有些城市例如上海本地生源在本地读大学，毕业后选择出国读硕的没有报到证，但是外地生源还是有报到证的）。

3. 办理要求

（1）可以凭与用人单位签订的就业协议书办理，如用人单位无人事权，不能接收档案，还须到其上级主管部门签章（签在"用人单位上级主管部门意见"一栏）；用人单位无上级主管部门的，则到当地的人才交流中心办理人事代理手续（在"用人单位上级主管部门意见"一栏处签章）。

（2）可以凭与用人单位签订的劳动合同办理，另外还须到当地的人才交流中心签定就业协议书，办理人事代理手续，签好后的就业协议书要一并带到省校就业指导中心。

（3）未落实就业单位且本人申请回生源地自主择业的毕业生应提供书面申请。

4. 办理程序

（1）毕业生在就业协议书上填写基本情况。

（2）毕业生所在的学校（学院）毕业生就业指导部门填写推荐意见并盖章。

（3）用人单位签字、盖章（上级人事主管部门确认盖章），毕业生签字，填写双约定的其他条款。

（4）毕业生所在的分校（学院）毕业生就业指导部门予以登记备案。

（5）将就业协议书交省校毕业生就业指导中心审核，开具介绍信。

（6）毕业生持省校毕业生就业指导中心开具的介绍信、毕业证原件、就业协议书到省大中专院校学生信息咨询与就业指导中心办理报到证。

5. 报到证说明

报到证的全称是"全国普通高等学校本专科毕业生就业报到证"和"全国毕业研究生就业报到证"，由国家教育部印制，由省（直辖市、自治区）级普通高等学校毕业生就业管理部门签发，只有列入国家或省毕业生就业方案的普通高校毕业生才能持有的有效报到证件。

很多大中专毕业生不把报到证当回事，认为就是一张"介绍信"，殊不知，报到证是存入个人档案的必备材料。

其作用有：

（1）是到接收单位报到的凭证，毕业生就业后的工龄由报到之日开始计算。

（2）证明持证的毕业生是纳入国家统一招生计划的学生。

（3）凭就业报到证转移毕业生人事档案、户口关系。

（4）毕业生报到后，持报到证及接收单位有关证明到当地公安部门办理落户手续。

（5）持报到证到有关部门办理自主创业手续及减免有关税费。

（6）待就业毕业生可凭就业报到证或毕业生就业主管部门或人才服务机构办理就业代理手续。

(7) 毕业生到接收单位报到后，报到证由单位人事部门存档。

(8) 毕业生在工作单位转正和干部身份的证明。

6. 报到证改派及期限

（1）需要改派的情况。

① 第一种情况，开始和 A 企业签订了就业协议书，并报到证已经派遣到了 A 企业相关的城市，而学生工作几个月后，辞职了。去了另一个城市 B 企业工作。如果这个 B 企业能接收你的档案，那么这个就必须改派了。

② 第二种情况，学校交给同学的报到证，出现错误，如姓名、专业甚至派遣地区发生错误。那么就必须重新开具报到证（严格讲不属于改派）。

③ 第三种情况，错派。没有这个用人单位。用人单位已经撤销或用人单位隶属关系发生了变化。

④ 第四种情况，调配不当。院校在按单位委托代选毕业生调配过程中，所选择的毕业生所学专业与用人单位要求不一致。

⑤ 第五种情况，毕业生本人遭受不可抗拒的因素或其他特殊原因。

⑥ 第六种情况，毕业半年后，找到工作，并能接收档案关系等。将派遣回原籍的报到证，改派到你要去的单位所在城市（报到证两年有效，个别地区只要两年内是可以改派的。严格的地区，一般是一年才能改派，切记）。

⑦ 第七种情况，已经就业或者未就业的学生，考上公务员或者事业编制。在规定年限内，必须报到证改派。

注意：改派时间一般是从你毕业开始算起，第一个一年内改派。但是个别地区是可以两年内改派，甚至三年内。所以一定要在改派的期限内。一定要了解清楚后办理，别耽误了最佳改派时间。学校是你们可以求助的地方，他们可以协助你改派。

（2）报到证如何改派。

改派建立在原单位同意的基础上，并需原单位上级人事主管部门、新接收单位、新接收单位上级人事主管部门签署意见，跨省的和从市县调整到省级、中直单位，或从省级、中直单位调整到市县的改派还需省教育部门签署意见。

按教育部门的要求，对已经落实就业单位并领取报到证的毕业生，原则上两个月内不予受理改派手续，而且各高校对办理改派手续也都有一定的时限要求。因此，要办理改派手续，必须要原单位同意解除协议，原单位上级人事主管部门同意，新单位同意接收，新单位上级人事主管部门同意。如果新的单位没有上级人事主管部门，单位可以到省人才交流中心办理人事代理开户手续，由省人才交流中心作为单位的上级人事主管部门并提供改派表，再按照教育部门的改派程序和时间期限办理相关改派手续。对于符合进 A 市落户条件的，经改派之后，可以由省人才交流中心协助办理进行落户手续。按现行政策，全日制普通高校本科及以上学历的应届毕业生，如果户口本来就是迁往 A 市的，可以不用办理改派手续，只需持与原单位解除关系的证明，到省人才交流中心报到，把人事关系以个人或单位的方式委托人才中心管理。

(3) 报到证的有效期。

① 报到证报到有效期时间：它的有效期一般是两年，即从毕业开始两年内有效，超过两年视为自动放弃并作废。但是个别地方，三年也可以报到。具体按照当地政策来定。

② 报到证改派有效期时间：报到证一般是从毕业开始算起，一年内可以改派，当然一些地方两年内也可以改派。具体按照当地政策来定。

③ 报到证上所标注报到时间为什么是一个月，或者更短时间：是为了督促学生尽快办理，所以近几年才缩短时间。但是个别城市，是严格按照报到证时间来报到的，切莫耽误了时间。最好提前和原籍，或者要去报到的城市人力资源与社会保障厅联系好，以免造成代理无法操作。

11.5　毕业生档案托管

案例

大学毕业生档案托管误区

每年七、八月都是高校毕业生们最忙碌的季节，忙找工作、忙分手，但这个时候千万别忘了一件重要的事：办理档案托管及人事代理。因为从你毕业那天起，你就需要通过正确的档案托管来为自己记录工龄，收录考核材料，甚至是为将来退休工资的计算提供依据。然而，许多毕业生对于档案托管一知半解、存在误区。

"我毕业后档案一直放在学校，好像也没关系吧？""我们老师说，工龄从毕业开始就自动计算了，跟档案托不托管无关。"每当与身边的同事或朋友聊起档案的问题时，类似的回答不在少数，那么，这样的认为是正确的吗？

所有毕业生应该从这个误区中走出来，毕业之后你的档案还放在学校是属于无效的，因为它不能记录你在工作时期的表现，应该及时把你的档案转移到生源所在地或就业单位所在地的人事部门的人才中心，办理人事代理手续，这样你的档案才算是激活了，包括工龄在内的一切人事关系就有了。档案必须有具备人事管理权限的单位进行管理，目前国内具有这一权限的只有党政机关、事业单位、大型国企以及政府人事部门的人才交流中心。前三者主要针对公务员及在编人员的档案接收管理，人才交流中心则负责绝大多数非公企业聘用人员的档案管理。

毕业生档案转到人才中心后，应当及时办理人事代理手续，今后不管到哪里就职，都可以有工龄连续计算，同时人事关系可以在不同城市间正常流动。并且，工龄达到一年以后，当地人才交流中心就会帮你办理转正定级手续，今后报考公务员时，之前累计的工龄就可以纳入退休前的全部工龄。

1. 档案的作用

真正能证明你学习、工作经历的就是你的档案。档案里面有你各个时期的学籍卡、成绩单、各方面的评语、获奖证明，还有你的党团材料、工龄、工资定级资料等。这些都是原始材料，不可复制，而且按国家规定，档案不能由个人保管。专家建议：毕业生切勿忽视自己的档案管理，免得给将来的生活和工作带来不必要的麻烦。

2. 档案与工龄

很多大学毕业生找到工作后，没有及时办理参加工作手续（即档案托管），工作几年后仍然是学生身份，从而影响了自己的转正定级，也影响到工龄和退休金的计算。

3. 档案与福利

毕业生在个人办理养老保险、继续深造（如出国、考研）、考公务员、当兵事关个人切身利益的问题时，都要用到档案。

4. 档案与因公出国政审

因公出国政审也必定要依据人事档案进行政治审查，如果档案材料不全，政审机构就会拒绝审查。

5. 补办档案与原始材料

虽然现在有的单位可以补办新档案，但以前的经历、工资、职称等历史原始材料将不复存在，势必造成一定损失。

6. 档案管理的方式

（1）档案转至生源地，由所在地的地市级人事局接收。

适合对象：比较适合准备在生源地范围内就业的毕业生和暂时不想就业的毕业生。

在生源地就业后办理手续简单方便。但两年内如离开生源地就业，需重新办理改派手续。

（2）档案由人力资源公司代理。

适合对象：适合档案没地方落的所有毕业生。

解决了毕业生的后顾之忧，许多实际问题都可由人力公司代办手续。

第十二章　自主创业

12.1　创业意识和创业能力培养

案例

李晓明的创业经历

就读于某市职业技术学院室内设计专业的李晓明从大二起就开始了自己的实习和打工生涯，积累了专业设计的经验，并了解了公司运作的模式，也为自己将来创业积累了人脉资源。2010年4月，一个在市内一家建材装饰城开画廊的高中同学找到李晓明，李晓明萌生了与同学合作的念头，他开画廊，自己搞装饰设计。两人一拍即合，借款筹钱，办理各种手续，一番辛苦下来，李晓明的公司挂牌开张了。

有了自己的公司，李晓明肩上的担子更重了。这个还没拿到大学毕业证的总经理开始四处奔波，寻找客户。他托朋友、托同学、托老师、托以前实习时认识的业主。直到5月，李晓明才经朋友介绍，认识了一位要装修一套新房的大学老师。李晓明为此铆足了劲，一定要谈成自己的第一笔生意。他登门拜访，到工地看房子，听客户讲装修意见，连夜设计装修方案。就这样，李晓明凭借自己的热情、认真和令人满意的设计方案赢得了自己平生第一笔业务。

如今，李晓明的公司每个月都能接到四五笔业务，不仅招聘了6名员工，还设立了工程部、设计部。李晓明的目标是争取尽快开设分公司，在未来做本市最好的本土装修设计公司。

谈到为什么创业，李晓明说："本市的房地产发展得很火，我们这些学室内设计的学生，大多有一个梦：开一家自己的公司，自己当老板。"对于当老板的感受，李晓明认为，只要你去做，就会发现，自主创业没有你想象中那么难。他说："一定要珍惜当前的良好创业环境，抓住每一次创业机会，脚踏实地，敢闯敢试，创业成功并不是一件遥远的事。"

1. 自主创业意识的树立与培养

（1）自主创业意识的树立。创业意识是指在创业实践活动中对创业者起动力作用的个性意识倾向，它包括创业的需要、动机、兴趣、理想、信念和世界观等要素。创业意识集中表现了创业素质中的社会性质，支配着创业者对创业活动的态度和行为，并规定着态度和行为的方向、力度，具有较强的选择性和能动性，是创业素质的重要组成部分，是人们从事创业活动的强大内驱动力。

创业意识的形成，不是一时的冲动或凭空想象出来的，它源自于人的一种强烈的内在需要，即创业需要。创业需要是创业活动的最初诱因和动力。当创业需要上升为创业动机时，就形成了心理动力。创业动机对创业行为产生促进、推动作用，有了创业动机标志着创业实践活动即将开始。而创业兴趣可以激发创业者的深厚情感和坚强意志，使创业意识得到进一步升华。一般在创业实践活动取得一定的成效时，便会引起兴趣的进一步提高。

创业理想是属于创业动机范畴，是对未来奋斗目标的向往和追求，是人生理想的组成部分。有了创业理想，就意味着创业意识已基本形成。创业者为了实现创业理想，在创业活动中经过艰苦磨炼，又逐渐建立起创业的信念。创业信念是创业者从事创业活动的精神支柱。创业世界观是创业意识的最高层次，是随着创业者创业活动的发展与成功而使创业者思想和心理境界不断升华而形成的，它使创业者的个性发展方向、社会义务感、社会责任感、社会使命感有机地融合在一起，把创业目标视为奋斗目标。

(2) 自主创业意识的培养。大凡有成就的人，无不经过艰苦创业。创业的过程也是锻炼的过程，是不断学习提高、不断发展的过程。通过创业，可以使自己的事业得到发展，实现自身价值的最大化，可以激活人才资源和科技资源，使得许多新创意、新科技、新发明、新专利迅速转化为现实的产业和产品，实现对社会贡献的最大化。21世纪的知识经济给社会带来了巨大变革，尤其是知识产业化、信息产业化的迅速发展，既给我们带来严峻的挑战，也给我们提供了发展的机遇。树立与培养毕业生的创业意识，指导毕业生走上自主创业之路，不仅能帮助毕业生成长、成才，还可以拓宽毕业生就业渠道，增加社会就业岗位，实现就业渠道的多元化。创业意识的培养可主要从以下六方面着手：

① 树立远大理想，坚定报国信念。坚持用科学的理论武装头脑，树立正确的世界观、人生观和价值观，坚定为实现中华民族的共同理想、为祖国的现代化建设奉献自己的智慧和力量的决心。

② 不畏艰难，敢于拼搏。培养强烈的事业心和责任感，刻苦钻研，勤奋工作，努力学习，牢固掌握专业知识及技能；树立高标准、严要求、不怕困难、勇于创新、敢于创业、争创一流的思想，从而激发创业意识。

③ 培养脚踏实地的工作作风。在日常工作与学习中，要坚持解放思想与

实事求是相统一,既要敢想敢干,又要求真务实;积极参与各种创业与创新活动,在活动中感受创业情境。

④ 积极投身社会实践,养成善于观察、勤于思考的良好习惯。在实践中锻炼自己,了解社会、了解自我,完善素质、提高能力;通过对事物的观察和思考,激发创业需要,树立创业理想,坚定创业信念。

⑤ 摒弃安逸思想,培植个人求发展的心理。创业活动过程会遇到很多困难,如果没有坚定的创业信念,仍抱着随遇而安的安逸思想是不可能成就一番事业的。在工作生活中要注意培植个人求发展的心理,积极进取,不安于现状,使创业需要发展为创业动机。

⑥ 发展健康个性与兴趣。健康的个性与兴趣可以激发创业者的创业热情,升华创业意识,是创业意识形成的重要因素。因此,要创造可发展健康个性和兴趣的自由空间,积极参加兴趣小组和社团的活动,有意识地培养兴趣、发展兴趣。

2. 自主创业能力的形成与培养

(1) 创业能力的特性。创业能力作为能力的一种,当然具备能力的一般内涵,也是以智力为核心的,直接影响活动效率的个体心理特征,但它又有自己的独特性。

① 创业能力是在创业者个体心理主导下形成并发挥作用的一种操作系统。创业能力作为能力结构中的一个组成部分,是从属于个性心理这一大系统的。按系统理论,它必然受到个性心理的影响和作用。如作为个性心理中的动力系统中的个性倾向性(理想、信念、世界观、价值观、兴趣等),必然对创业能力起激励、导向作用;作为个性心理中调节系统的气质、性格等个性心理特征,必然对创业能力起调节、规划作用。

② 创业能力是一种以智力为核心的较高层面的综合能力。创业能力包含了对自身内部及外部世界的种种因素的理性认识,正所谓"知己知彼,百战不殆"。这种认识涉及个体的感知力、注意力、记忆力、想象力、思维力等,这一切都属于智力范围,这些一般能力构成了创业能力的核心。在此基础上又可将创业能力外化为三个层次,即专业能力、经营管理能力和综合能力。专业能力就包含了专业知识与技能。经营管理能力涉及创业实践活动的计划、组织、实施,反馈各环节及人、财、物的组织;综合能力是最高层次的能力,包括把握机遇、利用信息、人际交往的能力等。在这样一个大型能力系统中,智力起到了通与融的作用。没有智力活动的作用,创业能力的三个层次不可能实现由低到高的顺利递进,也不可能横向构成最优化组合而实现个体心理能量的最大化实现。

③ 创业能力是一种运用创造性思维求新、求变、求异的探索能力。创业活动是一种具有高度创造性的社会实践活动,从某种意义上说,它就是一种

创新活动。创新是创业成功的源泉,是创业者必须具备的能力。创业能力根本规定性之一便是进行创造性思维,要求个体在社会实践中不断开发潜能,不断解放思想,与时俱进,不断地超越现实和自我。具备创业能力的个体思维呈现出流畅性、变通性、独特性、敏感性的特点,敢于冲破定式,打破常规的集中思维,进行发散思维,变换角度思考去解决问题,多角度地寻求最佳答案,勇于"离经叛道"。

④ 创业能力有很强的社会实践性。创业能力是一种实践能力,它直接影响着创业实践活动的开展,是创业实践活动功败垂成的重要主体因素之一;同时创业能力又离不开创业实践活动而存在,创业实践活动是催生创业能力的土壤,是创业能力发挥效用的舞台和评价标准,还是提高创业能力的必由之路。例如,张瑞敏、柳传志的创业能力也都表现在他们创立和发展"海尔""联想"的过程中,并在这个过程中得到提升和发展。

(2) 创业能力的构成。创业能力是由多种能力构成的,主要包括决策能力、经营管理能力、专业技术能力与交往协调能力等。

① 决策能力。决策能力是创业者根据主客观条件,因地制宜,正确地确定创业的发展方向、目标、战略以及具体选择实施方案的能力。决策是一个人综合能力的表现,一个创业者首先要成为一个决策者。创业者的决策能力通常包括分析能力、判断能力和创新能力。

大学生要创业,首先要从众多的创业目标以及方向中进行分析比较,选择最适合发挥自己特长与优势的创业方向和途径、方法。在创业的过程中,能从错综复杂的现象中发现事物的本质,找出存在的真正问题,分析原因,从而正确处理问题,这就要求创业者具有良好的分析能力。所谓判断能力,就是能从客观事物的发展变化中找出因果关系,并善于从中把握事物的发展方向,分析是判断的前提,判断是分析的目的,良好的决策能力是良好的分析能力加果断的判断能力。

创业实际就是一个充满创新的事业,所以创业者必须具备创新能力,有创新思维、无思维定式,不墨守成规,能根据客观情况的变化,及时提出新目标、新方案,不断开拓新局面,创出新路子,可以说,不断创新是创业者不断前进的关键环节。

② 经营管理能力。经营管理能力是指对人员、资金的管理能力。它涉及人员的选择、使用、组合和优化;也涉及资金聚集、核算、分配、使用、流动。经营管理能力是一种较高层次的综合能力,是运筹性能力。经营管理能力的形成要从以下几方面去努力:

- 学会经营。创业者一旦确定了创业目标,就要组织实施,为了在激烈的市场竞争中取得优势,必须学会经营。

- 学会管理。必须学会质量管理，要始终坚持质量第一的原则。质量不仅是生产物质产品的生命，也是从事服务业和其他工作的生命，创业者必须严格树立牢固的质量观。要学会效益管理，要始终坚持效益最佳原则，效益最佳是创业的终极目标。可以说，无效益的管理是失败的管理，无效益的创业是失败的创业。做到效益最佳要求在创业活动中人、物、资金、场地、时间的使用，都要选择最佳方案运作。做到不闲人员和资金、不空设备和场地、不浪费原料和材料，使创业活动有条不紊地运转。学会管理还要敢于负责，创业者要对本企业、员工、消费者、顾客以及对整个社会都抱有高度的责任感。

- 学会用人。市场经济的竞争是人才的竞争，谁拥有人才，谁就拥有市场、拥有顾客。一个学校没有品学兼优的教师，这个学校必然办不好；一个企业没有优秀的管理人才、技术人才，这个企业就不会有好的经济效益和社会效益；一个创业者不吸纳德才兼备、志同道合的人共创事业，创业就难以成功。因此，必须学会用人，要善于吸纳比自己强或有某种专长的人共同创业。

- 学会理财。学会理财首先要学会开源节流。开源就是培植财源，在创业过程中除了抓好主要项目创收外，还要注意广辟资金来源。节流就是节省不必要的开支，树立节约每一滴水、每一度电的思想。大凡百万富翁、亿万富翁都是从几百元、几千元起家的，都经历了聚少成多、勤俭节约的历程。其次要学会管理资金。一是要把握好资金的预决算，做到心中有数；二是要把握好资金的进出和周转，每笔资金的来源和支出都要记账，做到有账可查；三是把握好资金投入的论证，每投入一笔资金都要进行可行性论证，有利可图才投入，大利大投入、小利小投入，保证使用好每一笔资金。总之，创业者心中时刻装有一把算盘，每做一件事、每用一笔钱，都要掂量一下是否有利于事业的发展，有没有效益，会不会使资金增值，只有这样，才能理好财。

- 要讲诚信。就创业者个人而言，诚信乃立身之本，"言而无信，不知其可也"。创业者在创业过程中，如不讲信誉，就无法开创出自己的事业；失去信誉，就会寸步难行。诚信，一是要言出即从；二是要讲质量；三是要以诚信动人。

③ 专业技术能力。专业技术能力是创业者掌握和运用专业知识进行专业生产的能力。专业技术能力的形成具有很强的实践性。许多专业知识和专业技巧要在实践中摸索，逐步提高发展、完善。创业者要重视创业过程中积累的专业技术方面的经验和职业技能的训练，对于书本上介绍过的知识和经验在加深理解的基础上予以提高、拓宽；对于书本上没有介绍过的知识和经验要探索，在探索的过程中要详细记录、认真分析，进行总结、归纳，上升为

理论，形成自己的经验特色，积累起来。只有这样，专业技术能力才会不断提高。

④ 交往协调能力。交往协调能力是指能够妥善地处理与公众（政府部门、新闻媒体、客户等）之间的关系，以及能够协调下属各部门成员之间关系的能力。创业者应该做到妥当地处理与外界的关系，尤其要争取政府部门、工商以及税务部门的支持与理解，同时要善于团结一切可以团结的人，团结一切可以团结的力量，求同存异共同协调地发展，做到不失原则、灵活有度，善于巧妙地将原则性和灵活性结合起来。总之，创业者只有搞好内外团结，处理好人际关系，才能建立一个有利于自己创业的和谐环境，为成功创业打好基础。

协调交往能力在书本上是学不到的，它实际上是一种社会实践能力，需要在实践活动中学习，不断积累总结经验。这种能力的形成，一是要敢于与不熟悉的人和事打交道，敢于冒险和接受挑战，敢于承担责任和压力，对自己的决定和想法要充满信心、充满希望；二是养成观察与思考的习惯，社会上存在着许多复杂的人和事，在复杂的人和事面前要多观察、多思考，观察的过程实质上是调查的过程，是获取信息的过程，是掌握第一手材料的过程，观察得越仔细，掌握的信息就越准确，观察是为思考做准备，观察之后必须进行思考，做到三思而后行；三是处理好各种关系，可以说，社会活动是靠各种关系来维持的，处理好关系要善于应酬，应酬是职业上的"道具"，是处事待人接物的表现。心理学家称：应酬的最高境界是在毫无强迫的气氛里，把诚意传达给别人，使别人受到感应，并产生共识，自愿接受自己的观点。搞好应酬要做到宽以待人，严于律己，尽量做到既了解对方的立场又让对方了解自己的立场。协调交往能力并不是天生的，也不会在学校里就形成了，而是走向社会后慢慢积累社会经验，逐步学习社会知识而形成的。

⑤ 创新能力。创新是知识经济的主旋律，是企业化解外界风险和取得竞争优势的有效途径，创新能力是创业能力素质的重要组成部分。它包括两方面的含义：一是大脑活动的能力，即创造性思维、创造性想象、独立性思维和捕捉灵感的能力；二是创新实践的能力，即人在创新活动中完成创新任务的具体工作的能力。创新能力是一种综合能力，与人们的知识、技能、经验、心态等有着密切的关系。具有广博的知识、扎实的专业基础知识、熟练的专业技能、丰富的实践经验、良好心态的人容易形成创新能力，它取决于创新意识、智力、创造性思维和创造性想象等。

⑥ 心理承受能力。心理承受能力虽然不能给创业者带来利润，但却能保证创业者渡过难关。处在市场经济条件下的企业生存是有很大风险性的，没有经验、缺乏资金的大学生创业尤为不易，成功和失败往往在瞬间发生。成

功固然可喜,失败却可能让人一蹶不振,市场并不会因你是一个学生就网开一面。这种竞争的残酷性与风险性,要求每一个创业者必须具备良好的心理素质。创业之路不会是一路高歌,它是一条充满艰辛的漫漫长路,更是充满希望和光明的成才之路。面对这些,大学生要坚定自己的信心,正确认识自我,提高心理素质,有意识地锻炼自己的意志和品质。

(3) 创业能力的形成与培养。学生的创业能力潜在于每一个学生自身之中,因此,就要通过以下途径把这种潜在的能力外化形成为现实的能力。

① 激励机制———培养创业意识。创业意识对于创业能力的形成和创业实践活动具有动力作用。创业意识是创业者在创业实践活动中培养、积累和升华的结果。首先,它是创业主体应萌生创业需要而产生,这是创业活动的最初诱因和动力,在这一过程中,外在的教育和社会客观需要对它的产生起着促进和决定作用。其次,把创业需要转化为创业动机,是一种竭力追求并获得最佳效果的心理动力。最后,创业理想的树立,是创业意识基本形成的标志。有了创业意识就会促进形成坚定的创业信念,从而促进创业者提高创业能力,积极投身于创业实践活动,这种创业意识越强,其效果越大,正所谓:"法乎其上,得乎其中。法乎其中,得乎其下;法乎其下,则殆矣。"

② 调控机制———培养良好的创业心理品质。心理学研究表明非智力因素及情商在个体活动中具有决定性的作用。在创业能力的形成中,必须重视发挥创业心理优势,消除创业心理障碍。正所谓:"天将降大任于斯人也,必先苦其心志,劳其筋骨,饿其体肤,空乏其身,行拂乱其所为,所以动心忍性,增益其所不能。"从肯定方面讲,根据有关调查结果,独立性、敢为性、坚韧性、克制性、适应性、合作性这六种要素对于创业能力的形成有积极的调控作用,意志力是创业心理品质高低的核心问题。从否定方面讲,有三种心理障碍应予以克服:人格障碍,如依赖、自卑、畏缩;情绪障碍,如郁郁寡欢、过度焦虑;行为障碍,如急于求成、目标多变等。

③ 能源机制———构筑网络化创业知识结构。知识本身是个体创业基本素质的重要组成部分,美国管理学权威彼得·德鲁克认为:"在现代经济中知识正成为真正的资本与重要的财富。"他的这句话在一定程度上反映了现代知识经济的特点。正是这个信息时代的知识经济特点,又在客观上向个体提供了掌握知识的压力与动力。传统的线性化知识结构已不能满足现代社会发展的需要,个体只有构筑起广博交叉的网络化知识结构,才能形成很强的创业能力,走成功的创业之路。

作为一个创业者,首先是要具有与其所创事业的专业知识,同时还应该有经营管理知识和综合性的知识,在社会关系愈来愈复杂的情况下,创业者的社会综合知识的作用日益突出。例如,海尔集团电冰箱公司一分厂生产厂长郭宣栋，原是平度市职业中专学校施工班毕业生，在学习期间，其专业素质和组织管理能力都很突出，他还选修了机电、电子等课程，并多次获得科研成果奖。1995年，他加入海尔公司，本着"先学会做人，再学会做事"的原则，一方面下苦工夫钻研业务，打下坚实基础，另一方面为自己创造了良好的人际交往氛围，使他在工作中很快做出了成绩，连续被提升为班长、车间主任。1997年，被任命为冰箱公司一分厂生产厂长。在他的成长经历中，知识实力起了十分重要的作用。

④ 整合机制——通过创业活动形成创业能力。无论是培养创业意识、创业心理品质，还是系统构建创业知识网络，都要通过创业活动才能变为现实创业能力。因此，创业实践活动是创业能力的整合机制。但是在我们的传统教育中，学生在学校的活动并不是创业活动，而是未业活动。这就需要我们在教育中，注意创造各种条件，使学生直接参加社会实践活动，积极走向社会，走向生产、经营第一线，使其在实践活动中萌生创业意识，培养创业心理品质，调整和丰富知识结构，锻炼才干，从而形成真正的创业能力。

实际上做到这样还很不够，从职业教育的发展方向上讲，应该对职教进行根本性改革，就是围绕学生的创业能力的培养来设计教学内容和教学活动，特别是应当变未业活动为创业活动，学生在校学习的过程同时也应成为学生创业实践的演练过程。例如，机电类专业的学生就可以到一些公司去实践，直接参加维修和管理，这样便可使学生在实践中整合自己各方面的知识、素质和能力，使之成为实际创业能力。

总之，培养学生创业能力，是当前职业院校重要的教育任务之一。要使学生形成很强的创业能力，必须遵循创业能力的形成规律，注意提高学生的创业意识，培养良好的创业心理品质，构筑好创业知识结构，并通过实践活动把它们整合为实际创业能力。

测试

测试1　你的创业能力有多强

你的公司在一座8层高的大楼里，你希望自己的工作地点在哪一层？

A．1层　　　　　B．2层　　　　　C．6层　　　　　D．8层

分析：

1层：你的创业意识较强，能从基础出发，脚踏实地，是个较务实的创业者，但有时遇到问题过于犹豫，往往失去好的发展机会。

2层：你不脱离实际，并有赶超他人的思想和能力，是非常精干的创业者，只是过于机敏，有时反而会失去良机。

6层：你能抓住机遇迎头而上，具备超强的市场洞察力，能够听从他人的

建议，是位非常难得的创业者。

8层：你好胜，不服输，具有力压群雄之势，有竞争力，对创业充满信心，只是有时需要避免"求胜心切"带来的负面影响。

测试2　洞察能力的测试题

假设你是战地医院院长，你领导和管理的医院救护资源有限，而此时送进来四位需要你们急救的伤员，他们是：稚气未脱的士兵、怀孕的妇女、受伤的老人、戴军衔的军官。请问，你将按照怎样的原则来决定救护的先后次序？

分析：

军官、士兵、老人和妇女的描述，都是迷惑你的伪信息。归结到根本，就是四条生命。

救治的本质是：哪条生命救治后的成活率最高？所以决策的时候，要能剥离一些表象的东西，找到本质。这道题目值得我们去深思。我们创业、工作追求的本质是什么？我们现在所追求的是不是一些在耗费我们生命的表层的东西？本质只会有一样，你追求的本质是什么？你决策对了吗？

12.2　自主创业必备条件

创业需要有相应的能力，但同时需要相应的外在条件，离开一定条件的创业活动是不存在的，下面将介绍大学生自主创业的必备条件和方向。

1. 资金条件

创办企业无论是租赁房屋，购买机器设备、原材料，还是雇用员工等都需要有足够的资金作保证。能否筹措到资金，是开办企业的关键因素之一。创办私营企业应具备的资金条件如下：

（1）固定资金和流动资金。

① 固定资金是以货币形式表现的固定资产的价值，它包括垫支于厂房、建筑物、机器设备和运输工具等主要劳动资料上的资金。固定资金的来源，主要靠私营企业开业者自筹。

② 流动资金是用于垫支劳动对象和支付其他全部费用的资金。私营企业的流动资金靠开业者自筹。

（2）注册资金。一个企业必须具备一定规模才能进行生产经营活动。一定的生产经营规模，就表现为企业所有或所经营管理的财产，即注册资金的数额作为私营企业登记注册的资金数额，也就是国家所承认的私营企业的所有财产或所经营管理的财产的货币表现，称之为注册资金。企业的注册资金应与实有资金相一致。注册资金是国家授予企业法人经营管理的财产或者企业法人自有财产的数额体现。企业的注册资金应与实有资金相一致。银行贷款、借款不能作为私营企业的自有资金注册。创办不同的企业，对注册资金数额的要求也不同。公司法规定，有限责任公司的注册资本不得少于下列最低额度：以生产经营为主的公司，人民币 50 万元；以商品批发为主的公司，人民币 50 万元；以商业零售为主的公司，人民币 30 万元；科技开发、咨询、服务性公司，人民币 10 万元。对于许多大学生创业者来说，面临的一个最棘手的问题，就是怎样筹措到必要的资金。筹措资金的途径多种多样，目前，对于创办企业，可供选择的筹资渠道有自筹、合伙人筹资、银行贷款、融资性租赁等。

2. 技术条件

用智力换资本，这是大学生创业的特色之路。一些风险投资家往往就因为看中大学生所掌握的先进技术，而愿意对其创业计划进行资助。因此，准备在高科技领域创业的大学生，一定要注意技术创新，开发具有自己独立知识产权的产品，吸引投资商。技术是大学生创业的重要资源，也是影响创业活动成功与否的重要条件。有关专家指出，大学生创业一定要具备四个条件：其一，有自主知识产权的创造发明；其二，这一发明能转化为有市场前景的产品；其三，这一产品要有预期的销路；其四，要有可靠的资金提供者。有没有自主知识产权是大学生创业能否成功的首要条件。

在美国，开展学生创业的也只是 100 多所理工院校。因此说，不管什么类型的大学都开展学生创业，不管有没有技术优势都参与创业的做法是不妥当的。在中国，成功的学生创业团队清华"视美乐"成功的诸因素中，其科技含量应该说是个关键的因素，而"易得方舟"的失败就是因为没有核心技术。"易得方舟"团队人数众多，但是没有一个是从事信息技术领域相关专业的，也没有专门组织强大的技术团队。他们认为，只要把门户网站做好就够了，技术问题他们不想面对，其实也没有能力去面对。

另一个支持上述观点的例证是何东梅的成功。何冬梅是深圳高级技工学校信息技术系的一名在校生，2004 年，在校的何冬梅用自己平时兼职赚来的钱和向朋友亲戚借的钱，开始在宝安经营篮球用品专卖店。2006 年，当她看到某著名网站的分类频道正在招代理商，就将管理用品店一半的股份转让，然后东拼西凑凑出了代理费 8 万元创建网站。网站成立后，她利用自己在学校所学的多媒体专业技术，在网上建起了"信息港"电话营销，还成功说服 2006 年 3 月在深圳举办的中国建筑建材博览会在网站上投放了总额达 20 万元的广告。短短的两个月，何冬梅就成功赚到了 10 万元。可见，创业路上，技术是创业的关键因素。

3. 人才条件

曾经有人采访比尔·盖茨成功的秘诀。他说，因为有更多的成功人士在为他工作。陈安之的超级成功学也提到：先为成功的人工作，再与成功的人合作，最后是让成功的人为你工作。可见，要自主创业，找到合适的人才为你工作是至关重要的。只有拥有一个强有力的团队，才可以为你支撑起一个能抗高风险的事业。与你合作的人应该具备以下几点素质：

（1）有危机感。21世纪，最大的危机是没有危机感，最大的陷阱是满足。要创业，上佳的合作者须是有危机感、懂得用望远镜看世界的人：顺境时要想着为自己找个退路，逆境时要懂得为自己找个出路。

（2）学习力强。学历代表过去，学习力决定将来。好的合作者要善于学习，有悟性，能举一反三。要有谦卑之心，因为只有谦卑的人，才能真正学到东西。大海之所以成为大海，是因为它比所有的河流都低。

（3）行动力强。成功是行动之果。没有行动之花的绽放，就永远不会有成功的果实累累。

（4）懂得付出。有付出方有收获。为人"服务"，方有人为你"服务"。创业需要付出；不懂得付出的人，不会与成功结缘。

（5）有强烈的沟通意识。沟通无极限，一个好的团队需要无时不在的沟通。开发维系新老客户需要沟通，总结经验教训需要沟通，维持良好的团队关系、保持旺盛的创业激情需要大家的互相沟通激励，沟通是架在创业路上每一个沟坎上的桥梁。没有好的沟通，团队会离散，工作会不顺，创业会失败。

（6）有最基本的道德观。道德是合作的基石。与没有道德的人合作，无异于拿自己的事业和前途做游戏。

4. 管理条件

一个企业要能够正常运行，不仅要有好的项目和资金保证，还必须有科学的管理。学生企业的共同特点是持有技术。但是一旦成立企业，大学生就必须完成从技术人员向管理和经营人员的转化。如果不能意识到这一点，企业的生存和发展就会陷入困境，甚至失败。

与企业成长密切相关的一些重要问题，如企业的近期发展目标、远期发展目标、经营策略制定、股权分配等，是大学生创业者应该了解的。企业管理制度问题，也是大学生创业中面临的一个十分重要的问题。创业初期，大学生企业的团队往往靠志趣、爱好或者哥们义气来维持，缺乏现代企业管理制度，是不利于企业长远健康发展的。

5. 法律和金融条件

（1）工商注册登记。创业者在从事某项生产经营活动时，首先要注册登记，申请领取营业执照，取得合法经营权。工商注册登记是国家对生产经营者所行使的管理职能之一，也是生产经营者确认自身合法地位的法律程序。

生产经营者提出工商注册登记必须符合国家规定的条件。这些条件为：第一，经营者必须是有经营能力的国家政策允许从事经营活动的人员；第二，申请者可以是个人独立经营，可以是家庭经营；第三，除流动服务项目，必须有开展生产经营活动的场所或地点；第四，必须有固定资金和流动资金；第五，必须是常年经营或季节性经营；第六，必须有明确的生产经营范围，等等。

(2) 贷款。取得银行的贷款必须具备以下 4 个基本条件：第一，借款人所投资的项目符合国家经济发展方针、方向和政策，并有相关的经营业务计划，符合规定比例的资金；第二，要有一定的经济效益，能按期偿还贷款本息；第三，要有符合抵押、担保贷款的条件；第四，工商企业、个体经营户、私营企业等都要有工商行政部门颁发的营业执照或筹建许可证，以及银行开立的基本账户等。

办理贷款事务必须了解相关的贷款知识。首先是贷款的种类和期限。贷款的种类是按照不同用途、不同对象和不同管理办法对贷款分类归并的名称。一是固定资产贷款，如技术改造贷款期限一般不超过 3 年，基本建设贷款一般不超过 5 年；二是专项贷款，如特种贷款、扶贫贷款等；三是贴现贷款，贴现期限一般为 6～9 个月；四是委托贷款，这是银行根据委托人确定的对象、用途、金额、期限、利率等要求而代理发行的贷款。

贷款的基本程序为：由贷款人向银行提出书面申请并附有关资料。开户行受理后，对贷款可行性进行全面审查，审查人员签署审查意见；然后，对经过审查评估、符合条件的贷款申请，按审批权限规定进行贷款决策，并办理贷款审批手续，签订合同后，即可进行贷款发放。

(3) 经济合同。经济合同是合同的一种特殊形式。经济合同法规定："经济合同是法人之间为实现一定经济目的，明确相互权利义务的协议。经济合同是法人之间或法人与城乡个体劳动者之间，根据平等互利、协商一致、等价有偿原则而签订的商务合同。"在市场经济条件下，经济合同是不同的商品所有者之间的商品交换在法律上的表现，一经依法成立，就具有法律约束力。因此，订立经济合同是创业者从事生产经营活动最基本的法律手段。

经济合同按业务范围可分为购销合同、货物运输合同、承包合同、聘雇合同等。经济合同一般采用书面形式，并有规定的基本条款。经济合同法规定的经济合同应具备的基本条款有以下几个。

① 标的，是指经济合同双方当事人权利义务所指向的对象，如货物、劳务、工程项目等。

② 数量和质量。

③ 价款和酬金。

④ 履行的期限、地点、方式。

⑤ 违约责任。

经济合同主要条款是否齐全，关系到合同能否成立、有效和是否能够顺利履行。

经济合同的双方当事人，在履行合同时产生的纠纷，可采取多种可行的方式加以解决，如协商、调解、仲裁或向法院起诉等。

（4）保险。所谓保险，是用被保险者所交付的保险费建立的各种保险基金，用于补偿企事业单位及个人所遭受的自然灾害或其他意外事故所造成的经济损失的一种方式。保险有积聚、补偿、分摊、预防等职能，其种类很多，按保险对象可分为财产保险和人身保险；按保险责任可分为单一责任保险、一切责任保险等。保险单是被保险人参加保险的证明文件，需要妥善保管。

（5）税收。税收是国家为了实现其职能而凭借政治权力参与社会产品或国民收入再分配的一种形式，是国家按照法律规定的标准无偿地取得财政收入的一种手段，是政府调节经济的重要杠杆。国家所收的税款，既是国家所有，也是全国人民所有。依法纳税是每一个公民应尽的义务。

税收制度是国家各种税收法令和征税办法的总称。我国有多种税种和多种征收办法，作为创业者，必须熟悉我国的税收制度，做到依法纳税，确保创业成功。

案例

大学生创业案例分析

冼小菊，女，某职业技术学院计算机应用与财务管理专业大三学生，从2006年3月20日竞标到4月18日开业，只用了不到一个月的时间就从单纯理想抵达创业现实，开了一个小店。

小菊坦言自己害怕在别人的公司里遭遇失败，而创业能为自己以后进入社会打下基础。她和朋友创办的 www.kupe.net（酷派商务网）已经在学院里流行，他们希望"酷派"不仅出现于虚拟的网络世界中，还能出现在现实世界里，因为实实在在的店铺能够弥补网络虚无的一面。

以"酷派电子商城"为载体，实现虚拟和现实的结合，这是小菊的梦想。他们经营的商品主要包括个性小家电、数码产品、公仔饰物等，还可以提供各项软性服务，包括光盘刻录、MP3录制、相片加工、制作相册等。另外，他们可以为企业、个人设计网站，为年轻一族或毕业生制作有个人风格的网站或求职网站等。

"酷派之音"的店面前是一根差不多遮住五分之二门面的柱子，这本是店铺的一大缺陷，却被小菊和她的伙伴们拿来作为张扬个性、宣传店铺的载体。黑白分明的三个年轻人的面孔，在吸引顾客眼球的同时，也承载着青春的张力。

店名：酷派之音。

前期投入：基于商务网已经有一定的货源，再联系厂家拿代理权，所以货源投资不用很大。

装修：自己设计、买材料，并亲自动手装修，将预算减到最小，预计1 000元左右。

【点评】创业者"自己设计、买材料、并亲自动手"符合创业精神，值得赞扬！店面广告宣传的方法新颖，以"服务带动销售"的经营模式可取，创业者的策划能力较强。建议创业者密切关注提供服务与产品销售的业务关联性，实现"网上导购选货，店面交易和送货上门交易"等有效经营。如何选择具有独特卖点及免后续跟踪服务的低价产品进行主力销售，是此类创业要考虑的，至于软性服务中如 MP3 的录制，要注意可能存在的版权问题。

12.3　自主创业基本步骤

案例

2007届美术教育专业的毕业生黄世明、刁艺锋，在校刻苦训练美术基本功，专攻美术设计，都是专业水平较高的学生，还没毕业，好几家公司都想录用他们了。但他们经过反复考虑，结合自己实习了解的市场情况，觉得替人打工，不如自己做老板。于是计划开设一间"无形广告策划公司"。万事开头难，资金不足、场地受限、客户不多等困难迎面而来，但他们不畏困难，多次跑到东莞、深圳的亲戚家借钱筹资；为联系业务，自己经常跑到市区拉客户；为了拿订单，经常磨嘴皮，饿肚子，跑断腿。开业头两个月，由于经验不足，没有赚到钱，可以说是零利润，但他们不气馁，意志更加坚定，他们从设计方法上大胆改进，力求以新颖吸引人，并以顾客满意为出发点，很快，他们的业务越来越多，生意越来越红火。"无形广告"的艰苦创业、勇于创新的精神受到越来越多人称颂。

创业并不是一件容易的事，除了付出艰辛和努力外，还需要对自己的优势和不足有一个正确的评价，只有这样，才能走向成功。小黄的专业是美术，广告设计是他的专长，在认识到自己的长处后，小黄及时抓住机遇，最终获得了成功。

生命的第一个行动就是创造。

1. 选择创业方向和项目

虽然目前创业就业市场商机无限，但对资金、能力、经验都有限的大学生创业者来说，并非"遍地黄金"，把握不好就是"海市蜃楼"。所以，大学生创业只有结合自身实际，找准方向，才能创出一片真正适合自己的新天地。

创业方向的选择和创业项目的确定非常重要，这要求创业者必须对市场很有了解。选择既适合自己又符合市场需要的创业项目，是大学生创业者必须过好的第一关。

（1）选择创业方向。创业的方向很重要，只有选择正确的方向定位，才不至于南辕北辙，才能朝着目标一步步前进，推荐的方向有如下几个。

① 大型化不如小型化。大型项目运行后，单位成本低、技术基础强，容易形成支柱产业，但资金需求量大，管理经营难度大。而一般的投资者，哪怕你已经是百万富翁，只要是做民间性质的投资，就宜选择投资小、见效快、技术难度系数低的投资方向。近年来，发展最快的民间投资项目种类千差万别，经营方式无奇不有，但上千万元的大项目却是寥寥无几。

② 重工业不如轻工业。重工业是国民经济发展的基石，轻工业却是发展的龙头。重工业投资周期长、回收慢，一般不是民间资本角逐的领域，而是国有企业的一统天下。无论是生产加工，还是流通贸易，经营轻工产品尤其是消费品，其风险小，投资强度、难度小，容易在短期内见效，因此特别适合于民间资本。

③ 做用品不如做食品。民以食为天，中国人有闻名世界的饮食文化。千家万户的一日三餐，逢年过节，婚丧嫁娶，使食品市场是十分庞大而持久不衰的，而且政府除了技术监督、卫生管理外，对食品的规模、品种、布局、结构，一般不予干涉。食品业投资可大可小，切入容易，选择余地大。

④ "做"男不如"做"女。据调查，全社会购买力70%以上是掌握在女性手中。女性不但执掌着大部分中国家庭的"财政大权"，而且相当部分商品是由女性直接消费的。高档时装、鞋帽、名贵首饰、化妆品，无不是女人的忠爱。所以，你若在消费品领域投资，无论是生产还是销售，把你的客户定向于女性，你就会发现更多的机会。

⑤ 大人不如孩子。小孩代表未来，独生子女在中国已成为一种独特的文化现象，因此中国的儿童消费品市场很有特色。在零售食品、用品方面，很大一部分是儿童消费品的市场，儿童消费品市场弹性大，随机购买力强，加上容易受广告、情绪、环境的影响，向这种市场投资，是一种富有生命力的选择。尤其要看到，在我国，满足了小孩的需求，在很大程度上就是满足了他们父母的需求。

⑥ 综合化不如专业化。品种丰富，大众买卖，这已经是一般投资者的思维定式。大而全、小而全的经营，是计划经济中上下认同的模式。市场经济是综合化发展的，不过这更多的是一种宏观的态势和整体格局，微观领域往往要靠专业化取胜。专业化生产和流通容易形成技术和批量经营的市场特色，厂商有竞争的环境，用户有较大的选择余地。

⑦ 新建不如租赁。购买设备、招聘员工，这是投资者的项目上马后相继要做的事情，但投资不一定都要从头开始。经济发展到一定阶段，有许多投资项目可以利用现成的人才、设备、厂房、门面甚至管理机构等，从而缩短投资周期，节省资金。有统计资料表明，对现有项目进行技术经济改造，比完全的新建项目资金消耗要减少1/3，原材料和时间消耗要节约1/2。实现这种效果的有效投资方式就是租赁。可通过向技术、设备、建筑物等经济资源的所有者交付一定的租金，从而取得这些资源条件的经营管理权。

（2）确定创业方向。目前适合资金少、经验少的大学生创业的项目主要集中在以下几个领域里。

① 高科技领域。身处高新科技前沿阵地的大学生，在这一领域创业有着近水楼台先得月的优势，但并非所有的大学生都适合在高科技领域创业，一般来说，技术功底深厚、学科成绩优秀的大学生才有成功的把握。

推荐商机：软件开发、网页制作、网络服务、手机游戏开发等。

② 智力服务领域。智力是大学生创业的资本，在智力服务领域创业，大学生游刃有余。例如，家教领域就非常适合大学生创业，一方面，这是大学生勤工俭学的传统渠道，积累了丰富的经验；另一方面，大学生能够充分利用高校的教育资源，更容易赚到"第一桶金"。此类智力服务创业项目成本较低，一张桌子、一部电话就可开业。

推荐商机：家教、家教中介、设计工作室、翻译事务所等。

③ 连锁加盟领域。统计数据显示，在相同的经营领域，个人创业的成功率低于20%，而加盟创业的成功率则高达80%。对创业资源十分有限的大学生来说，借助连锁加盟的品牌、技术、营销、设备优势，能够以较少的投资、较低的门槛实现自主创业。但连锁加盟并非"零风险"，在市场鱼龙混杂的现状下，大学生涉世不深，选择加盟项目时更应注意规避风险。一般来说，大学生创业者资金实力较弱，宜选择启动资金不多、人手配备要求不高的加盟项目，从小本经营开始。此外，最好选择运营时间在5年以上、拥有10家以上加盟店的成熟品牌。

推荐商机：快餐业、家政服务、校园小型超市、数码速印站等。

④ 开店。大学生开店，一方面可充分利用高校的学生顾客资源；另一方面，由于熟悉同龄人的消费习惯，因此入门较为容易。正由于走"学生路线"，因此要靠价廉物美来吸引顾客。此外，由于大学生资金有限，不可能选择热闹地段的店面，因此推广工作尤为重要，需要经常在校园里张贴广告或举行社团联办活动，这样才能广为人知。例如，高校内部或周边地区的餐厅、咖啡屋、美发屋、文具店、书店等。

⑤ 代理。做代理商开始创业，最后做大做强、成功创业的例子有很多，

著名的联想集团就是很好的例子。从代理起家,从销售入手,相对比较简单,投入也会小一些,能达到降低创业风险、快速积累第一桶金的目的。常见的各种专项代理业务有专利申请代理、技术产权代理、各类注册代理如商标注册、域名注册等。

⑥ 适合在校创业的其他项目。此类项目主要有:借助学校品牌的项目,如各类教育与培训、成熟的技术转让、各种专业的咨询等;可以独立运作的专业项目,如各种工作室。所有这些项目都应该有一个策划方案,策划方案要实事求是、详尽、有创意、具有可操作性。

2. 编写创业计划书

(1) 创业计划的概念。

创业计划也称企业(商业)计划,是创业者描述创业机会、创业条件、创业过程和创业前景的书面文件,主要包括企业概况、企业目标与战略、运营计划、营销策略及财务预测等内容。

(2) 创业计划的分类。

创业计划是论证企业构思的可行性分析报告,是将创业变成现实的第一步。

创业计划一般可以分为两类。

① 略式创业计划。

它是一种比较简单短小的计划,篇幅通常只有 10~15 页。它包括企业的重要信息、发展方向,以及少部分重要的辅助性材料。一般情况下,略式创业计划适用于申请银行贷款、试探吸引投资家创业资本。

② 详式创业计划。

它的篇幅一般有 30~40 页,并附有 10~20 页的辅助文件。创业者能够对创业思路作一个比较全面的阐述,尤其能对关键部分进行较详细的论述。它的用途主要有:详细探索和解释企业的关键问题、寻求大额的风险投资。

(3) 创业计划的作用。

① 创业计划是企业构思的可行性分析报告。

创业计划是整个创业过程的灵魂,它几乎涵盖了创业的主要内容。一份切实可行的创业计划可以指引创业者走向成功;相反,一份漏洞百出的创业计划也足以令创业者走向毁灭。

② 创业计划是企业活动的行动指南。创业计划是对未来企业的一次预想,是一场纸上的创业演习。通过详细描述企业的发展目标及实现预期目标将采取的手段,来帮助创业者梳理创业思路,形成企业经营战略,确定企业各项活动的基本路线图。

③ 创业计划是吸引创业资源的工具。

创业计划在吸引人力资源、贷款和投资方面发挥着巨大的作用。没有创业计划，很难吸引有才之士加盟公司，投资者和贷款人也不会对你的创业项目产生投资兴趣。一份详尽、有说服力的创业计划是向银行、信贷组织申请贷款，吸引外部潜在投资者的重要工具。

④ 创业计划是企业在创业过程中的考量工具。

一份详尽的创业计划是"成功的蓝图"，它不仅可以有效地解决开创公司所必需的财力、人力两大难题，还可以在实际创业过程中，帮助创业者评估市场的发展潜力，检查财政及资金状况，考量创业过程中从事的所有事情。

目前，一些高职学生创业计划大赛为高职学生创业项目吸引风险投资，构建了互动平台。

（4）创业计划的编写步骤。

① 准备阶段。

创业计划的编写涉及的内容较多，因而制订创业计划前必须进行周密安排。主要有这样一些准备工作：

确定创业计划的目的与宗旨；

组成创业计划工作小组；

制订创业计划编写计划；

确定创业计划的种类与总体框架；

制订创业计划编写的日程安排与人员分工。

② 资料准备阶段。

以创业计划总体框架为指导，针对创业目的与宗旨，搜寻内部与外部资料，包括创业企业所在行业的发展趋势、产品市场信息、产品测试、实验资料、竞争对手信息、同类企业组织机构状况、行业同类企业财务报表等。资料调查可分为实地调查与收集二手资料两种方法。实地调查可得到创业所需的一手真实资料，但时间及费用耗费较大；收集二手资料较易，但可靠性较差。创业者可根据需要灵活采用资料调查方法。

③ 形成阶段。

创业计划形成阶段要完成以下几项任务：

拟定创业执行纲要，主要是创业各项目概要的完成。

草拟初步创业计划，依据创业执行纲要，对创业企业的市场竞争及销售、组织与管理、技术与工艺、财务计划、融资方案以及风险分析等内容进行全面编写，初步形成较为完整的创业计划方案。

完善阶段，创业计划小组在这一阶段对创业计划进行广泛调查并征求多方意见，进而提出一份较为满意的创业计划方案。

④ 定稿阶段。

定稿并印制成正式创业计划文本。

(5) 撰写创业计划书的思考问题。

为了确保创业计划书能"击中目标",创业者应做到以下几点。

① 关注产品。

在创业计划书中,应提供所有与企业的产品或服务有关的细节,包括企业所实施的所有调查。这些问题包括以下几个:

产品正处于什么样的发展阶段?

企业的独特性如何?

企业分销产品的方法是什么?

谁会使用企业的产品,为什么?

产品的生产成本是多少,售价是多少?

企业发展新的现代化产品的计划是什么?

把出资者拉到企业的产品或服务中来,这样出资者就会和创业者一样对产品有兴趣。在创业计划书中,企业家应尽量用简单的词语来描述每件事——商品及其属性的定义对企业家来说是非常明确的,但其他人却不一定清楚它们的含义。制订创业计划书的目的不仅是要出资者相信企业的产品会在世界上产生革命性的影响,同时也要使他们相信企业有证明它的论据。

② 敢于竞争。

在创业计划书中,创业者应细致分析竞争对手的情况。

竞争对手都是谁?

竞争对手的产品是如何工作的?

竞争对手的产品与本企业的产品相比,有哪些相同点和不同点?

竞争对手所采用的营销策略是什么?

要明确每个竞争者的销售额、净利润、收入以及市场份额,然后再讨论本企业相对于每个竞争者所具有的竞争优势,要向投资者展示,顾客偏爱本企业的原因是:本企业的产品质量好、送货迅速、定位适中、价格合适等,创业计划书要使它的读者相信,本企业不仅是行业中的有力竞争者,而且将来还会是确定行业标准的领先者。在创业计划书中,企业家还应阐明竞争者给本企业带来的风险以及本企业所采取的对策。

③ 了解市场。

创业计划书要给投资者提供企业对目标市场的深入分析和理解。要细致分析经济、地理、职业以及心理等因素对消费者选择购买本企业产品这一行为的影响,以及各个因素所起的作用。创业计划书中还应包括一个主要的营销计划,计划中应列出本企业打算开展广告、促销以及公共关系活动的地区,明确每一项活动的预算和收益。创业计划书中还应简述一下企业的销售战略。企业是使用外面的销售代表还是使用内部职员?企业是使用转卖商、分销商还是特许商？企业将提供何种类型的销售培训？此外，创业计划书还应特别关注一下销售中的细节问题。

④ 表明行动的方针。

企业的行动计划应该是无懈可击的。创业计划书中应该明确下列问题：

企业如何把产品推向市场？

如何设计生产线，如何组装产品？

企业生产需要哪些原料？

企业拥有哪些生产资源，还需要什么生产资源？

生产和设备的成本是多少？

企业是买设备还是租设备？

解释与产品组装、储存以及发送有关的固定成本和变动成本的情况。

⑤ 展示你的管理队伍。

把一个思想转化为一个成功的风险企业，其关键的因素就是要有一支强有力的管理队伍。这支队伍的成员必须有较高的专业技术知识、管理才能和多年工作经验。管理者的职能就是计划、组织、控制和指导公司实现目标的行动。在创业计划书中，应首先描述一下整个管理队伍及其职责，然后再分别介绍每位管理人员的特殊才能、特点和造诣，细致描述每个管理者将对公司所作的贡献。创业计划书中还应明确管理目标以及组织机构图。

⑥ 出色的计划摘要。

创业计划书中的计划摘要也十分重要。它必须能让读者有兴趣并渴望得到更多的信息，它将给读者留下长久的印象。计划摘要将是创业者所写的最后一部分内容，但却是出资者首先要看的内容，它将从计划中摘录出与筹集资金最相符的细节：包括对公司内部的基本情况、公司的能力以及局限性、公司的竞争对手、营销和财务战略、公司的管理队伍等情况的简明而生动的概括。如果公司是一本书，它就像是这本书的封面，做得好就可以把投资者吸引住。它会让风险投资家有这样的印象："这个公司将会成为行业中的巨人，我已等不及要去读计划书的其余部分了。"

（6）创业计划的框架结构。

一份完整的创业计划书通常由以下几个部分组成。

① 封面和扉页。

封面通常包括公司名称、公司地址、公司电话、电子邮件及通信地址、日期、创业计划编号等内容。

扉页一般为保密须知，在保密须知中，要注明创业计划属于商业机密，所有权属于某公司或某项目，未经同意，其他任何人不得将创业计划全部或部分地予以复制、传递、影印、泄露或散布给他人。

② 目录。

揭示创业计划的内容大纲，使投资者迅速找到他们感兴趣的部分。

③ 基本内容。

a. 计划摘要。

创业计划中最浓缩、最精华的部分。作用是让投资者在较短时间内对创业计划的核心内容有较全面的认识，因此计划摘要的内容要完整，条理要清晰，要用凝练的语言和较短的篇幅高度概括创业计划各部分内容的要点。一般在完成整个创业计划之后才撰写这一部分，但要列在创业计划的首页。

b. 企业简介。

企业宗旨和目标：主要界定企业经营范围，介绍企业的主营项目，描述产品/服务的特点和用途，以及企业为达到目标所采取的策略。

创业者的基本情况：着重介绍创业者的性格特征、专长及取得的成绩，是否具备经营活动所需的知识、经验和技能。

企业的基本情况：介绍企业名称、注册资本、经营场所等基本情况，以及企业所属行业、主营产品/服务，企业的宗旨、优势和发展战略等。

c. 产品/服务。

介绍产品的基本性能、竞争优势、市场前景、品牌和专利、产品的研究和开发情况、新产品开发的计划和成本分析。

d. 市场分析和营销策略。

市场分析确定目标市场，分析市场目前的基本状况，产品竞争格局及饱和度，企业的市场定位，现有（潜在）竞争对手的状况及各自的优势和劣势，阐述战胜竞争对手的策略和方法。根据市场分析，确定企业营销目标，包括市场占有率、利润等；制订企业的营销计划，包括企业用何种方式打开市场、有效组合产品、价格、渠道、促销和广告策略等要素。

e. 产品制造。

介绍产品生产制造方式、生产设备情况、质量控制。

f. 管理团队。

介绍企业的管理结构，主要管理人员的相关情况、激励和约束机制。

g. 财务计划。

对企业未来财务状况进行分析和预测，并通过财务报表的形式对所做的计划予以支持。财务报表主要包括资产负债表、损益表和现金流量计划。它是以营销计划为基础的，如销售量、价格等因素都直接影响企业的收入。因此，财务计划要与营销计划相一致。财务计划中还要确定资本退出方式，如公开上市、股票回购、出售、兼并或合并等。

h. 风险评估。

预测企业可能遭遇的各类风险,如竞争风险、不可抗拒风险,并制订相应对策。

i. 附录。

支持上述信息的材料,如管理层的简历、组织结构图、销售手册、产品图纸等。

具体编写时,创业计划的内容和结构并非一成不变,各个部分的顺序可以调整,也可根据需要对创业计划的内容进行补充或删减。

(7) 撰写创业计划书应注意的问题。

① 创业计划书的文字要简练,内容要翔实,重点要突出。创业计划应通俗易懂,避免专业词汇堆砌。要在第一时间让投资者了解公司的业务类型、发展目标和为实现目标所制定的策略。

② 创业计划要切实可行。必须牢记创业计划应该是一份经过认真推敲的切实可行的文件,它将用于实际执行,而不是一段异想天开的宣传资料。对于那些基于推测而编写的内容应提供支持材料,如收集并利用专家的意见、相关研究成果等材料来支持你的预测。

③ 要充分利用信息技术。一方面,可以利用互联网资源收集最新资讯;另一方面,可以利用现代计算机和计算机软件,完成创业计划中最为复杂的财务报表等。

④ 注意规避创业风险。创业计划在描述企业竞争优势的同时,还要说明企业面临的经营风险,并为投资者制订清晰的、符合逻辑的撤销方案。

⑤ 注意保护商业机密。由于创业计划的内容具有巨大的商业价值,有些内容甚至涉及尖端技术或商业机密,因此,为保护创业者权益,应要求阅读者对创业计划内容保密。

⑥ 创业计划制订后还要根据市场实际变化进行定期修改,把各种变化因素考虑在内,不断完善创业计划。

3. 进行企业登记

(1) 开业登记的基本条件。

企业法人申请开业登记程序是指有关法规、规章所规定的企业法人申请开业登记应遵循的步骤和过程,它有两个基本条件。

① 开业者要符合国家规定的开业条件。

根据《工商企业登记管理条例实施细则》规定,工商企业申请登记时,应符合下列基本条件:

有固定的生产经营场所和必要的设施;

有固定的人员;

有必要的资金;

常年生产经营或季节性生产经营在3个月以上；
有明确的生产经营范围并符合国家有关政策法令。
② 要备齐以下法律文件。
企业筹建人签署的申请登记书；
政府部门或主管部门的批文；
企业章程；
企业主要负责人的名单和身份证明（并附照片）。
(2) 开业登记的基本程序。
① 领取并填写工商注册登记本，提交相关文件、资料，办理入资、验资手续，经登记主管机关受理、审查、核准、发照之后，领取工商营业执照。营业执照分为正副两种文本，正本为悬挂式，用于亮证经营；副本为折叠式，用于携带外出进行经营活动。创业者如果要进行基本建设，还需向工商行政管理局申请筹建登记并领取筹建许可证。
② 进行企业代码登记，刻公章，开设银行账号。
③ 创业者要分别到国税局和地税局领取并填写《申请税务登记报告书》，领取税务登记证和各种发票。此项工作必须在领取营业执照之日起30日内完成。
④ 办理各种社会保险统筹及就业证。
这是指一般的企业登记程序，企业法律形式不同，开业登记需要的手续也不相同。

12.4　创业规划大赛

湖南黄炎培职业教育奖创业规划大赛方案

一、大赛宗旨

引导职业院校学生学习创业知识，培养创业意识，树立创业精神，提高创业能力，激发勇于创新、独立创业、奋发成才的积极性和主动性，选拔创新和创业人才。

二、组织机构

主办单位

——湖南省教育厅

承办单位

——湖南中华职业教育社

协办单位

——湖南省职业教育与成人教育学会

——湖南省温暖工程基金会

三、参赛对象

本次大赛分为中职组和高职组，比赛同时进行。参赛者均要求为全省各级各类职业院校在校学生，各校可自行组成学科优势互补、专业配备科学、人员结构合理的创业团队，每个团队成员不超过 5 人，其中领衔人 1 位。不得跨校组队。

四、作品要求

中职组参赛项目为一个创业点子，高职组参赛项目既可以是一个已经实施的创业项目，也可以是一个创业规划。

项目选题由学生提出和发现；作品的核心部分由学生构思设计完成；申请评审书由学生撰写；参赛作品相关细节应作详细说明，必须按照要求向大赛组委会提交全部资料；参赛作品使用别人已经注册的知识产权内容，申报时应注明出处。凡是不符合方案规定、弄虚作假、剽窃他人成果、不能如实申报相关材料和主动声明引用他人成果者，将取消参赛资格。

五、比赛形式

以湖南黄炎培职业教育奖创业规划大赛申报评审书为比赛主要载体，相关附件和实物产品作为支撑，辅以现场答辩等其他综合比赛形式，主要考验参赛项目的可行性、创新性和创业团队的创新意识、创业理念、协作精神等。

六、比赛流程

（一）市州推荐与高职院校初赛阶段

各参赛团队下载并填写湖南黄炎培职业教育奖创业规划大赛申报评审书，通过市州教育局推荐和高职院校初赛，遴选出参加省级大赛的作品。

（二）网上申报阶段

各市州推荐负责人与高职院校初赛负责人登录职教新干线，点击"湖南黄炎培职业教育奖创业规划大赛申报评审平台"，平台登录用户名和密码请向大赛组委会秘书处获取。登录后按要求填写并提交大赛申报评审书。同时，请各参赛单位建立本次大赛专门空间，目前尚无空间的参赛单位，可以向职教新干线申请建立。空间内容包括申报评审书和相关附件（涉密材料不上空间），附件包括陈述作品的 PPT 文件，工商、税务证件，专利证书，产品图片扫描件以及赞助融资协议、合同等与作品相关的支撑材料。

（三）书面申报阶段

通过"湖南黄炎培职业教育奖创业规划大赛申报评审平台"打印填写完毕的申报评审书，按要求盖章后提交大赛组委会秘书处。

（四）评审阶段

省大赛组委会组织专家对各单位上报的作品进行评审，可参赛单位负责人可通过"湖南黄炎培职业教育奖创业规划大赛申报评审平台"查阅本单位参赛作品成绩。优胜者在公示参加现场答辩，角逐一、二、三名。

（五）现场答辩阶段

现场答辩分为半决赛、总决赛两个阶段，答辩主要形式为参赛作品PPT陈述。

七、推荐（初赛）要求

中职组由各市州教育局和中华职教社共同推荐，没有成立职教社组织的市州，由教育局推荐；高职学院必须组织初赛，凡未经初赛直接推荐参加省大赛的，一经查实，取消参赛资格。

各单位在报送参赛作品材料前，须认真进行资格审查，评审书无学校意见和推荐（初赛）意见的不予报名参赛。

八、评审标准

本次大赛所有评审均采取百分制，参赛项目得分为参评专家评分的和值，通过分值高低评选出名次。半决赛成绩不计入总决赛。

（一）评审书评分标准

1. 可行性（25分）。指对参赛项目的主要内容和配套条件，如市场需求、资源供应、资金筹措、盈利能力等，从技术、经济等方面进行调查研究和分析比较，并提出该项目是否值得投资、如何进行建设的咨询意见。

2. 创新性（25分）。指提交的参赛项目是否具有一定的技术含量，或具有低碳、环保、节能等方面的特色，内容、理念是否新颖。

3. 专业性（25分）。指参赛项目涉及的内容与参赛团队成员所学和擅长的专业业务、个人特长、爱好是否紧密相结合。参赛团队的组合搭配和分工在知识结构上是否科学合理。

4. 实践性（25分）。指参赛团队是否具备融资、抵御风险、公司管理等能力，是否能把规划付诸实践。

（二）现场答辩评分标准

1. 现场陈述（40分）。能全面且客观地介绍和评价产品及其市场前景；对市场调查的情况和结果进行严密和科学的分析，介绍短期和长期整体发展及营销战略；对团队有清晰的认识；有完善且符合实际的企业融资方案，并测算资本回报；对企业在经营中可能遇到的关键风险和问题进行先期考虑和分析，并附有实质性的对策；在规定的时间内完成陈述。

2. 回答提问（40分）。对评委提出的问题要点有准确的理解，回答具有针对性；能在评委提问结束后快速回答，回答内容连贯、条理清楚；回答内容真实可信；对评委特别指出的方面能做出充分说明和解释。每过30秒扣0.5分。

3. 整体表现（20分）。陈述和回答提问的内容整体一致，语言清晰明了；团队成员能很好地协调、合作，彼此互补，对相关领域的问题能阐述清楚。

现场答辩时间为 10 分钟。

（三）额外加分条款

额外加分指参赛项目入围半决赛后，在半决赛现场答辩时具备以下条件的，可以在现场答辩专家评分的基础上适当加分，加分的原则是就高但不累加。总决赛不采用本额外加分条款。所有申请额外加分的项目，必须提供佐证材料，能否获得加分由大赛组委会认定。

1. 参赛项目已经申报国家专利的，发明加 3 分，实用新型加 2 分，外观设计加 1 分；已经授权的国家专利，发明加 5 分，实用新型加 3 分，外观设计加 2 分。参赛项目系使用参赛团队以外他人专利不予加分。凡参加本次大赛，有专利申请意向的，可先登录湖南省知识产权局网站（http://www.hnipo.gov.cn/）了解详情，省知识产权局将对参加本次大赛的专利申请项目给予申请补贴。

2. 已完成工商税务登记的，加 3 分。

3. 参赛项目被相关单位采用，并获得不低于 1 万元报酬的，加 3 分。

4. 参赛项目已获得不低于 5 万元融资的，加 3 分。

九、奖励

（一）竞赛奖：中高职分设一、二、三等奖和优胜奖，其中一等奖 4 名，二等奖 8 名，三等奖 12 名。对特别优秀的作品可颁发特等奖。所有上报到省大赛组委会的作品，经大赛评审委员会审查合格都可以获得优胜奖。

（二）指导教师奖：对获奖作品的指导教师颁发同等级的指导教师奖。

（三）竞赛组织奖 10 名：对在大赛组织工作中表现突出的学校和有关单位进行表彰。依据参赛的组织规模、送审作品质量及申报时间是否及时、申报材料是否规范和获奖名次等情况评定。中职组组织奖主要奖励对象为市州职教社或市州教育局。

（四）获奖者由湖南省教育厅、湖南中华职业教育社联合颁发证书；园区及风投企业选择性给予获奖项目创业资助，包括优先优惠入驻各地创业园区，获得一定创业基金；组织单位给予前三名获奖项目奖金，或由冠名企业给予奖学金支持；组织部分一、二等奖领衔人赴台与台湾职业院校学生进行交流；通过相关媒体宣传获奖项目创业团队的创业事迹。

湖南黄炎培职业教育奖创业规划大赛申报评审书

        项目名称_____

        领　衔　人_____

        申报系部_____

        申报时间_____

湖南水利水电职业技术学院

2012 年制

填 表 说 明

一、本表须用计算机准确如实填写。

二、创业项目名称应准确规范，最多不超过40个汉字（含标点符号）。

三、团队成员名单和指导教师一经上报，不得更改，每个团队成员不超过5人，指导教师不超过2人。

四、除表一外，其他表格内所有文字均要求为仿宋、小四号、标准字距、单倍行距，不得随意调整格式。

五、登录用户名和密码请联系大赛组委会秘书处获取。要求用A4纸打印，正反面使用，于左侧装订成册。如有相关附件，可另外装订成册报送。

一、基本情况表

团队基本情况	领衔人		电子邮箱		专业		年级	
	学校全称						邮编	
							选拔赛负责人	
	学校地址						选拔赛负责人电话	
	团队成员（含领衔人）	姓名		性别	专业	年级	任务分工	联系电话
项目所属领域（画√）		产品（　）				服务（　　）		
指导教师	姓名		职务或职称			电子邮箱		电话或手机
资格确认	1. 本申报评审书申报者均为在校学生； 2. 本申报评审书是学生独立（合作）完成或在老师指导下完成； 3. 本申报评审书所提供的申报材料真实可信。								

学校公章：

年　月　日

277

二、领衔人和项目简介

1. 领衔人简介,重点介绍业务专长和所取得的业绩;
2. 对创业项目和市场机会进行简要描述。

三、项目主要内容

1. 介绍产品（服务）的技术原理、技术水平、新颖性和独特性，用途和应用范围，经济寿命和所处阶段；
2. 项目的市场保护措施，如是否取得专利或者经营许可；
3. 项目研发计划；
4. 项目生产计划。

四、市场营销

1. 营销方式和渠道；
2. 营销队伍；
3. 促销计划；
4. 价格策略。

五、财务计划

1. 资金需求和使用；
2. 预计销售收入和经济效益；
3. 财务分析，包括对投资额、经营成本和销售收入发生变动的影响分析。

六、风险与对策

1. 技术风险;
2. 市场风险;
3. 管理风险;
4. 环境风险;
5. 对策。

七、创业团队

1. 主要成员,重点介绍成员经历和背景,能力与专长,拟任职务,如何注意分工和互补;
2. 组织结构,包括企业的组织结构图、部门的功能、作用与职责;
3. 团队欠缺与对策。

八、发展预测

1. 本项目推向市场后三年预期发展形势；
2. 创业目标。

九、初赛意见

创新点及推选理由：

学校初赛负责人：

年　月　日

十、专家评审意见

是否进入半决赛及其理由：

专家评审委员会负责人：

年　月　日

十一、半决赛现场答辩成绩

	专家一	专家二	专家三	专家四	专家五	专家六	专家七
得　分							
总　分							
现场答辩专家负责人：							

十二、总决赛现场答辩成绩

	专家一	专家二	专家三	专家四	专家五	专家六	专家七
得　分							
总　分							

现场答辩专家负责人：

十三、省大赛组委会意见

省大赛组委会负责人：

年　月　日

12.5　创业优惠政策

　　创业是在一定的社会环境中进行的，并且需要一定的条件保障。一个好的创业环境不但能鼓励和扶持企业，而且充满创业的机遇。但是从另一个角度来说，创业又是一项极具挑战性的工作。一个优秀的创业者不但善于抓住机遇，利用资源，而且也敢于迎接挑战。从整体上看，当前经济高速发展，蕴藏着大量的创业机会，政府也出台了大力度的创业扶持政策。对职业院校的学生来说，要认清形势，作出合理的抉择。

　　近年来，为支持广大青年学生创业，中央和地方各级政府出台了许多优惠政策，涉及融资、注册、税收、创业培训、创业指导等多方面。对打算创业的大学生来说，了解这些政策，才能走好创业的第一步。

1. 有关大学生创业的国家政策

　　（1）在注册资金方面有优惠。毕业生在毕业后两年内自主创业，到创业实体所在地的公司部门办理营业执照，注册资金（本）在50万元以下的，允许分期到位，首期到位资金不低于注册资本的10%（出资额不低于3万元），一年内实缴注册资本追加到50%以上，余款可在3年内分期到位。

（2）实行税收优惠。毕业生新办从事咨询业、信息业、技术服务业的企业或经营单位，经税务部门批准，免征企业所得税两年；新办从事交通运输、邮电通信的企业或经营单位，经税务部门批准，第一年免征企业所得税；第二年减半征收企业所得税；新办从事公用事业、商业、物资业、对外贸易业、旅游业、物流业、仓储业、居民服务业、饮食业、教育文化事业、卫生事业的企业或经营单位，经税务部门批准，免征企业所得税一年。

（3）在贷款方面有优惠。国有商业银行、股份制银行、城市商业银行和有条件的城市信用社要为自主创业的毕业生提供小额贷款，并简化程序，提供开户和结算便利。贷款额度在2万元左右，贷款期限最长为2年，到期确定要延长的，可申请延期一次。贷款利息按照中国人民银行公布的贷款利率确定，担保最高限额为担保基金的五倍，期限与贷款期限相同。

（4）给予行政人事方面的服务便利。政府人事行政部门所属的人才中介服务机构，免费为自主创业毕业生保管人事档案（包括代办社保、职称、档案、工资等有关手续）2年；提供免费查询人才、劳动力供求信息，免费发布招聘广告等服务；适当减免人才集市或人才、劳务交流活动收费；优惠为创办企业的员工提供一次培训、测评服务。

（5）在收费项目方面的优惠。凡应届高校毕业生从事个体经营的，除国家限制的行业（包括建筑业、娱乐业以及广告业、桑拿、按摩、网吧、氧吧等）外，自工商部门批准其经营之日起，一年内免交登记类和管理类的各项行政事业性收费。免交的具体收费项目主要如下：

① 工商部门收取的个体工商户注册登记（包括开业登记、变更登记、补换营业执照及营业执照副本）、个体工商户管理费、集贸市场、经济合同示范文本工本费。

② 税务部门收取的税务登记证工本费。

③ 卫生部门收取的民办医疗机构管理费、卫生监测费、卫生质量检验费、预防性体验费、预防接种劳务费、卫生许可证工本费。

④ 民政部门收取的民办非企业单位登记费（含证书费）。

⑤ 劳动保障部门收取的劳动合同鉴证费、职业资格证书费。

⑥ 公安部门收取的特种行业许可证工本费。

⑦ 烟草部门收取的烟草专卖零售许可证费（含临时的零售许可证费）。

⑧ 国务院以及财务部、国家发展改革委员会批准的涉及个体经营的其他登记类和管理类收费项目。

⑨ 各省、各自治区、直辖市人民政府及其财政、价格主管部门批准的个体经营登记和管理类收费项目。

以上优惠政策是国家针对所有自主创业的大学生所制定的，各地政府为了扶持当地大学创业，也出台了相应的政策法规，而且更加细化，更贴近实际。了解这些优惠政策，会让大学生感受到政府的支持力度，更加坚定创业的决心。

2. 有关大学生创业的地方政策

根据目前我国各省市对大学生创业的扶持政策来看，各地都对大学生自主创业采了不同程度的支持。总体来看，主要从贷款优惠、减免各类收费项目、建立创业基金三个方面来实行对大学生创业的支持。

（1）各地出台支持大学生创业的贷款优惠政策。

江西省贷款支持高校毕业生创业。江西省规定，对从事个体经营且符合条件的高校毕业生，可享受不超过5万元的小额贷款，贷款期限最长不超过两年。对符合条件合伙经营的，可以根据人数和经营规模扩大贷款规模；对从事属于国家支持发展的服务业、餐饮业和商贸项目，可享受财政贴息50%。

辽宁省大学毕业生贷款创业，不用自己四处找担保。从2006年起，辽宁省设立"高校毕业生创业资金"，它通过财政和社会两条渠道筹集，专项用于为高校毕业生自主创业、兴办企业申请小额贷款担保基金，担保金额为5万元左右。

北京市高校大学生自主创业可申请小额贷款。从2006年5月起，除拥有北京再就业优惠证的人员外，持有北京户口的未就业大学生想要从事个体经营或自主、合伙创办小企业自筹资金不足的，只需要带着自己的学历证明和北京市户口，到户口或经营所在地的社保所申请小额贷款。

郑州市大学生自主创业可获贷款3万元。2006年7月28日，郑州市政府下发的《关于进一步完善小额担保贷款政策的通知》中规定，将自愿到基层创业的高校毕业生纳入到小额担保贷款发放范围。自愿到基层创业的高校毕业生申请小额担保贷款并从事微利项目的，由财政给予50%的贴息，申请的小额担保贷款金额一般不超过3万元。

（2）各省市减免大学生创业的各类收费项目。

湖南省大学生自主创业3年内免交三类费用。湖南省劳动和社会保障厅下发的《关于进一步做好高校毕业生就业有关工作的通知》中规定：从事个体经营的高校毕业生，可享受3年内免交登记类、管理类和证照类的各项行政事业性收费的优惠政策。

河南省大学生自主创业可减免19项收费。河南省规定：凡从事个体经营的自主创业高校毕业生，只要向相关收费单位出具毕业证原件并提交复印件，经收费单位审核无误并备案后就可减免工商部门收取的个体工商户注册登记费、个体工商户管理费、集贸市场管理费等19项收费。

广州市大学生创业可减免42项费用。据广州市物价局2006年下发的有关通知称，高校毕业生从事个体经营的，且在工商部门注册登记日期在其毕业两年以内的，自其在工商部门登记注册之日起 3 年内凭毕业证可免交有关管理类、登记类和证照类行政事业性收费 26 项；对从事个体经营的大学生，免交或按最低标准交纳有关经营服务性收费，特别是政府定价和政府指导价的经营服务性收费项目，共 16 项。两类相加，共 42 项。

（3）各地设立创业基金帮助大学生创业。

福州市拨出 1 000 万元帮助大学生创业。2010 年，"福州大学新楚大学生创业助力工程"正式启动，该工程对福州大学学生进行创业投资。报名参加创业培训的大学生经培训后，进入福大自动化科技有限公司设立的创业实验室，实验室的专业人员对创业团队或个人进行创业前的模拟运作，同时由相关专家结合创业计划、市场前景对各创业团队或个人集中培训个别指导。最后，再根据各团队的表现，由自动化公司确定创业投资项目，给予每个创业者 8 万元至 10 万元的首期资金支持。

上海市大学创业"天使基金"最高 30 万元。为了激发"天之骄子"的创业精神，上海专门设立了大学生创业"天使基金"，大学生开办企业可获 5 万元至 30 万元支持，这笔资金将以股权的形式投入到学生企业中，获利部分将成为创业者的利润，而一旦创业失败也无须学生还款。在创业之前，专门机构还将对学生科技创业者进行培训，使其迅速拥有"老总"素质；相关部门还将为大学生免费提供代理工商注册登记、纳税申报、发票管理等服务。

浙江省也出台了大学生创业优惠政策。浙江省提出推进创业富民创新强省的决策，将创新创业提到了一个新的高度。根据浙江省关于加强提高自主创新能力建设创新型省份和科技强省的若干意见规定，在创业的初始阶段，对从事个体经营的高校毕业生实行政策优惠。具体如下：

（1）减免行政事业性收费。高校毕业生从事个体经营的，且工商部门注册登记日期毕业后两年以内的，自工商部门登记注册之日起 3 年内都可免交有关登记类、证照类和管理类的收费。

（2）可申请小额担保贷款。为引导和鼓励高校毕业生面向基层就业，自愿到欠发达地区及县级以下的基层创业的高校毕业生，从事个体经营、自主创业或合伙经营与组织起来就业的，其自筹资金不足时，可向当地经办银行申请小额担保贷款。对从事微利项目的，贷款利息由财政承担 50%。小额担保贷款期限一般不超过 2 年，若确需延长的，由借款人提出延期。小额担保贷款的利率按照中国人民银行公布的同档次贷款基准利率执行，不得向上浮动，具体还款方式和结息方式由借贷双方商定。此外，鼓励和支持高校毕业生到当地农村经济组织、企业工作，或承包当地的农业经济、科技项目，或以技术入股等形式参加与创办农业产业示范园和农村经济专业生产合作社，或合作创办其他企业以及自主创业等，各级政府和部门要给予政策或其他方面的支持。

（3）享受免费就业服务。高校毕业生毕业后六个月内未就业的，可申请失业登记。

经失业登记后，就业服务机构将为其提供免费的职业介绍、职业指导、创业指导等服务。参加见习培训的大中专（技校）毕业生，有条件的地区会给予一定的补助，大中专（技校）毕业生可按当地补贴标准领取补助。

（4）人事劳动保障无后顾之忧。浙江省规定，对于高校毕业生以从事自由职业、短期职业、个体经营等方式灵活就业的，各级政府都要提供必要的人事劳动保障代理服务。

在户籍管理、劳动关系形式、社会保险缴纳和保险关系连续等方面要提供保障，消除灵活就业毕业生的后顾之忧。

（5）大学生创业可保留学籍。以后在校大学生提前"下海"再不用担心没学历了，如果他们创办民营科技企业，学校将为其保留1~3年的学籍。

（6）享受税收优惠政策。高校毕业生从事技术转让、技术开发业务及与之相关的技术咨询、技术服务业务取得的收入，经科技部门认定，报主管税务机关备查，可免征营业税。另外，高校毕业生新办第三产业企业，符合减免税条件的，报经主管税务机关批准，可在一定期限内减征或者免征企业所得税。

（7）享受大学生创业优惠政策的对象范围扩大。不仅仅是针对应届毕业生而且毕业两年以内的往届高校毕业生也能享受该优惠政策。在享受相关政策时，大学生只需出示毕业证、身份证、学校的就业报到证等相关证件即可。

12.6　职业院校学生创业遇到的主要问题

20世纪90年代以后，我国政府大力推进大学生创业教育，鼓励大学生自主创业以推动创新型经济发展，促进社会就业和社会和谐发展。

在这种大背景下，许许多多的职业院校在校生和刚毕业走出校门的大学生，怀着青春的激情和通过创业实现人生价值的梦想，走上了自己的创业之路。

这是一个艰难的选择，也是一个艰难的过程，但同时，它也是一个美好的选择，更是一个成就自我实现价值的过程。对于创业成功者而言，成功都有自己许多相同的理由；对创业失败者而言，却各有各的失败原因。

通过个别对话、座谈会、问卷调查等形式展开调查，发现职业院校毕业生创业主要存在以下几个问题：

1. 经验不足

创业经验涉及项目运作经验、市场开拓经验、商业交流经验等。有的学生读了十几年的书之后，学了大量的科学人文知识，但是忽略了社会生存能力，在走上社会之后，发现自己的经验是如此贫乏，各个方面的不足统统涌现，不懂待人接物的基本礼貌、手法，更不用说在瞬息万变的生意场上跟对手或者合作对象周旋。

职业院校学生有了一个创业项目以后，一般都是找一些志同道合的学生，大家一起努力，使这个项目先行运作起来，他们没有多余的资金引入具有公司运作经验的经理人，也难以通过各种渠道获得帮助。所以，刚开始做商人的时候，很多人难以适应这个角色，很多时候仍然是以学生的眼光来看这个社会，来观察自己所从事的行业，这对企业来讲，绝对是个致命伤。

企业创办初期，由于缺乏足够的市场调研，所以难以把握市场的深浅，也搞不清楚自己的企业到底要做多大，具体应该从哪些项目入手，这些都是职业院校学生比较头痛的问题。学校里那些理论的东西可以指导他们怎么样去操作，但社会要求的是现在就必须知道该如何去做，所以创业初期总是慢别人一拍。为了克服这个困难，选择的创业项目一般都要具有比较高的前沿性，别人如果想从事这些行业的话，也得重新学习技术以及相关的市场。

另外，由于职业院校学生创业初期，一般没有形成比较稳定的市场体系，包括市场调研、项目跟踪开发、市场开拓等。而与他们竞争的一些公司一般都是成型的公司，都有一个固定的运作模式，一旦他们挤进来，在企业项目的运作方面，职业院校学生的竞争力实在堪忧。在创业信息方面，职业院校学生一般获取的信息比较零散，也比较缺乏准确性和时效性，学生本身也缺乏创业的素质。很多人是凭着一股热情以及自己所认为的有前景的项目来做，他们的理由是：现在不做，以后就没得做了。其实这种想法容易偏离创业的基本理念，也难以取得成功，不过在一些类属于"快餐"的企业项目里面，则容易取得成功。

2. 行业信息匮乏

尽管学到了关于各行各业的大量的理论知识，但是转入实践则根本是另一回事。有许多课本上学习的技术、技艺甚至在行业内根本就没有普及，对实业的了解不够深入。

3. 家庭的影响

大多数家长并不是出生在商业世家，对创业并不是那么理解，尤其是创业要承担大量风险而又没有一份稳定的收入。家人更乐见的是子女能找一份稳固的工作，安安稳稳过日子。尤其是子女向家里借钱时，这种矛盾则更为突出。

4. 合伙人难找

尽管可以寻找一些身边志同道合的人来创业，但往往大家都盯着自己的算盘，都不希望自己承担更多风险，某些脏活累活也容易互相推脱，缺乏信任，互相也不够了解。

5. 自身缺乏创业者的基本素质

坚忍不拔，百折不挠，精打细算，有的或许具备其中一两条，但不具备全部的素质。尤其是面对困难时，能够迎难而上的人少之又少，如果连面对困难的勇气和智慧都不具备，创业则无从谈起。

6. 没有人脉

除了钱的问题，让大家困扰最多的就是没有人脉。如果不是豪门出身，或者家长社会关系本来就很好，自己一般没有什么可以依靠的人脉。跟政府打交道、跟商家打交道统统都只能自己去跑，至于别人是不是接待你，是不是愿意听你的策划完全看对方的心情。

7. 资金困乏

无论做什么事都需要资金，但学生往往孑然一身，想进货、想雇人、想租场地都需要钱，没有资金的话，只能选择更差的替代方案，甚至好的点子只能放弃或者推迟施行。但商场瞬息万变，今天的好点子往往很快就成为人人都在做的东西。

8. 时间不足

很多同学一边要顾及自己的课内学习，一边要打理身边的日常工作，但创业往往需要投入大量时间，两者很难平衡。

9. 法律知识匮乏

商业中几乎无处不涉及法律，如果不懂法律只会让自己的权益不断受到侵害，或者在没有意识到的情况下触犯了法律，因此蒙受损失，寻找法律顾问的话自己又没有那么多资金。

10. 管理经验缺乏

尽管创业者中很多都是对管理颇有心得的学生，甚至很多本身就是工商管理专业毕业，但是象牙塔里外是两种环境，在学校内管理或许自己是佼佼者，但到了学校外才发现自己根本不懂"管理"。书本上学不到的东西太多，如何处理企业内讧、派系，如何让员工更积极等，只有在工作和职场中才能让你学到这些。

11. 团队的构建问题

创业初期一般都是一些拥有共同目标和兴趣的同学或者朋友组建起的创业小组，而非正式的创业团队，大家都有一些自己的想法，但具体如何实现这些想法也许并不清楚，因为职业院校学生的主要活动场所是校园，而非市场,所以需要市场让他们进行磨炼。一个创业小组一般不具备基本的创办企业的条件。所以在遇到问题的时候,团队之间的分工以及对项目的执行力等都容易遇到问题。

因此,职业院校学生创业团队经常面临这样一个问题,不知道该去做什么,该由哪些人去做,也就是团队成员的分工问题。因为大家的经历类似,社会经验和业务水平也没有太大的差别,具体分工以后怎么协作等都是难以解决的问题,毕竟大家都会考虑到以后的生存问题,真正能完全投入到创业项目的人是少数。

12. 开发市场的问题

在企业创办初期,首先应该是得到社会的认可,然后公司才能谈及赢利。然而这却是每个创业者最头痛的问题,很多创业者就是为了尽快得到社会的认可而去依托别的知名品牌,结果把好好的项目送给了人家,最终未能完成自己创业的愿望。对于职业院校学生来说,尤其是没有相关经验的创业者,确实是一个相当大的挑战。虽然很多学生在学校里积极参与了很多社会活动,也和商家打过多次交道,觉得自己具备了一些基本的商人的素质。其实,很多人容易忽略自己的学生身份,通过这个身份他们可以打开更多的市场,从而有利可图,这是他们乐意与我们打交道的主要原因。一旦我们成为商人,那么就是和他们同台竞争,打交道的方式和目的当然大不一样。如果依然沉迷于过去的模式,肯定会在创业初期吃大亏。

在市场开发方面,尽管很多职业院校学生创业者有了好项目,拥有好产品以及完整的知识产权,但由于不熟悉市场的具体运转情况,譬如说商品在市场的流动、资金的周转等,尽管这些东西可以通过理论学习而获得,但实际中就有各式各样的情况,必须作出及时的判断,这对基本没有相关经验的职业院校学生来讲,也是相当大的考验。

另外,开发市场不仅要有产品市场,还要有人的市场,也就是说要拓展企业的人脉。一旦企业有了足够的人脉,那么很多跨地域的信息流都可以通过这些人脉传递给创业者们。但职业院校学生在这一块显然底气不足,刚入行什么都谈不上,拥有的资本就是青春,只有靠实践和时间的积累来把自己打造成为一个合格的创业者。

13. 心理素质及职业素养问题

由于职业院校学生的社会经验不足,因此在碰到问题时就容易显露出学生素质,表现出一些学生的行为。这和商人身份是不相符的,也容易引起同行的不信任,甚至会让人家看不起。所以,职业素养和良好的心理素质也职业院校学生创业者所必备的。但很多学生容易以自我为中心,加上自己创业,难免心高气傲,一旦遇到实际困难,则有可能承受不住,再加上职业素质的缺乏，所有问题都会接踵而来。

　　许多学生没有受过专业职业培训，很多方面做得难免不到位，譬如说商务礼仪方面的知识，估计很少有人精通。有些创业者拥有丰富的理论知识，但做起来是不是那样就很难说了。此外还有信誉度的问题，由于人比较看重别人对自己的看法，而职业院校学生创业者初入商海难免会遭遇到不信任，这时候很多创业者的心理素质就难以过关。职业素养可以通过市场运作来学习，但心理素质则只能靠自己来提高。

　　职业院校的学生在创业过程中除了存在以上这些问题以外，还存在另外一些不可忽视的问题，如好高骛远、争强好胜心太强，表现为眼高手低，看不起蝇头小利，往往大谈"第一桶金"，不谈赚"第一分钱"；很少能找到真正有商业前景的创业项目，许多创业点子禁不起市场的考验；放不下面子、放不下专业情结等。

案例

创业扶持成就了"由你啃"蛋糕店

　　2007年毕业于某职业学院国际市场营销专业的张雁斌告诉记者，还在学生时代"我要创业！我要打造我的商业王国！"这句话就成了他每天的"必修语"。随着毕业临近，张雁斌的创业梦想也渐渐明晰起来——创建一家蛋糕店，生产和销售自制的中西式点心、面包、生日蛋糕、月饼等烘焙食品，亲手打造自己的品牌。

　　如何实现创业梦？工薪家庭出身的张雁斌因为没有启动资金而愁眉不展。一个偶然的机会，他听说昆明青年创业促进会和中国青年创业国际计划（YBC）昆明办公室能帮助有志青年创业。他了解到，创业青年只要有创业激情和合适的创业项目，这个组织将提供扶持资金，配备创业导师，帮助创业青年实现创业梦想。

　　"就像天上掉下了馅饼，YBC项目缩短了我的'原始积累期'。"张雁斌迫不及待地递交了创业计划书。三天后，YBC昆明办公室就把5万元3年免息贷款送到了张雁斌手中，并给他请了一位出色的创业导师——云南鸿翔药业董事长沅鸿献。刚刚大学毕业的张雁斌幸运地成为昆明第一批获得YBC项目资助的3名创业青年之一。

　　2007年10月1日，张雁斌的"由你啃"蛋糕店开业了。可才开业的第六天，就有员工突然说要辞职，张雁斌顿时手足无措。深夜12点半，一筹莫展的张雁斌给自己的导师沅鸿献发了一条近百字的短信求援。第二天一早，沅鸿献的电话来了："这点困难就把你吓倒了？创业初期，没人铁了心跟你干很正常，人家凭什么要和你一起承担风险？不要怕，小伙子，人走了还可以再招。你可以把你的远景计划陈述给你的员工以及家人和朋友，争取他们的帮助……"过了几天，沅鸿献将张雁斌请到公司，面对面向他传授创业经验，并带他到自己的公司仓库挑了几个货架，运回蛋糕店陈列产品。由此，张雁斌创业的步伐迈得更加坚定了。

目前，"由你啃"蛋糕店已开设7个分店，创造了就业岗位13个。张雁斌说，他最大的收获并非赚钱，"短短一年，我已从一名青涩少年被打磨成一个'以平常心看得失，以坚强心看困难，以无谓心看未来，以感恩心看世界'的人。创业开启了我人生新的篇章。我将从这里开始，不停地学习，不停地进步，脚踏实地，诚信经营，把'由你啃'蛋糕店做大做强，成为云南名牌甚至中国名牌！"如今，张雁斌已成为昆明青年创业促进会和YBC困难办公室扶助创业成功的40名青年创业者之一。

创业的起步是艰难的，而创业者个人的力量又是有限的，所以创业需要扶持，这是一种社会共识。创业者要积极寻求社会扶持。由于创业具有重要的社会意义，如创造社会财富，创设更多的就业机会等，所以政府或部分社会团体会出台一些创业扶持措施。这是一种良性循环，由此可以营造一种良好的创业环境。创业者张雁斌主动寻求昆明青年创业促进会和中国青年创业国际计划（YBC）的扶持是他成功的重要条件，而这种成功是可以为职业院校的学生所借鉴的。

12.7 自主创业证申领条件和程序

湖南省教育厅文件

湘教办通〔2011〕7号

转发教育部办公厅关于做好核发
《高校毕业生自主创业证》有关工作的通知

各高等学校:

现将《教育部办公厅关于做好核发〈高校毕业生自主创业证〉有关工作的通知》(教学厅函〔2010〕31号)转发你们,请按文件要求认真做好《高校毕业生自主创业证》审核发放工作。我厅审核工作由学生处负责。联系电话:0731-84715492,联系人:周军。

湖南省教育厅办公室
二〇一一年一月十日

教育部办公厅关于做好核发《高校毕业生自主创业证》有关工作的通知

教学厅函〔2010〕31号

各省、自治区、直辖市教育厅（教委），部属各高等学校：

近日，为扩大就业，鼓励以创业带动就业，经国务院同意，中央有关部门下发了《关于支持和促进就业有关税收政策的通知》（财税〔2010〕84号）和《关于支持和促进就业有关税收政策具体实施问题的公告》（国家税务总局2010年第25号）。为贯彻落实上述两个文件精神，切实做好《高校毕业生自主创业证》的审核和发放工作，现将有关事宜通知如下：

一、《高校毕业生自主创业证》发放对象和创业税收优惠政策享受流程

1. 《高校毕业生自主创业证》发放对象是毕业年度内在校期间创业的高校毕业生。其中，高校毕业生是指实施高等学历教育的普通高等学校、成人高等学校毕业的学生；毕业年度是指毕业所在自然年，即1月1日至12月31日。

2. 毕业年度内高校毕业生在校期间创业的，可持《高校毕业生自主创业证》向创业地县以上人力资源和社会保障部门提出认定申请，由创业地人力资源和社会保障部门核发《就业失业登记证》，一并作为当年及后续年度享受创业税收扶持政策的管理凭证。

毕业年度内高校毕业生离校后创业的，可凭毕业证书直接向创业地县以上人力资源社会保障部门提出认定申请。县以上人力资源社会保障部门在对有关情况审核认定后，对符合条件毕业生核发《就业失业登记证》，并注明"自主创业税收政策"。

3. 对持《就业失业登记证》（注明"自主创业税收政策"或附着《高校毕业生自主创业证》）毕业生从事个体经营（除建筑业、娱乐业以及销售不动产、转让土地使用权、广告业、房屋中介、桑拿、按摩、网吧、氧吧外）的，在3年内按每户每年8 000元为限额依次扣减其当年实际应缴纳的营业税、城市维护建设税、教育费附加和个人所得税。

二、《高校毕业生自主创业证》的申领程序和监督管理

1. 毕业年度内高校毕业生在校期间创业的，注册登录教育部大学生创业服务网（网址：http://cy.ncss.org.cn），按照要求在网上提交《高校毕业生自主创业证》申请。

2. 所在高校对毕业生提交的相关信息进行审核，通过后注明已审核，并在网上提交学校所在地省级教育行政部门审核。

3. 高校所在地省级教育行政部门依据学生学籍学历电子注册数据库对高校毕业生的身份、学籍学历、是否是应届高校毕业生等信息进行复核并予以确认。税务部门、人力资源社会保障部门、高校和学生本人都可随时查询。

4. 工作流程建议。应届毕业生在网上提交申请后，所在高校应在3~5个工作日之内完成网上审核；省级教育行政部门在接到高校提交的申请后3~5个工作日内完成审核；由高校自行打印并发放。原则上应在高校毕业生提交申请后10个工作日之内办结。

5. 规范管理。《高校毕业生自主创业证》由国家教育行政部门统一样式并印制（带防伪标志），按毕业生比例下发至各省级教育行政部门。省级教育行政部门负责分发到高校并在网上审核确认。《高校毕业生自主创业证》采用实名制，限本人使用；若遗失或损毁，高等学校应依申请及时补发、换发。

三、加强领导，认真做好《高校毕业生自主创业证》审核和发放工作

1. 加强组织领导。各省级教育行政部门要高度重视这项工作，统筹协调普通高等学历教育和成人高等学历教育毕业生的申领工作，结合工作实际制定具体实施细则，明确分工，落实责任，认真做好网上信息审核和凭证发放工作，为有创业意愿的毕业生提供及时、高效、优质的服务。要加强与税务、人力资源社会保障部门的协调配合，按季将《高校毕业生自主创业证》发放情况通报同级人力资源社会保障部门、税务部门。各高等学校要把这项工作纳入创业教育和大学生自主创业工作的重要内容，理顺工作机制，明确归口管理部门，把好事办实。普通高等学校（含成人教育）由学校毕业生就业指导服务部门统一管理，独立建制的成人高等学校由学校的学籍部门负责。高校应指定专人负责并公布联系电话，确保符合条件的毕业生都能及时申领到凭证，坚决杜绝冒领、代领等现象。

2. 加强业务培训和指导。立即开展国家级和省级业务培训。国家级培训有关事项另文通知。各省级教育行政部门务必在2010年12月31日前对本行政区域内的普通高等学校和成人高等学校的业务工作人员进行专门培训，确保工作有序有效开展。要设立专人进行政策和业务咨询，及时解决工作中出现的问题。

3. 做好政策宣传。各省级教育行政部门要结合推进高校创业教育和大学生自主创业工作，通过形式多样的教育宣传活动，积极宣传《高校毕业生自主创业证》和相关税收优惠政策，帮助广大毕业生知晓政策、用好政策。

附件：1.《高校毕业生自主创业证》样式
2.《高校毕业生自主创业证》申领流程

教育部办公厅
二○一○年十二月十六日

附件1

《高校毕业生自主创业证》正面样式

高校毕业生自主创业证 （省级教育行政部门 高校毕业生就业工作专用章） 编号：×××××××	姓　　名		照片
^	性　　别		^
^	出生年月		^
^	身份证号		
^	所在高校		
^	学历层次		
^	毕业时间	年	月
^	发证时间	年	月

查询网址：http://cy.ncss.org.cn　　　　（教育部大学生创业服务网）

《高校毕业生自主创业证》背面样式

使用说明	备　注
1. 高校毕业生持本证向创业地人力资源和社会保障部门提出认定申请，由创业地人力资源和社会保障部门相应核发《就业失业登记证》，作为当年及后续年度享受税收扶持政策的管理凭证。 2. 高校毕业生持《就业失业登记证》（附着本证）从事个体经营，可向当地税务机关申请税收优惠政策。申请程序和需提供的材料，按照国税发〔2006〕8号第三条执行。 3. 对持《就业失业登记证》（附着本证）人员从事个体经营（除建筑业、娱乐业以及销售不动产、转让土地使用权、广告业、房屋中介、桑拿、按摩、网吧、氧吧外）的，在3年内按每户每年8 000元为限额依次扣减其当年实际应缴纳的营业税、城市维护建设税、教育费附加和个人所得税。 4. 此证应妥善保管，不得转借、转让、涂改。若遗失或损毁应及时到发证机构补发、换发。	

附件 2

《高校毕业生自主创业证》申领流程

毕业年度内高校毕业生在校期间创业

学生网上申请
注册登录教育部大学生创业服务网（http://cy.ncss.org.cn），按要求在网上提交《高校毕业生自主创业证》申请。

↓

高校网上初审
所在高校对毕业生提交的相关信息进行审核，通过后注明已审核，并在网上提交学校所在地省级教育行政部门。

↓

省级教育行政部门复核
省级教育行政部门对毕业生提交的相关信息进行复核并确认。

↓

高校发放《高校毕业生自主创业证》
复核通过后，由所在高校打印并发放《高校毕业生自主创业证》，相关部门和学生本人都可随时查询。

↓

学生申领《就业失业登记证》
毕业生持《高校毕业生自主创业证》向创业地县以上人力资源社会保障部门提出《就业失业登记证》认定申请，由创业地人力资源社会保障部门核发《就业失业登记证》，一并作为当年及后续年度享受税收扶持政策的管理凭证。

毕业年度内高校毕业生离校后创业

学生申领《就业失业登记证》
毕业生凭毕业证直接向创业地县以上人力资源社会保障部门提出申请，县以上人力资源社会保障部门在对提交申请相关情况审核认定后，对符合条件的毕业生相应核发《就业失业登记证》，并注明"自主创业税收政策"。

↓

学生享受创业税收优惠政策
毕业生持《就业失业登记证》（注明"自主创业税收政策"或附《高校毕业生自主创业证》）、减免税申请及税务机关所需提供的其他相关材料，向创业所在地县以上主管税务机关申请减免税，通过审核后，享受相关创业税收优惠政策。

参 考 文 献

[1] 于兆国．高职学生职业发展与就业指导［M］．郑州：黄河水利出版社，2008．

[2] 就业与创业课题研究组．大学生就业与创业指导教程（师范类）［M］．北京：北京出版社出版集团，2008．

[3] 就业与创业课题研究组．大学生职业生涯与发展规划教程（公共类）［M］．北京：北京出版社出版集团，2008．

[4] 冯拾松，等．高职生择业指导（2 版）［M］．上海：上海交通大学出版社，2008．

[5] 匡志盈，杨庆华．高职大学生就业指导［M］．北京：北京邮电大学出版社，2009．

[6] 王福山，靳和连．职业道德与就业指导（2 版）［M］．北京：机械工业出版社，2008．

[7] 徐振轩．职业规划与就业指导［M］．重庆：西南师范大学出版社，2008．

[8] 王英杰，章春筱．大学生职业规划与就业指导［M］．北京：机械工业出版社，2008．

[9] 程良越，黄兆团．大学生职业发展与训练［M］．广州：广东高等教育出版社，2008．

[10] 宋天翔，阮毅．智慧创业［M］．海口：海南出版社，2010．

[11] 高仁泽．高职生职业发展与实训［M］．北京：北京理工大学出版社，2011．

[12] 王健．职业院校学生创业教程［M］．海口：海南出版社，2012．